北京大学考古学丛书

山西高平古寨花石柱庙建筑考古研究

北京大学考古文博学院
山西古建筑与彩塑壁画保护研究院 编

徐怡涛 王子寒 周珂帆 赵小雯 田雨森 等 编著

上海古籍出版社

目　录

绪　　言 / 1

壹　现状及历史沿革 / 1

1 高平史地概况 / 3

2 古寨村历史沿革及现状 / 5

3 花石柱庙现状 / 7

4 花石柱庙营建与变迁 / 10

贰　单体建筑 / 11

1 年代研究 / 13

2 碳十四测年研究 / 20

3 大木作尺度研究 / 23

4 大殿尺度复原分析 / 26

5 大木作尺度比较研究 / 32

6 总结 / 35

叁　格局研究 / 37

1 研究方法 / 39

2 主要研究依据 / 41

3 复原研究 / 46

4 总结 / 67

肆　社会史研究 / 69

1　花石柱庙与乡村社会的互动研究 / 71

2　花石柱庙在村落中的社会功能 / 94

3　高平地区宗教建筑社会史研究 / 98

4　科技检测报告 / 117

5　访谈记录 / 132

伍　测绘图集 / 159

附　　录 / 197

参考文献 / 205

图表索引 / 210

后　　记 / 212

绪　　言

以长治、晋城地区为主的山西晋东南地区，是我国现存五代宋金时期木构建筑的集中分布地区，其中又以高平等地的遗存最为丰富，如著名的开化寺、崇明寺、游仙寺等。自2000年以来，北京大学考古文博学院在晋东南地区长期进行建筑考古研究，新发现或新断定了一批早期建筑，细化了建筑历史沿革和建筑形制的渊源流变，建立了该地区的建筑形制精细时空框架，并在建筑形制精细时空框架的基础上，进一步探求建筑与古代社会之间的互动关系，形成了以建筑形制精细时空框架研究为基础，叠加不同研究视角和研究工具，进而实现"以建筑见证文明，以研究引领保护"为目标的建筑考古学"1+N"多维度研究范式。

2019年，为建立我国文物建筑研究性修缮的范式，在山西省文物局的首肯下，我们与山西省古建筑保护研究所合作，在晋东南地区选点，进行文物建筑研究性修缮的前置研究试点。即，通过前置于修缮工程的独立研究，明确文物建筑的价值，围绕价值制定保护修缮措施，从而形成以文物价值的发现、保存和弘扬为核心的研究性修缮。本书所记录的高平古寨村花石柱庙建筑考古研究，即是这样一个前置研究范例。

高平古寨村花石柱庙，实为成汤庙，但因庙内大殿前檐的金代石柱雕刻精美，闻名乡里，故俗称"花石柱庙"，地方文物部门在文保单位命名时沿用了这一习惯称谓。花石柱庙成为前置研究试点的原因有三：1. 文物本体存在一定病害，有进行修缮的必要；2. 大殿具有早期建筑特征，属早期木构建筑；3. 大殿建筑构件可见明显扰动，有历史信息层叠现象。

花石柱庙现存大殿、朵殿、东西廊屋、门殿等建筑，其中，仅大殿为早期建筑，其余建筑均为晚期或近现代重建。在现场，我们综合运用三维扫描仪、全站仪、无人机和手工测量,对花石柱庙大殿和庙宇格局进行了全面测绘,并运用建筑考古研究方法,通过大殿建筑构件的残缺、打破、叠压、构造、工艺等关系,判断大殿的原构构件和扰动构件,继而用北大已建立的晋东南地区建筑形制时空框架和大殿现存的金代及清代的题记、碑文互证,形成了对原构构件和扰动构件的断代。在形制断代的同时,我们还采集了碳十四检测样本,用以互证建筑构件形制研究结论。在对大殿建筑构件进行年代研究的同时,课题组还对建筑格局和社会关系进行了研究。这部分工作主要用到了物探、考古试掘、尺度研究、社会访谈等方法。

通过以上测绘和研究工作,课题组还原了花石柱庙大殿及庙宇格局的历史原状。我们发现,花石柱庙现存面阔三间的悬山大殿,很大概率上应为面阔五间的悬山建筑,大殿现存的斗栱、梁架和出檐等,均已在一定程度上被后代改动。如现存四铺作斗栱原为五铺作单杪单昂、现存前檐出檐被锯断、现存前檐大额原为殿内四椽栿、前檐西角柱非金代原构石柱等。又,通过在现场的考古试掘,我们发现了已毁献殿基址,确认了大殿前檐原始台明位置,验证了现存东西廊房所在为庙宇原构廊屋的原始位置等。此外,课题组在古寨村和花石柱庙开展的古代碑文和社会访谈研究,也取得了重要收获。通过碑文研究和访谈,我们发现了花石柱庙具有以方圆五公里为核心、十公里为外延的空间影响范围以及"庙主"这样一个维系祠庙信仰和建筑兴修的关键群体,在花石柱庙研究的基础上,课题组对古寨村以及古寨村所在的马村镇开展了全面的踏查和记录,进一步验证了花石柱庙所揭示的古代庙宇空间覆盖特征和"庙主"群体存在的意义和价值。"庙主"出自民间,日常经营和维护庙宇,代言神灵,有自己的传承系统和交际网络,是庙宇得以在古代社会发挥社会功能的重要枢纽。通过庙主之间的联络和组织,不同信仰的民间庙宇连缀成覆盖十里八乡,进而覆盖整个古代社会的庞大网络,庙宇建筑发挥其精神调节功能,维护现实社会稳定,成为中国古代社会秩序建构中一个不应忽视的重要维度。

总之,通过"1+N"多维研究,课题组揭示了这处庙宇的深层历史信息,发现了现状之下的原生建构秩序,并在文物建筑与古代社会的文化互动方面有所发现,明显提升了该处文物的历史真实性和完整性,提升了其历史文化内涵,为未来的保护、修缮和展示利用,提供了价值依据。

课题组成员：

课题负责人、领队：徐怡涛（北京大学考古文博学院教授）

北大测绘实习教师团队：徐怡涛、张剑葳、彭明浩、俞莉娜

北大花石柱庙测绘团队：徐怡涛、方远炀、王子寒、周珂帆、田雨森、赵小雯、王振猛、王卓、韦曦、马青龙、韩蕙如、袁琦、李萌慧

山西省古建院参与测绘团队：张国花、简莉、段恩泽、张雅婕、冯燕、王小龙、史君、杨晓芳、宋阳

测稿绘图：王子寒、周珂帆、方远炀、赵小雯、田雨森、王卓、王振猛、韦曦

报告编写：徐怡涛、王子寒、周珂帆、赵小雯、田雨森、方远炀、王卓、侯柯宇

现状及历史沿革

高平史地概况

古寨村历史沿革及现状

花石柱庙现状

花石柱庙营建与变迁

1
高平史地概况

泽州府,是今山西省晋城市古称,东晋称建兴郡,北魏时称建州,北齐改建州道行台,北周复称建州,隋开皇三年(583)改建州为泽州,以境内获泽河为名。唐宋仍为泽州,或称高平郡。金改南泽州。明洪武二年(1369)改泽州直隶州,隶属山西布政司。清代升为泽州府,为山西省所辖九府之一。泽州府虽屡经变化,但其管辖范围大体一致。

高平隶属于泽州府,位于山西省东南部、泽州盆地北端、太行山西南边缘。高平市的版图接近正方形,东、西、北三面环山,状如簸箕,整个地势西北高、东南低。古时中原地区通往大漠以及陕甘地区前往燕赵的两条大道在此交汇,使得高平成为历代兵家必争之地,高平也即中国历史上著名的长平之战的发生地。

高平市与长治市在古代合称上党。此地区地处太行山区,深受儒家传统礼教的影响,形成了与炎帝文化、长平之战文化和以古建筑为主要内容的宗教民俗文化相关的历史文化遗存。晋东南地区自古以来的社会保持了长期的稳定延续,民间祠祀遍及城邑乡里,民间信仰广为传播,而且受山区相对闭塞的地理位置影响,在改革开放以后仍保存下来大量的寺庙、古迹,是现今研究古代建筑、宗教祠祀、人文社会的绝佳样本。

高平是我国保存古建筑最为丰富的县域,尤其是宋金800年以前的古建筑别具一格,在我国的古建筑中占有十分重要的位置。高平地区现存宗教祠庙的祀神类型主要有五大类:自然崇拜、祖先崇拜、帝王崇拜、历史名人崇拜、仙佛崇拜。宋代以后,由于中国古代农业社会的性质,加之高平地区干旱少雨的特点,老百姓对于丰收、祷雨有着强烈的需求,因此部分民间信仰与祠庙祀神的功能慢慢向司雨、祈报转变,还有高禖类求子的祀神与药王类求平安的祀神可以满足人民的日常生活需求因而在民间大为流行,因而在宋金时期流行的信仰有成汤、炎帝、二仙、三峻、崔府君等。元明清时期,成汤庙大量增修,逐渐成为民间春祈秋报的村社大庙,地位突出,分布广泛,成了一社乃至一村的政治、文化活动中心。

乡村庙宇自古以来就在乡村社会生活中占据重要地位,它是村落中祭祀活动的主要场所,也是村民公共活动的空间,同时也是其所在地区历史文化的载体。"建筑是历史的反映",梁思成先生曾经对这句话做过这样的解释:

> 即每一座建筑物都忠实地表现了它的时代与地方。这句话怎么解释呢?就是当时彼地的人民会按他们生活中物质及意识的需要,运用他们原来的建筑艺术,利用他们周围一切的条件,去取得选择材料来完成他们所需要的各种的建筑物。所以结果总是把当时彼地的社会背景和人们所遵循的思想体系经由物质的创造赤裸裸地表现出来。[1]

因此,在文物建筑研究中,建筑本体构造和建筑社会史的研究都是不可或缺的。对于晋东南早期村庙在各个历史时期社会角色与功能的研究,能够让我们对于民间祠庙有更加全面、深刻的认识。

---

[1] 梁思成《建筑的民族形式》,载所撰《大拙至美:梁思成最美的文字建筑》,中国青年出版社,2007年,页37。

2 古寨村历史沿革及现状

古寨村位于高平市城西南15公里处。据《高平市地名志》记载,相传古寨村原名西营。战国时期,河南古姓官宦被抄家后,携家属扈从到此落户,修建房舍及寨墙,改村名为古寨。[1] 古寨村地处丘陵,坐落于浩山南麓、古寨河北岸。

(一)地方志相关记载

《括地志》中记载:"赵郜故城一名都尉城,今名赵东城,在泽州高平县西二十五里。又有故谷城,此二城即二郜也。"[2] 长平之战时,廉颇在空仓岭设防后,同时构筑了古寨、秦城二郜城,与空仓岭形成掎角之势。

明代乡村社会中实行里甲制度,古寨村分为古寨南里和古寨北里,"旧有古寨南在县西南三十五里,其庄二,大周纂村、古寨村;……旧有古寨北在县西南四十里,其庄一,古寨村。其地居空仓岭下,与沁水接界"。(顺治)《高平县志》第二卷"建置志"中记载,崇祯九年(1636),潞安府道判署高平县事董良琼奉旨将原一百六十一里归并为一百里,旧古寨南归并至二十一都回山里,旧古寨北归并至二十二都唐安里。[3] 1912年实行区村制,先后属三区(乔村)、三区(马村);1956—1983年先后设古寨农业生产合作社、管理区、生产大队,属马村镇、马村乡、马村管理区、马村工作区、马村人民公社;1984年5月25日政社分开,设古寨村民委员会,属马村镇。[4]

---

[1] 姬积亮、文战胜《高平市地名志》"古寨"条,中国言实出版社,2013年,页135—136。
[2] 〔汉〕司马迁《史记》,中华书局,2014年,页2835。
[3] 〔清〕范绳祖修,庞太朴纂(顺治)《高平县志》卷二,清顺治十五年刻本,页19、26。
[4] 姬积亮、文战胜《高平市地名志》,页136。

(同治)《高平县志》第一卷"地理"中的"西南六里图"中,古寨村和花石柱庙的地理位置和现在的实际位置基本吻合。[1] 由图及第一卷中的文字记载可以得知,古寨村西侧山名吾山,东侧山名皇王山,空仓岭位于其西北方位。花石柱庙位于古寨村南侧山上,山名在图中未作标识,后文记载其名为花石柱山,西南侧有庄头村、金章背村,东南侧有东、西牛庄村,南侧有张家庄、大周纂、东周纂、西周纂等村。

宋晋城令程明道先生建社学70余所,乡村中的文庙基本都是当时的乡校遗址。元大定年间县令郭质兴复,后来多毁于兵火。明弘治八年(1495)知县杨子器复建社学,4处在县城,大约36处在各村中,古寨村的社学就是此时恢复的。[2] 康熙初有23处尚存,至同治年间多颓废,只有11处社学保存了下来,其中即包括古寨村社学。[3]

明清地方志记载中,古寨人有两位入仕,明崇祯十四年(1641)贡士苏光岳,任岳阳训导;清嘉庆戊午年间举人苏民牧,知长安县擢给事,历山东川陕三任监司二十载。[4] (乾隆)《高平县志》第十一卷"职官"中称苏民牧"厚重寡言,为名诸生","自律一如寒素,乡评先达之清望,首民牧焉"。[5]

(二)现存文化遗产情况

古寨村旧有"三堂五阁十一庙"的说法,"三堂"即上观音堂、底观音堂、苏家祠堂。苏家祠堂现已拆除,不存。"五阁"指大王阁、三官阁、上东阁、底东阁、白衣阁,现存大王阁及原址重建的三官阁。"十一庙"包括南庙山上的花石柱庙、山神庙、龙王庙;另有牛王庙、药王庙、三宗庙、东社庙(现为古寨小学)、玉皇庙(在原来的地址路北重建)、文庙(现村委会所在地)、财神庙、二仙庙。现在只剩下花石柱庙等五个庙。

---

[1]〔清〕龙汝霖纂修(同治)《高平县志》卷一,清同治六年刻本,页13。
[2]〔清〕傅德宜修,戴纯纂(乾隆)《高平县志》卷八,清乾隆三十九年刻本,页8。
[3]〔清〕龙汝霖纂修(同治)《高平县志》卷三,页5。
[4]〔清〕范绳祖修,庞太朴纂(顺治)《高平县志》卷六,页13、22。
[5]〔清〕傅德宜修,戴纯纂(乾隆)《高平县志》卷十三,页17。

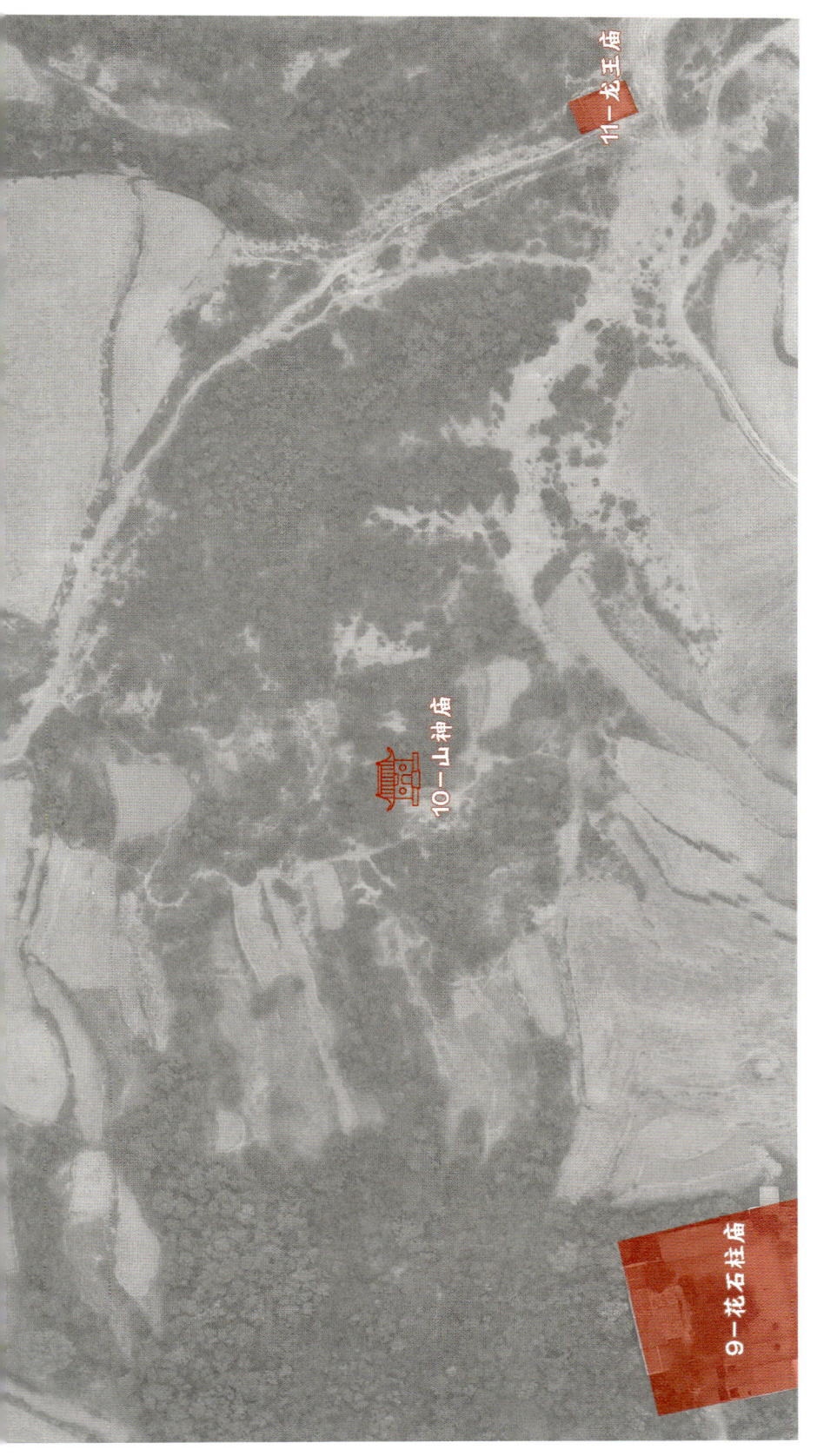

图 1-1 古寨村古建筑分布图
（在王子寨所绘所绘图基础上改绘）

3
花石柱庙现状

（一）地理位置

花石柱庙位于山西省高平市马村镇古寨村南山上，(同治)《高平县志》中记载此山名为花石柱山，当地村民称其为南庙。庙址地势较高，北侧树木繁茂，与古寨村相距约500米；南侧则较为空旷，原与常家窑村相邻，由于开矿导致常家窑村地面塌陷，已集体搬迁至西周村。

（二）空间格局

花石柱庙坐北朝南，一进院落，整体平面接近方形，占地面积约1 100平方米。共3处入口，分别为山门、神南阁及西侧门。山门位于院落最南侧正中，面阔七间；神南阁位于东南角，为原来该庙的主要出入通道；西侧门位于西侧偏北处，现代修缮时为方便运输材料所开。

正殿为成汤殿，位于院落北侧，正对山门。正殿东西均有耳房，东耳房现已坍塌。院落中间有近20米宽的正方形空地，正中有一棵大树，冠径近10米。东西侧各有厢房三间，分别供奉不同的神像，但现在已破败。据庙主苏九水回忆，在现代重修以前，东西配殿都是三间，原西侧厢房的位置比现在的位置偏西一点。修缮前庙内有老鳖驮碑的青石碎块遗存，推测以前院落正中可能有建筑。整体平面如图所示。

（三）建筑单体形制

成汤殿面阔三间，进深六椽，出前廊。前檐有四根檐柱，均为方形抹角青石柱，其中西角柱雕刻最为简易。东南角柱和明间两前檐柱使用了丰富且高超的雕刻工

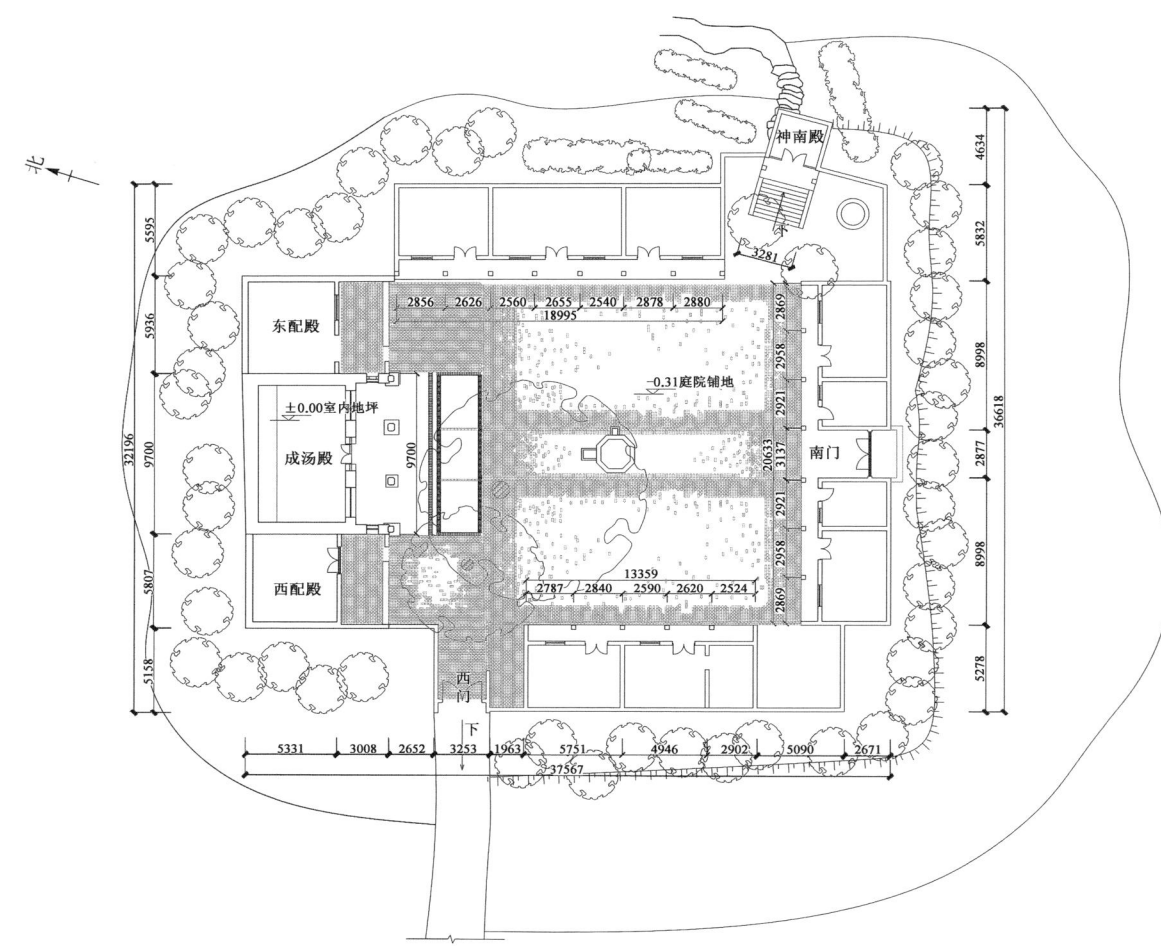

图1-2 古寨村花石柱庙总平面图

(制图：韦曦)

艺,明间东柱上"泰和七年九月二十日四日立柱"以及东南角柱上"古寨西社冯聚愿心施石柱一条 泰和七年五月十日功毕"的金代题记,成为花石柱庙建造时间的关键证据。

石柱上方用一根大额,上承斗栱,共七朵,每间各用一朵补间铺作。斗栱部分构件残缺,有明显的重组痕迹。按现状,明间两朵柱头铺作为四铺作单杪,栌斗为八瓣海棠状,每瓣中心起棱。第一跳华栱后尾作四瓣蝉肚纹承托乳栿,乳栿出头作蝉肚纹状耍头。令栱上承一根较短的替木。补间铺作为四铺作单杪,昂状耍头,当心间补间铺作的栌斗与柱头铺作作法相同,但其下半部分被锯掉,东西次间的补间铺作为不起棱的海棠瓣栌斗。昂状耍头后尾被锯断;令栱上承替木,和柱头铺作作法相同。东西角柱上用方栌斗,其他作法与明间柱头铺作相同。

图1-3 大殿前檐斗栱外檐现状

图1-4 大殿前檐斗栱里转现状

4
花石柱庙营建与变迁

花石柱庙内现存有关修建的金石资料包括正殿石柱上的金代泰和七年（1207）修建题记、正殿西侧清代嘉庆八年（1803）《重修成汤殿文昌殿碑记》、正殿东侧清代嘉庆八年补修布施题刻以及2006、2013年两次现代修缮碑记。花石柱庙的创建最早可以追溯至金泰和七年，此后至嘉庆八年的近600年里，无论是碑刻抑或是地方志，均无关于此庙的记载。嘉庆八年的重修碑记中称："经修补者，业已数次，俱未详其颠末，不知创自何时，惟柱头镌有太（泰）和七年某某捐施字样者。"自创建至嘉庆年间，这座庙宇必然经过了数次修补才得以保存下来，并且大殿构件中也可以看出历代修缮痕迹，但都没有详细记载。

清代修缮前，花石柱庙已经破败不堪，"成汤殿上盖倾圮，文昌殿基址无存，正东以及正南亦无墙垣护卫"，于是由村社筹资对成汤殿进行修缮，重建文昌殿；将三义殿、药王祠、社房、高禖祠重新修整，形成了新的院落格局。

此后至20世纪70年代，亦无修缮活动的记载。通过现场访谈及庙内碑刻得知，1976至1978年间，花石柱庙主要用于古寨村内公共生产，相继用于养羊、养鸡等事务。1979年对大殿进行了一次修缮，主要修缮内容包括：维修原已塌掉的屋顶，正殿屋顶的绿色及蓝色琉璃瓦都是原来保存下来的，修缮时补的是灰瓦；锯掉正殿前檐长约1米的飞子，更换为杨木椽；更换屋脊；更换正殿下约1米高的石台。1986至2013年间，由庙主苏九水和古寨村部分村民合力筹资，相继修复了成汤殿、文昌殿、三义殿，建立起东屋佛殿、老君殿、西奶奶殿、神南阁、南大门，重塑神像并绘制壁画（现正殿内的三个神像分别为汤王、小王和娘娘），形成了现在的庙宇格局。

单体建筑

年代研究

碳十四测年研究

大木作尺度研究

大殿尺度复原分析

大木作尺度比较研究

总结

1
年代研究

（一）大殿建筑形制

1. 平面概况

成汤大殿悬山顶，现状为面阔三间，进深六椽，前出廊。明间面阔 3 139 mm，西次间面阔 3 075 mm，东次间面阔 3 138 mm，通面阔 9 352 mm；前廊进深 2 327 mm，殿内进深 6 695 mm，通进深 9 022 mm。

2. 前檐石柱

大殿前檐四根檐柱，均为方形抹角青石柱，上刻花纹，但在排布序列上具有不对称性：四根柱子正面雕花的包边、大小、讹角的作法，以及雕刻手法和雕刻题材均不相同。

西角柱三面雕刻，西面和南面均素平雕刻龙凤花草纹；东面素平雕刻龙凤花鸟纹。明间西侧石柱南面剔地起突雕刻仙人、龙凤、花草等，南面顶部刻有"施主本村牛彦同男牛铎 匠人丹源赵瓊同弟赵琚"；北面压地隐起雕刻龙凤花草纹；东、西面压地隐起分别雕刻四组故事，东面故事画与君臣关系相关，西面故事画与拜师学艺相关。明间东柱南面剔地起突雕刻龙凤花草纹样，南面顶部刻有"李桂施 晋城县做柱人李皋 阳城县做柱人潘济明"；北面压地隐起雕刻仙人、龙、凤、花草纹，北面顶部刻有"泰和七年九月二十日四日立柱"；东、西面剔地起突雕刻凤凰与花草。东角柱南面剔地起突雕刻龙凤花草，南面顶部刻有"古寨西社冯聚愿心施石柱一条泰和七年五月十日功毕"；东、西面减地平钑雕刻童子、花草纹样；北面嵌入墙内，但讹角部分仍有雕花，推测其北面应也有雕刻，雕刻手法与内容不详。

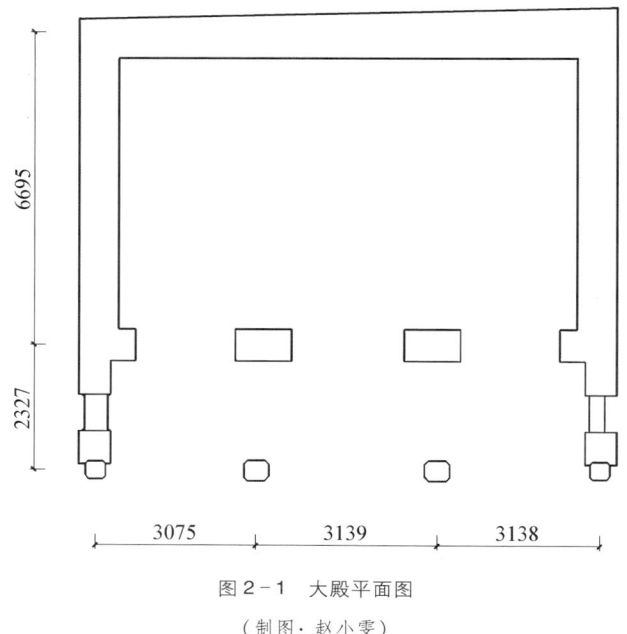

图 2-1　大殿平面图

（制图：赵小雯）

3. 铺作

石柱上方用一根通面阔大额，作月梁状，上承斗栱，斗栱共七朵，每间各用一朵补间铺作。斗栱部分构件残缺，有明显的重组痕迹。按现状，柱头铺作为四铺作单杪，明间两朵柱头铺作栌斗为八瓣海棠状，每瓣中心起棱，东西角柱上用方栌斗；第一跳华栱后尾作四瓣蝉肚纹承托乳栿，乳栿出头作蝉肚纹状耍头。令栱上承一根较短的替木。补间铺作为四铺作单杪，耍头为带华头子的昂状，当心间补间铺作的栌斗与柱头铺作作法相同，但其下半部分被锯掉，东西次间为不起棱的海棠瓣栌斗；昂状耍头后尾被砍断；令栱上承替木，和柱头铺作作法相同。

4. 梁架

梁架为厅堂屋架，六架椽屋乳栿对四椽栿用三柱，殿内梁栿之间立蜀柱，四椽栿大梁上蜀柱两侧施合㭼；平梁上蜀柱施大斗，斗两侧施丁华抹颏栱，与叉手相交咬合，叉手承托脊槫。

图 2-2 大殿前檐铺作
1. 西角柱柱头铺作 2. 西次间补间铺作 3. 明间西柱柱头铺作 4. 明间补间铺作
5. 明间东柱柱头铺作 6. 东次间补间铺作 7. 东角柱柱头铺作

（二）原构构件解析

1. 前檐石柱原构分析

东角柱东嵌入墙内的讹角部分仍有雕花,与山墙有打破关系,而西角柱则不存在这种情况。另外,在显微拍照下观察,西角柱雕刻技艺较为粗糙,细节线条顿挫不畅,与金代纪年柱同类线条的挺拔有力不同,而明间西柱与明间东柱、东角柱的雕刻技艺相似,故推断明间西柱的雕成时间应与泰和七年的明间东柱、东角柱相同。根据建筑对称性原则,现同期的三根金代石柱均应有一根与之相同的柱子,则大殿原应面阔五间,现西角柱与其他三根石柱并不同期,与山墙一同是后期修缮的添加

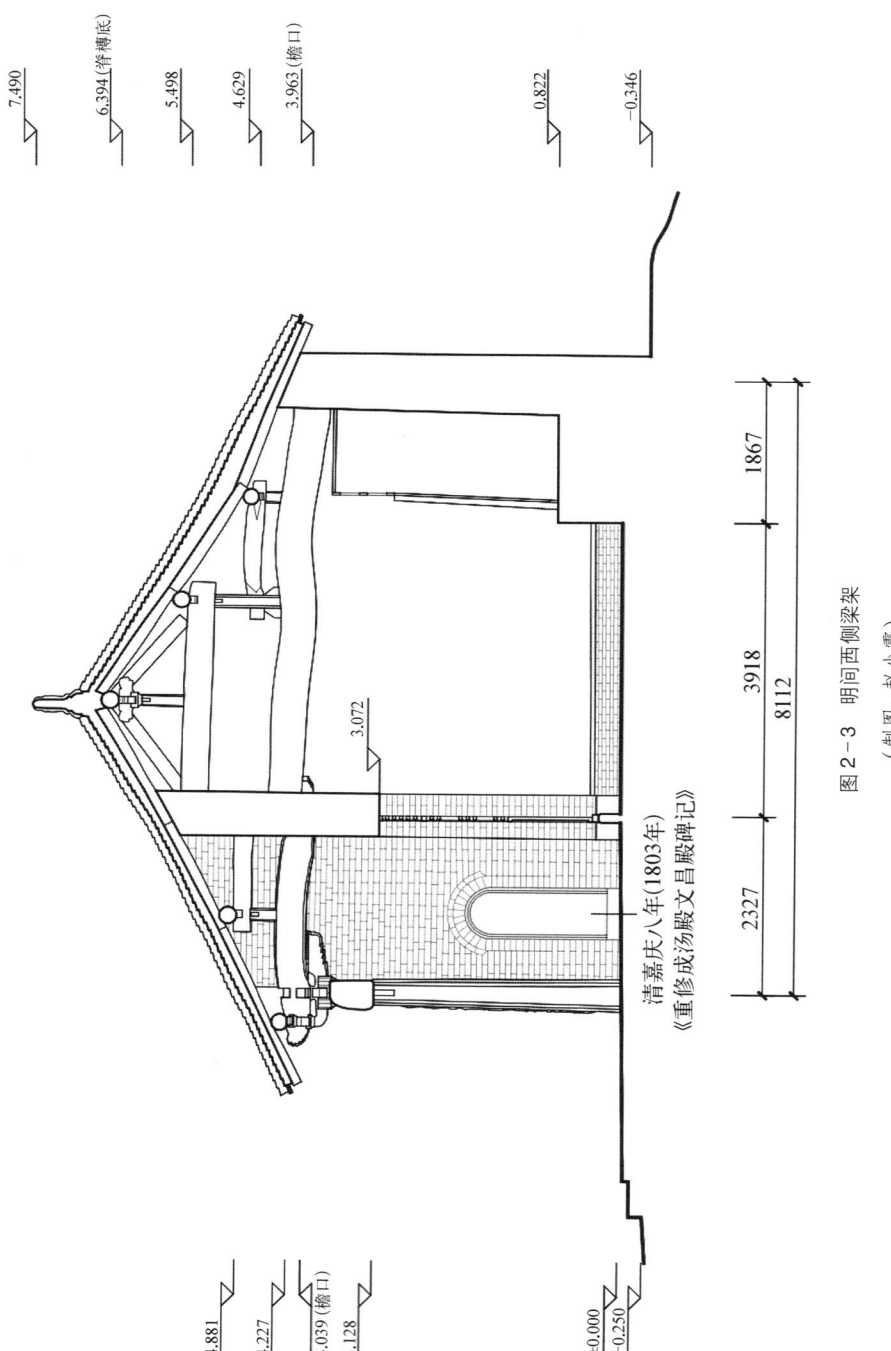

图 2-3 明间西侧梁架

（制图：赵小雯）

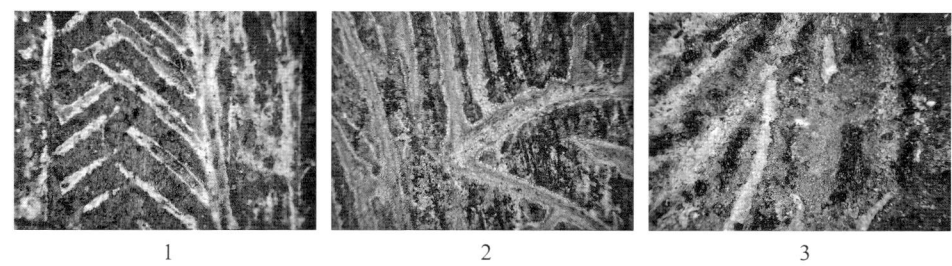

图 2-4 明间西柱、明间东柱和东角柱雕花显微照片
1. 明间西柱 2. 明间东柱 3. 东角柱

物,而现存明间西柱、明间东柱和东角柱均为原构,但因雕刻制度和内容不对称,判断有原构柱在历次修缮中发生过移位。

2. 斗栱原构分析

现存前檐斗栱表现出了明显的不完整性——补间铺作中充作耍头的假昂后尾上的榫口、泥道和里转位置上构件的严重缺失、足材的构件出现在泥道栱的位置上、令栱与泥道栱等长,不符合《营造法式》规制,而符合与法式中瓜子栱与泥道栱的长度关系,这些现象都表明斗栱本身经过了打破重组。但现存斗栱构件的作法基本符合晋东南金代建筑形制,故判定现存前檐斗栱构件除柱头铺作耍头外,均为原构构件,但其组合形制、位置被打破改变。

3. 梁架原构分析

大殿前檐的大额具有明显的斜项和拼接痕迹,与殿内四椽栿大梁相似。因此,推测是后期修缮时,被替换下来的四椽栿大梁被用作大额。

为了验证这种猜测,对大额和大梁做了对比测量,数据(部分参考切片数据)见表 2-7。

从表中数据可以看出,大额的长度及榫口到大额两端的距离,与殿内四椽栿大梁基本相同,进一步验证了我们的推测。同时,明间补间铺作置于大额中间隆起的部分,为了与其他铺作保持齐平,栌斗底部被削平,大额亦被削减用以安装栌斗。由此打破关系推断,大额或为原构构件,但已不处于原生位置,若其非原构,也至少为设置大额前的四椽栿。

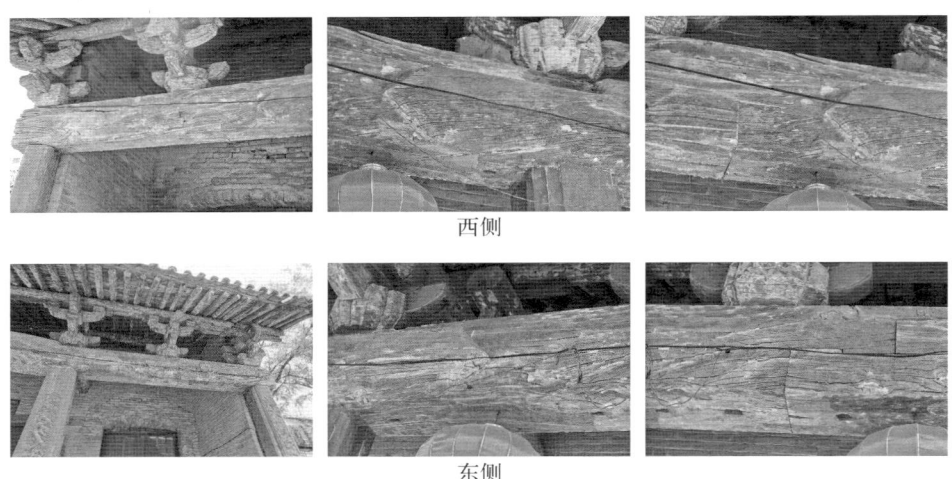

图 2-5　大额上的斜项与拼接痕迹

（拍摄：刘云聪）

图 2-6　明间补间铺作与大额的打破关系

（三）大殿原构形制年代研究

原构形制年代研究以斗栱构件为主，包括斗、栱、昂状耍头等构件形制点分析。

栌斗包括方形栌斗、八瓣栌斗、八瓣起楞栌斗三种。

华栱包括蝉肚状后尾和栱状后尾。

昂状耍头为琴面昂，下刻两瓣华头子，昂嘴为半圆形。

构件形制符合晋东南地区金代中后期作法。

年代研究　19

表 2-7　大额与现存大梁的数据对比

	大　额	大　梁
长度	6 309 mm	5 784 mm（计算至墙中心线）
榫口到大额两端的距离／蜀柱到大梁两端的距离	3 509 mm，2 801 mm	2 857 mm，2 927 mm
测图		

2 碳十四测年研究

通过建筑形制、纪年等方面的研究,初步判定出花石柱庙大殿构件中属于金代的原构构件。在此基础上,课题组分别从斗栱、梁、额、枋等构件上采集碳十四测年样本,进一步研究大殿构件年代问题。

(一) 采样标准

北京大学考古文博学院团队结合以往古建筑年代鉴定案例中的经验,[1]制定基本取样标准如下:

(1) 取样部位尽量接近构件所用原木外皮,圆木取外皮,方木取角。
(2) 取样尽量覆盖各种建筑构件。
(3) 取样结合形制年代分析,重点采集原构构件,并兼顾晚期典型构件。

基于以上取样标准,北京大学考古文博学院团队在花石柱庙大殿上采集斗、栱、昂状耍头、大额、普拍枋、蜀柱、替木、榑等12个标本,所有标本现场采集后立刻封装标注,交由北京大学考古文博学院第四纪年代测定实验室及北京大学加速器质谱实验室,检测结果如下(表2-8)。

(二) 碳十四测年研究

根据碳十四测年结果,可将12个样本分为三组(图2-7),三组整体上均晚于泰和七年(1207),由1、2、5、8、9、10、11、12号构成的A组和B组最接近泰和七年

---

[1] 徐怡涛《论碳十四测年技术测定中国古代建筑建造年代的基本方法——以山西万荣稷王庙大殿年代研究为例》,《文物》2014年第9期。

表2-8 北京大学加速器质谱(AMS)碳十四测试报告

Lab 编号	序号	采样位置	碳十四年代(BP)	树轮校正后年代	
				1σ(68.3%)	2σ(95.4%)
BA192109	1	明间东柱头栌斗	760±25	1232 AD (12.7%) 1241 AD	1225 AD (95.4%) 1283 AD
				1258 AD (55.6%) 1280 AD	
BA192110	2	明间东柱头华栱	785±25	1229 AD (34.4%) 1246 AD	1222 AD (95.4%) 1276 AD
				1255 AD (33.9%) 1270 AD	
BA192111	3	明间东柱头替木	600±30	1314 AD (56.1%) 1361 AD	1300 AD (71.0%) 1371 AD
				1388 AD (12.2%) 1398 AD	1376 AD (24.5%) 1408 AD
BA192112	4	明间东乳栿上沿榫口	300±30	1520 AD (50.3%) 1579 AD	1495 AD (69.4%) 1602 AD
				1623 AD (18.0%) 1646 AD	1610 AD (26.0%) 1656 AD
BA192113	5	明间东乳栿上蜀柱	740±30	1261 AD (68.3%) 1291 AD	1225 AD (95.4%) 1298 AD
BA192114	6	东次间大额	515±30	1406 AD (68.3%) 1435 AD	1328 AD (4.8%) 1345 AD
					1395 AD (90.6%) 1446 AD
BA192115	7	东次间大额上普拍枋	660±25	1290 AD (29.3%) 1307 AD	1281 AD (47.3%) 1322 AD
				1364 AD (39.0%) 1385 AD	1356 AD (48.2%) 1392 AD
BA192116	8	东次间补间栌斗	825±25	1216 AD (68.3%) 1262 AD	1175 AD (95.4%) 1270 AD
BA192117	9	东次间补间华栱后尾	795±25	1228 AD (68.3%) 1266 AD	1218 AD (95.4%) 1275 AD
BA192118	10	东次间补间铺作昂嘴	780±25	1229 AD (30.4%) 1246 AD	1223 AD (95.4%) 1277 AD
				1255 AD (37.9%) 1274 AD	
BA192119	11	东次间补间替木	860±20	1175 AD (68.3%) 1219 AD	1158 AD (95.4%) 1228 AD
BA192120	12	东次间下平槫	780±20	1229 AD (29.4%) 1245 AD	1225 AD (95.4%) 1276 AD
				1256 AD (38.9%) 1274 AD	

注：表中所用碳十四半衰期为5 568年，BP为距1950年的年代。

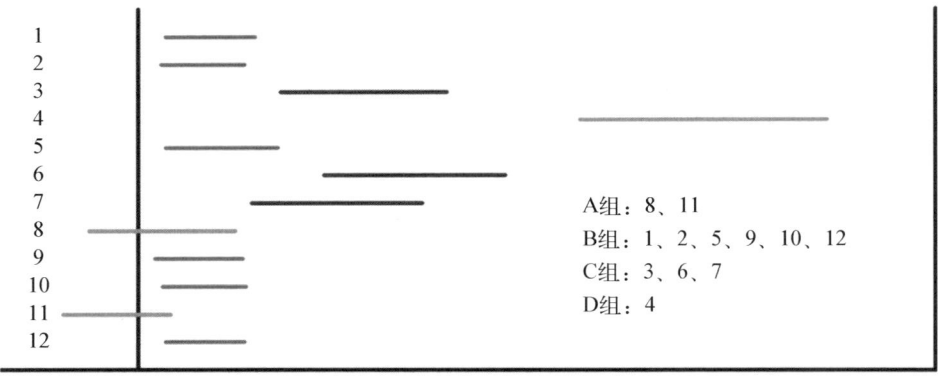

图 2-7 大殿构件碳十四年代数据分析图

(制图：王子寒)

(1207)，上限不早于 1070 年，下限不晚于 1240 年；由 3、6、7 号构成的 C 组整体晚于 A、B 组，上限不早于 1265 年，下限不晚于 1465 年；4 号单独构成 D 组，年代最晚，上限不早于 1620 年，下限不晚于 1680 年。

B 组的年代与石柱上题记纪年最接近，属于金代晚期，包括前檐斗栱构件与明间东乳栿上蜀柱和东次间下平槫。这与前文形制年代判断相符合。C 组的年代要晚于金代，属于元明时期，包括前檐大额（东次间部分）、东次间大额上普拍枋和东柱头替木。尤其对前檐大额这一存在明显年代扰动痕迹构件的测定，为花石柱庙大殿进行大木构原生次序复原讨论提供了参考。最后 D 组属于清代，取样点位于明间东乳栿上沿榫口处，应为清代重修时添换的构件。

结合形制年代分析，花石柱庙大殿原构建于金代后期，元明时期至少三次重修，更换了四椽栿、乳栿等梁架，后将四椽栿用于前檐大额，清代重修又更换了部分构件。

3
大木作尺度研究

（一）营造尺复原

关于金代营造尺长的复原研究，有学者结合文献与建筑遗址，分析金代营造尺长在 300—315 mm 的范围内，[1] 也有学者结合晋东南地区现存建筑实例，认为宋金时期晋东南地区常用尺可以按时间分为三个阶段：北宋初—真宗朝、真宗朝—神宗朝、神宗朝—金代，其中第三阶段代表性尺长分布在 313—315 mm 之间。但是这三个时期也存在同时存在不同长度营造尺的情况，其中陵川和高平地区多流行 309 mm 的尺长。[2] 金尺实物资料较少，主要以官印为主，官印尺与营造尺不属于同种尺，因此不能作为参考。在复原营造尺时，在 300—315 mm 的范围内取值。考虑到尺本身的加工精度，以 1 mm 为单位进行营造尺复原推算。且在大木作设计中，对"金代之前的早期建筑而言，其间架尺度采用整数尺设定的可能性较大，以此反推营造尺长度的作法也即具备基本的合理性"，[3] 因此在复原营造尺时，以平面尺度为复原依据，误差控制在 0.1 尺内，以最接近整尺、半尺作为标准进行筛选（表 2-9）。

由表 2-9 可知，316 mm 在平面尺度中能满足最多数据的整尺和半尺，311、312、313、314 mm 次之，但是 314 mm 能满足明间面阔为整十尺，且根据姜铮的研究，北宋后期到金代晋东南地区的许多建筑均使用了 314 mm 作为营造尺，例如青莲寺大雄宝殿、南村二仙庙正殿、石掌玉皇庙、府君庙正殿。同时考虑到柱子后期

---

[1] 王晓静《金代度量衡研究》，吉林大学硕士学位论文，2016 年。
[2] 姜铮《晋东南地域视角下的宋金大木作尺度规律与设计技术研究》，清华大学博士学位论文，2019 年。
[3] 姜铮《晋东南地域视角下的宋金大木作尺度规律与设计技术研究》。

移动对进深方向尺度的影响，312 mm 在总进深方向贴合整尺的情况也不一定完全符合初建情况，因此选择 314 mm 为最终复原的营造尺。

（二）材等推算

《营造法式》中规定，泥道栱、令栱、泥道慢栱的截面高度为一材，由于样本数量不多，因此结合形制判断、剔除异样数据后，得到这三类栱的截面高度均值如下（表 2-10）：

表 2-10 单材栱构件高度数据表

构件名称	高/mm	标准差	样本量
泥道栱	166.33	7.56	6
泥道慢栱	167.5	2.5	2
令栱	161.17	4.91	6

因此一材高度可以认为在 161—168 mm 范围内。以 1 mm 为单位，用营造尺判断表中满足较多整、半尺数据的尺长进行用材制度推算，根据公式：

$$份值 = 材高(mm)/营造尺长(mm)/15$$

计算出份值如表 2-11。

平均值求得份值为 0.0355 尺，与《营造法式》中七等材的规定十分接近，在推算所得的 88 个数据中，在 0.0350—0.0359 尺范围内的数据共 37 个，均值 0.0354 尺，因此可以判断高平古寨花石柱庙大殿用材制度为七等材，即三分五厘为一份。足材华栱平均高度为 228.2 mm，折合份值一份约为 0.0346 尺；昂里转部分的足材平均高度为 240.33 mm，折合份值一份约为 0.0364 尺，平均下来足材份值折合一份为 0.0355 尺。如果用材厚折算，栱构件的厚度平均值为 116.1 mm，折合份值一份约为 0.0369 尺，而昂的厚度平均值为 128 mm，折合份值一份约为 0.04 尺，虽然按照昂的厚度推算份值接近六等材，但是昂厚数据偏差较大，西次间补间铺作的昂的厚度与另外两个补间铺作的昂的厚度相较多出 20 mm，因此该数据的可信度不高。

表 2-11 材厚计算表

尺长＼材高	161	162	163	164	165	166	167	168
300	0.0358	0.0360	0.0362	0.0364	0.0367	0.0369	0.0371	0.0373
301	0.0357	0.0359	0.0361	0.0363	0.0365	0.0368	0.0370	0.0372
304	0.0353	0.0355	0.0357	0.0360	0.0362	0.0364	0.0366	0.0368
305	0.0352	0.0354	0.0356	0.0358	0.0361	0.0363	0.0365	0.0367
309	0.0347	0.0350	0.0352	0.0354	0.0356	0.0358	0.0360	0.0362
311	0.0345	0.0347	0.0349	0.0352	0.0354	0.0356	0.0358	0.0360
312	0.0344	0.0346	0.0348	0.0350	0.0353	0.0355	0.0357	0.0359
313	0.0343	0.0345	0.0347	0.0349	0.0351	0.0354	0.0356	0.0358
314	0.0342	0.0344	0.0346	0.0348	0.0350	0.0352	0.0355	0.0357
316	0.0340	0.0342	0.0344	0.0346	0.0348	0.0350	0.0352	0.0354
317	0.0339	0.0341	0.0343	0.0345	0.0347	0.0349	0.0351	0.0353

如果按照七等材复原，一份为 0.035 尺，则斗栱单材高 15 份、足材高 21.3 份；材厚折合份值 10.5 份。据此再还原一单材材高应为 314×15×0.035＝164.85 mm，与实测平均值误差 0.15 mm；同理，还原足材高度为 234 mm，与实测平均值误差 0.26 mm；还原材厚为 115.4 mm，与实测平均值误差 0.7 mm。误差范围均在 1 mm 之内，因此可以复原原建筑材等为七等材。

4
大殿尺度复原分析

（一）面阔尺度复原

北京大学考古文博学院团队通过对花石柱庙大殿的建筑形制、装饰图案、石雕工艺以及寺庙格局的综合研究，并结合考古试掘验证，在今大殿东耳房前发现了山墙墙基，再结合前文对金代石柱的分析，可证明花石柱庙大殿原构的面阔应为五开间，而非现存的三开间。且在距离现东边柱 10 尺的位置处出土了悬山屋顶边缘瓦件，据此可以推测建筑屋顶出际的位置。《营造法式》中"凡出际之制"中规定："六椽屋，出三尺五寸至四尺"，取最小值 3.5 尺，可以复原出原大殿面阔五间尺寸分别为 6.5 尺、10 尺、10 尺、10 尺、6.5 尺（图 2-8）。

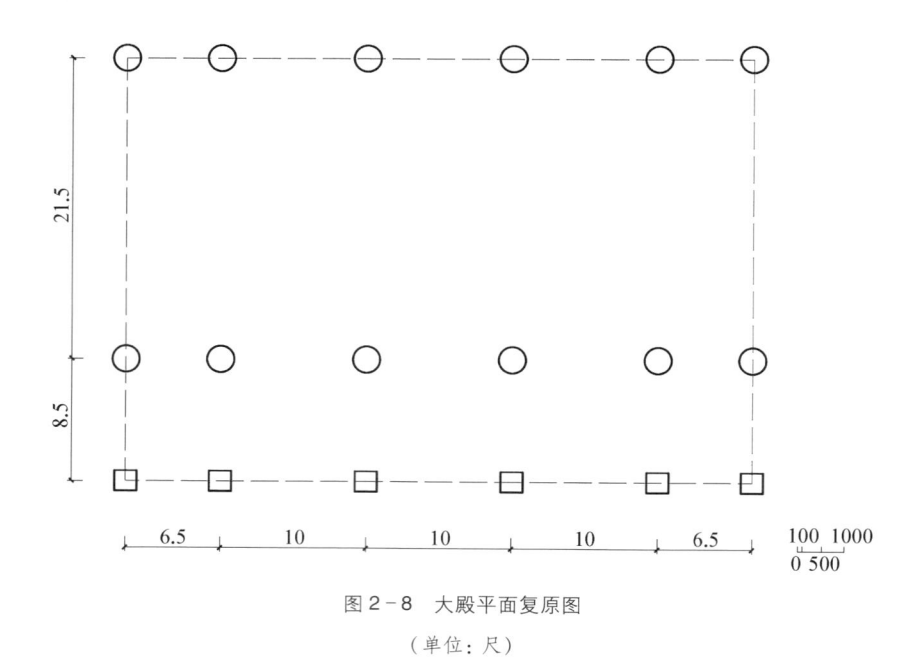

图 2-8 大殿平面复原图

（单位：尺）

现存前檐四根石柱高折合尺值基本为10尺,据此可知花石柱庙大殿设计之初,10尺是建筑平面与立面的基础模数(图2-9)。

(二) 斗栱尺度复原

现存原构斗栱仅分布在前檐,斗栱构件榫口等构造痕迹反映出斗栱经过了打破重组,即现状斗栱的铺作次序与原构差距较大。通过分析斗栱现存构件的形制和痕迹,我们认为,现存补间铺作昂状耍头应为柱头铺作第二跳,其上应有耍头,而补间铺作应用真昂。复原斗栱后得到新前檐斗栱应为五铺作单杪单下昂计心重栱,复原图如图2-10。

(三) 梁架尺度复原

依据现状及金代晋东南祠庙建筑的普遍结构特点,花石柱庙大殿梁架基本结构复原为六架椽屋乳栿对四椽栿用三柱,前檐五铺作,后檐四铺作。

对进深尺度进行复原时,参考金代晋东南地区建筑实例,龙岩寺中殿、西溪二仙宫后殿、西李门二仙庙中殿、三王村三峻庙正殿、石掌玉皇庙正殿、阳城开福寺中殿进深均为六架椽屋,而花石柱庙作为用材较小的建筑,六架进深也符合地域时代规律,因此复原时按现状复原进深为8.6尺和21.4尺。依据平面尺度基本符合正、半尺规律这一特点,进深尺度也可调整复原为8.5尺和21.5尺。

结合对前后檐斗栱的复原,前后檐的通进深复原为33.4尺。通过推断现存大额上的榫口位置,可复原建筑的椽架步长,并结合通进深长度推算,可复原椽架平长:脊架平长6尺,其余椽架平长均为5.35尺。

由于屋顶构架均遭后代更换,因此复原屋顶尺度时主要参考晋东南地区金代建筑屋顶举折设计规律及《营造法式》中对屋顶举折的设计要求。结合实例,晋东南地区宋金时期建筑的屋顶总举高与总椽架之比在1∶2.5至1∶4之间,与《营造法式》中所规定的1∶3至1∶4总举高与总椽架之比接近。但实例中,屋顶总举高

图 2-9 大殿立面复原图
（单位：尺）

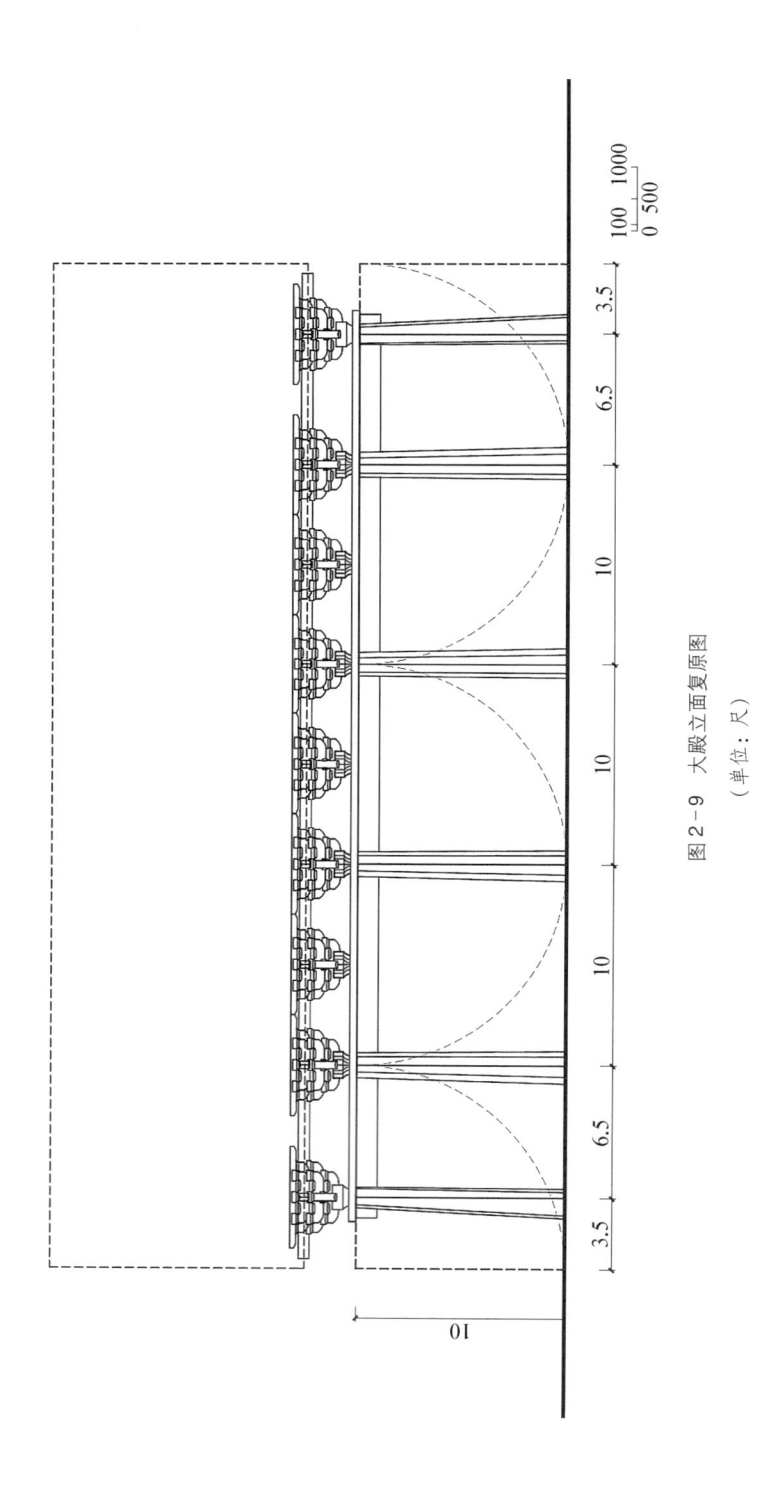

补间铺作现状图

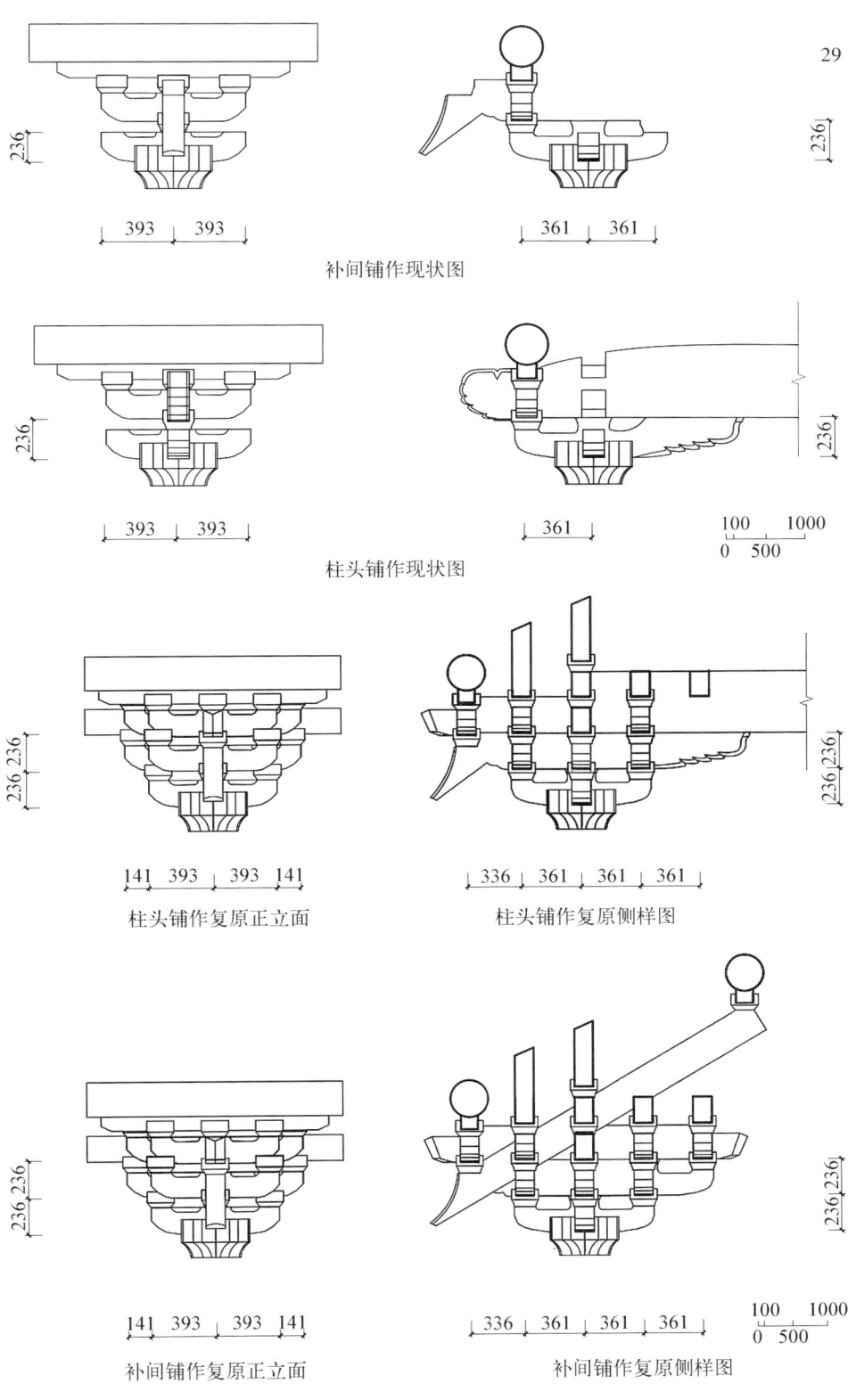

柱头铺作现状图

柱头铺作复原正立面　　柱头铺作复原侧样图

补间铺作复原正立面　　补间铺作复原侧样图

图 2-10　大殿斗栱现状与复原图

（单位：mm）

与总橡架之比接近 1∶3 的建筑实例更多,[1]例如龙岩寺过殿、寺润三教堂、南神头二仙庙正殿等,因此复原时参考 1∶3 这一比例,复原屋顶高度为 11.1 尺。

获得剖面图如图 2-11。

据现存构架可知,设计进深方向尺度时,应优先考虑进深开间的尺度。在此基础上,综合考虑了橡架步长,最终通过斗栱的出跳长度调整实现了进深开间尺度与橡架步长尺度均规整的结果。这也与晋东南地区常见的以前后橑檐槫轴线距离作为设计基准、均匀划分橡架后再整合斗栱出跳得到进深开间尺寸的设计逻辑有所不同。[2]

---

[1] 柴琳《晋东南宋金建筑大木作与宋〈营造法式〉对比探析》,太原理工大学硕士学位论文,2013 年。
[2] 姜铮《晋东南地域视角下的宋金大木作尺度规律与设计技术研究》。

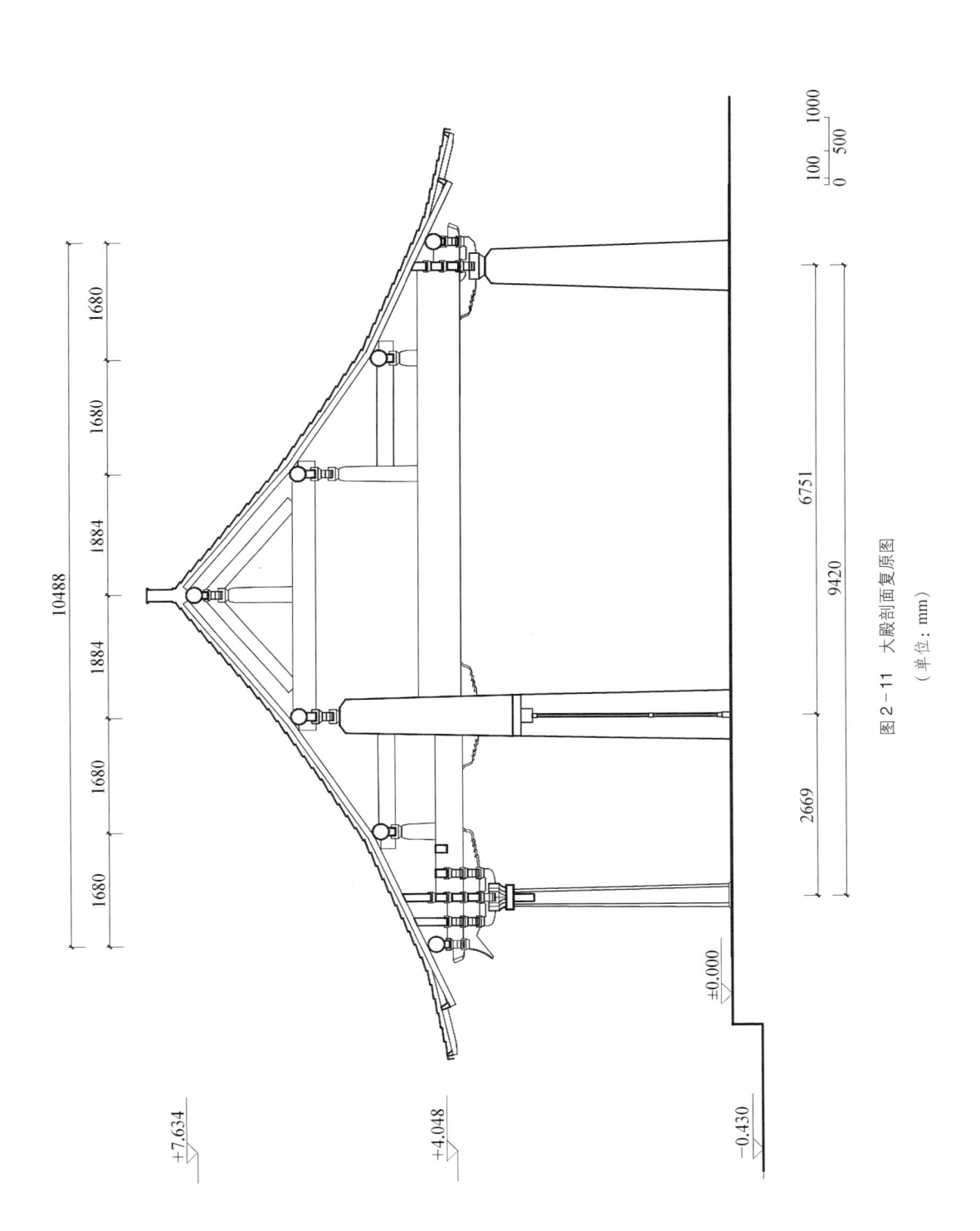

图 2-11 大殿剖面复原图
（单位：mm）

5
大木作尺度比较研究

前文就花石柱庙大殿原构尺度进行了复原研究,本节将结合晋东南其他宋金建筑实例,从平面尺度、斗栱尺度、梁栿尺度三方面讨论花石柱庙大殿的大木设计特征。

(一) 平面尺度

复原后建筑为五开间,次间和明间均为10尺,而梢间的6.5尺是根据10尺的屋顶山面边界减去出际的3.5尺所得。宋金时期晋东南地区的三开间建筑中常用这一手法,即梢间间广等于当心间间广减去悬山建筑出际尺寸或歇山建筑斗栱出跳,[1]花石柱庙大殿在平面设计上也采用了这一方法。

宋金时期,晋东南地区建筑当心间开间设置为10尺的情况,在晋东南地区比较少见,大多都在12—15尺的范围内,仅有布村玉皇庙中殿和北马玉皇庙正殿的当心间开间10尺、小南村二仙庙正殿当心间开间9.7尺。五开间建筑中,当心间与次间等间分布的仅有北马玉皇庙正殿,且该殿每间等长,而古寨花石柱庙大殿则仅有中间三间等长,梢间较小,可以认为在晋东南地区宋金建筑中是一种特殊的平面设计形式。

综上,从平面尺度看,花石柱庙大殿在面阔方向的尺度设计符合晋东南宋金建筑常见的尺度设计手法,但是进深方向的尺度设计则有一定的自身特点,如在前后檐斗栱存在差异的情况下,巧妙协调斗栱、椽架与进深间广之间的尺度关系,设计出前后对称的椽架平长体系,展现出古代匠师精致的设计能力。

---

[1] 姜铮《晋东南地域视角下的宋金大木作尺度规律与设计技术研究》。

(二) 斗栱尺度

其次对斗栱尺度进行分析。分析栱构件尺度时,首先关注栱构件的截面尺寸,宋金时期栱截面是建筑设计重要的控制模数,并能够反映建筑材等。栱截面的高厚比反映的情况如表 2-12。

表 2-12 栱材高厚比数据表

	厚		高		高：厚	
	长度/mm	分值/分	高度/mm	分值/分	实际比值	营造法式
令栱	114.67	10.74	161.17	15.10	1.41	1.5
华栱	117.80	11.03	228.20	21.38	1.94	2.1
泥道栱	117.50	11.01	166.33	15.58	1.42	1.5
泥道慢栱	114.50	10.72	167.50	15.69	1.46	1.5

可见,无论单材足材,高厚比与《营造法式》中规定相比都较小,折算分值后可以发现,材截面的高、厚较《营造法式》规定较大,因此虽然高厚比不满足《营造法式》规定,但是在绝对长度上保证了栱材的结构需要。

斗栱出跳长度在进深方向上的控制作用体现在两个方面:首先是出跳值与通进深的关系,其次是出跳值与檐步椽架值之间的关系。花石柱庙大殿复原后通进深为 33.5 尺,跳长与通进深之比约为 1∶7.2,晋东南地区宋金建筑中这一比值大约为 1∶7—7.5,符合该地区特征。

斗栱出跳长度也会直接影响檐步椽架的长度,出跳长度与檐步长度的比例关系更是影响檐部结构稳定性的重要因素,《营造法式》中也有"檐不过步"的规定。花石柱庙大殿斗栱复原后出跳与檐步椽架的比值约为 0.41,《营造法式》中五铺作斗栱出两跳与檐步上限的比值正为 0.4,且自北宋中期之后,晋东南地区宋金建筑中这一比值也基本在 0.4 左右。可见在斗栱出跳和进深椽架的比例关系上,晋东南地区还是遵循了《营造法式》的规定。

对斗栱尺度研究的另一个角度是分析斗栱出跳长度与用材尺度之间的关系,即出跳长度与材高之间的比值,称为"比出跳值"。[1] 这一比值能够反映斗栱在纵向和横向上的设计尺寸,也能表现木材的使用效率。复原后的花石柱庙大殿前檐斗栱比出跳值为3.12,与《营造法式》中所规定五铺作的比出跳值2.86超出较多,在晋东南地区的宋金建筑中,五铺作斗栱比出跳值大于3的实例不多,仅有开化寺大雄宝殿斗栱比出跳值为3、资圣寺毗卢殿斗栱比出跳值为3.22。比出跳值较大,说明相对于斗栱在高度上的作用,更看重斗栱在水平方向挑檐伸出的作用,同时也解释了截面高厚比较《营造法式》规定小,且高、厚的分值均较大的原因,即为了保证最大限度减少木材来实现更大的出檐,因此加大栱的截面尺度来保证材料的结构承载力。

综上,在斗栱尺度上,在出跳长度与檐步步长的比例上,晋东南地区宋金建筑与《营造法式》中的规定相符合,花石柱庙大殿也遵循了这一比例。但是在栱的材高材厚比、绝对值,以及在比出跳值上,都表现出了与《营造法式》差距较大的特点。

(三) 梁栿尺度

现存大额的部分构件虽非建筑原构,但是仍能反映金代营建时四椽栿的尺度信息,长约19.2尺;考虑到后期改动中的损耗,可以推测原椽栿长度为20尺左右。金代晋东南地区建筑四架椽均值为22.2尺,可见花石柱庙大殿的四椽栿跨度并不大,与之相近的有龙岩寺中殿梁跨19.75尺、三王村三嵕庙梁跨20.5尺,在晋东南地区金代建筑中属于小尺度建筑。

四椽栿的截面尺寸最宽处宽约1.1尺,高约1.75尺,截面比值大约为1.6∶1,高于金代晋东南地区建筑梁栿常见的2.6∶2至2.8∶2之间的截面比值,也高于《营造法式》中规定的3∶2的比值。可见四椽栿作为后期构件,在截面尺度比例设计上并没有按照建筑原尺度进行设计,也反映了后期建筑发展中梁栿逐渐纵长发展的趋势。

综上,花石柱庙大殿的梁栿尺度在长度上基本符合晋东南地区宋金建筑所呈现的普遍尺度规律,但尺度较小;在截面比例上反映了更晚时期的特点。

---

[1] 姜铮《晋东南地域视角下的宋金大木作尺度规律与设计技术研究》。

6 总　结

　　本章对现存古寨村花石柱庙大殿进行了形制年代学研究和营造尺复原研究。通过形制年代学和碳十四测年研究，判定大殿的原构部分为前檐当心间左、右柱和东角柱三根石柱及部分斗栱构件，金泰和七年（1207）可视为原构的共存纪年，现前檐大额为元代重修更换的四椽栿，为复原研究提供了基础。而基于精细测绘成果的营造尺复原研究得到大殿营造尺长 314 mm，材等为《营造法式》七等材的基本结论；并与晋东南地区现存的宋金建筑在开间、斗栱、梁栿跨度与椽架长度等问题上，进行了尺度对比研究。研究显示，古寨花石柱庙大殿在平面尺度和斗栱尺度的设计上符合晋东南地区金代建筑的普遍规律，但同时也存在一定特性：平面设计中，梢间间广等于当心间间广减去悬山建筑出际尺寸的作法，与晋东南地区宋金时期建筑常见作法一致；斗栱尺度中，出跳值与通进深的比值、出跳长度与檐步椽架的比值均与《营造法式》规定相符合；而平面上，明、次间三间等长而梢间较小的作法，不同于地方常见的等宽或递减的作法；进深方向优先考虑进深开间尺度，再考虑椽架步长，最终通过斗栱的出跳长度调整实现进深开间尺度与椽架步长尺度均规整的设计方法，也有别于晋东南地区常见的以前后橑檐槫轴线距离作为设计基准、均匀划分椽架后，再整合斗栱出跳得到进深开间尺寸的作法。前檐斗栱出跳长度与材高 3.12 的比值也远超《营造法式》2.86 的规定值。而后期更换的四椽栿截面比也能反映出梁栿纵长发展的趋势。总之，古寨村花石柱庙是晋东南地区金代民间祠庙建筑的重要实例，其所蕴含的建筑史料信息，值得建筑史学、建筑考古学继续深入研究。

格局研究

研究方法

主要研究依据

复原研究

总结

1
研究方法

本文选取山西省晋城市高平市马村镇古寨村花石柱庙为研究对象,以对花石柱庙的精细测绘、简单考古发掘所得资料以及对古寨村村民的访谈资料为基础,结合相关历史文献和前人研究资料,通过对花石柱庙内单体建筑的年代及位置的研究,来探讨花石柱庙的建筑考古复原问题,主要是探讨花石柱庙的历史格局问题。

对花石柱庙内单体建筑的年代及位置的研究主要为:

(1) 对花石柱庙内大殿平面格局历史沿革进行研究;

(2) 对花石柱庙内建筑平面格局布置规律进行研究;

(3) 对花石柱庙内现存或曾经存在过的单体建筑的位置及其相互之间的位置关系进行研究。

在花石柱庙进行的主要考古工作如下:

根据建筑考古学以建筑的整体性认识建筑局部性的原则,我们在本次实习领队徐怡涛老师的指导下,首先对花石柱庙现存建筑进行了详细记录和研究,解析地面建筑遗存的历史层叠关系,明确其建造年代和修缮历程;在此基础上,根据晋东南宋金祠庙建筑格局的既有研究成果,结合物探、碑文、访谈和尺度分析,设定了各个探沟的位置(图3-1),有目的地验证之前对晋东南祠庙建筑的整体认知,各考古探沟发掘后均取得了预期效果:发现了献殿,验证了大殿五开间的存在,验证了院落宽度,即厢房位置。本次考古发掘验证取得了明显的效果,并且时间短、人工少,对现场影响小。本次实践更重要的学科意义在于,以建筑整体认知指导建筑考古田野工作的理念,得到了初步有效验证,为未来的继续探索指明了方向。

关于本次考古验证的具体内容,将在后文相关部分详细叙述。

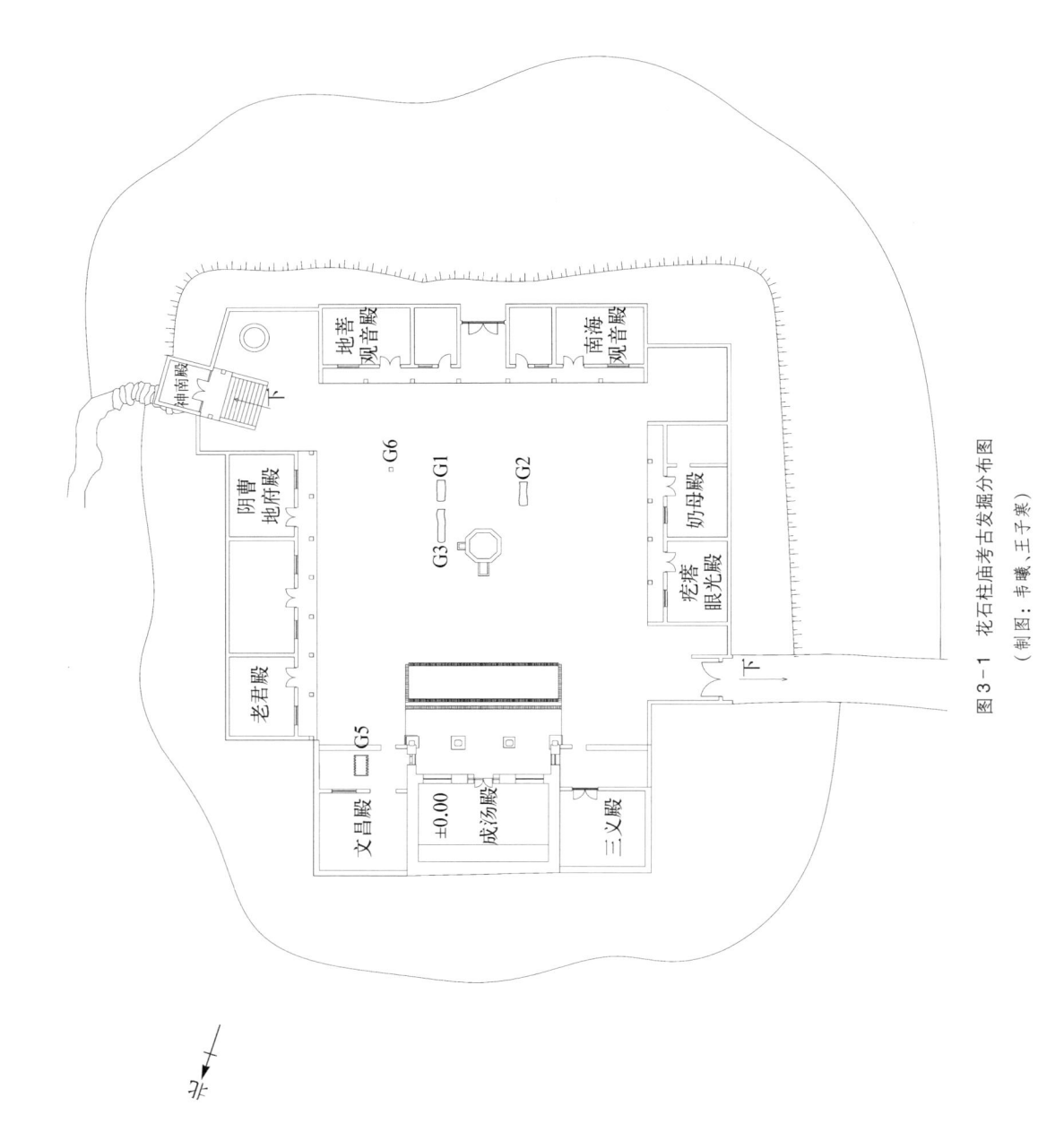

图 3-1 花石柱庙考古发掘分布图
（制图：韦曦、王子寒）

2
主要研究依据

在对花石柱庙建筑考古复原时,所用资料主要是北京大学考古文博学院对花石柱庙的精细测绘、简单考古发掘所得资料以及对古寨村村民的访谈资料,辅以相关历史文献和前人研究资料。其研究的主要依据有花石柱庙总平面现状测绘资料、花石柱庙简单考古发掘资料、碑文、题记和相关历史文献及访谈记录等。

(一) 题记与碑文

在所整理的花石柱庙内现存的题记、碑文中,与花石柱庙历代修缮情况及历史格局相关的信息见表3-1。

其中,明间西柱南面的题记并无纪年年代,仅记匠人姓名。然而,山西省晋城市屯城东岳庙大殿石基上有题记(图3-2),载:"时泰和岁次戊辰年己未月功毕 匠人高平县□赵庄赵瓒 同弟赵珺 赵珣。"与花石柱庙明间西柱题记上所记"匠人丹源赵瓒同弟赵珺"相同。其纪年年代为"泰和岁次戊辰年",即1208年,与明间东柱、东角柱所题年代"泰和七年"即1207年相近。且显微照片下观察,明间西柱与明间东柱、东角柱的雕刻技艺相似,故推断明间西柱的雕成时间应与明间东柱、东角柱同样是金代泰和七年,即1207年。

根据上表中所述碑文及题记,知花石柱庙历史沿革大致如下:花石柱庙的始建年代应在金代泰和七年(1207)或稍后。清代嘉庆年间进行过大规模重修,嘉庆六年(1801)重修成汤殿,嘉庆八年(1803)重修三义殿、药王祠、中间社房、高禖祠,重建文昌殿。新中国成立后,1986年重修成汤殿、文昌殿、三义殿,修建东屋佛殿、老君殿、西奶奶殿、神南阁及南大门一排七间房屋。2006年重修南大门一排七间房屋,并捐献石狮一对摆放在大门口左右。

图 3-2　屯城东岳庙石基题记

（拍摄：彭明浩）

表 3-1 与花石柱庙历史格局相关的碑文及题记信息

时代	名　称	重要内容摘录	纪年年代	照　片
金	大殿东角柱南面题记	古寨西社冯聚愿心施柱一条 泰和七年五月十日功毕	金泰和七年 （1207）	
	大殿明间东柱南面题记	李桂施	金泰和七年 （1207）	
	大殿明间东柱北面题记	泰和七年九月二十日四日立柱		
	大殿明间西柱南面题记	施主本村牛彦同男牛铎 匠人丹源赵瓊同弟赵珺	金泰和七年 （1207）*	

（续表）

时代	名称	重要内容摘录	纪年年代	照片
清	《重修成汤殿文昌殿碑记》	不知创自何时,惟柱头镌有太和七年某某捐施字样者……成汤殿上盖倾圮,文昌殿基址无存,正东以及正南亦无墙垣护卫。于是,社中公议捐资修理成汤殿于嘉庆六年告竣,文昌殿于嘉庆八年告竣,将三义殿、药王祠、中间社房、高禖祠一概重新……大清嘉庆八年九月十五日吉立	清嘉庆八年（1803）	
	《万善同归》	补修成汤大殿……嘉庆八年九月十五日立	清嘉庆八年（1803）	
当代	《功德碑记》	自古只有正殿、耳房和东西厢房,未有大门。为了此建筑的完整……对南门七间进行修建,并捐献石狮一对摆放在大门口左右……公元二零零六年立	2006年	
	《千古流芳功德碑》	汤王庙建于太和七年,嘉庆八年补修……于一九八六年十月修复了汤王殿、文昌殿、三义殿,相继建起了东屋佛殿、老君殿、西奶奶殿、神南阁、南大门一排七间,基本上完成了庙宇全方位建筑……公元二〇一三年农历十月初一立	2013年	
不详	大殿西角柱南面题记	李村众社人施	无	

（二）访谈资料

对古寨村村民进行了访谈,经过分析整理,梳理出其中与花石柱庙当代修缮情况及格局变化相关的有效信息：大殿下曾存在 1 米高的石基,1979 年修缮时拆除,同年大殿前檐飞椽被锯短；除大殿外的其他建筑,大部分为 20 世纪 80 年代末到 90 年代初重建：东西配殿均由原来的三间改为两间,东厢房和南门的位置没有发生变化；中间原来有个转过殿,现不存。

3
复原研究

（一）对现存建筑格局的认识

花石柱庙内现存主要建筑有：大殿成汤殿，西配殿三义殿，东配殿文昌殿，东、西厢房，神南阁，西门、南大门一排七间房屋。

关于花石柱庙大殿。现存大殿形制为面阔三间，进深六椽，单檐悬山顶，铺作次序不完整。根据访谈资料可知，其原有檐椽应较现檐椽长。四根石柱雕花精美，并刻有题记。值得注意的是，四根石柱在排布序列上具有不对称性：四根柱子正面雕花的包边、大小、讹角的作法，以及雕刻手法和雕刻题材都不相同，且东角柱东嵌入墙内的讹角部分仍有雕花，与山墙具有叠压关系，而西角柱则不存在这种情况。因此推测花石柱庙大殿原本可能面阔五间，西角柱与其他三根石柱不同期，与山墙同期，同是后期修缮的产物。其次，大殿前檐的大额具有明显的斜项和拼接痕迹，额背上有榫口，与殿内四椽栿大梁相似；同时，大额与明间补间铺作存在打破关系：明间补间铺作栌斗下部被削去，大额亦有向下削减痕迹。因此推测大殿在某一时期必经历过落架大修，并在这次大修中完成了由五间到三间面阔的改制。对此，后文将进行详细论述。因大殿后墙往北即陡坡，庙北界应无变化空间。

关于东配殿文昌殿和西配殿三义殿。现存文昌殿和三义殿为现代重建，其原本形制不存，文昌殿房顶已经坍圮。根据访谈资料可知，东西配殿原为三间，现均改为两间。花石柱庙配殿的外山墙与院墙及厢房后墙并不平齐，与晋东南常见一般平面形式不同，应是大殿经历了从五间到三间的改制，配殿亦从三间改为两间，导致配殿外墙向内移动所致。

关于东西厢房，现存东西厢房为现代重建，其原本形制不存。根据访谈资料和考古验证可知，重建时厢房位置保持不变。

复原研究　47

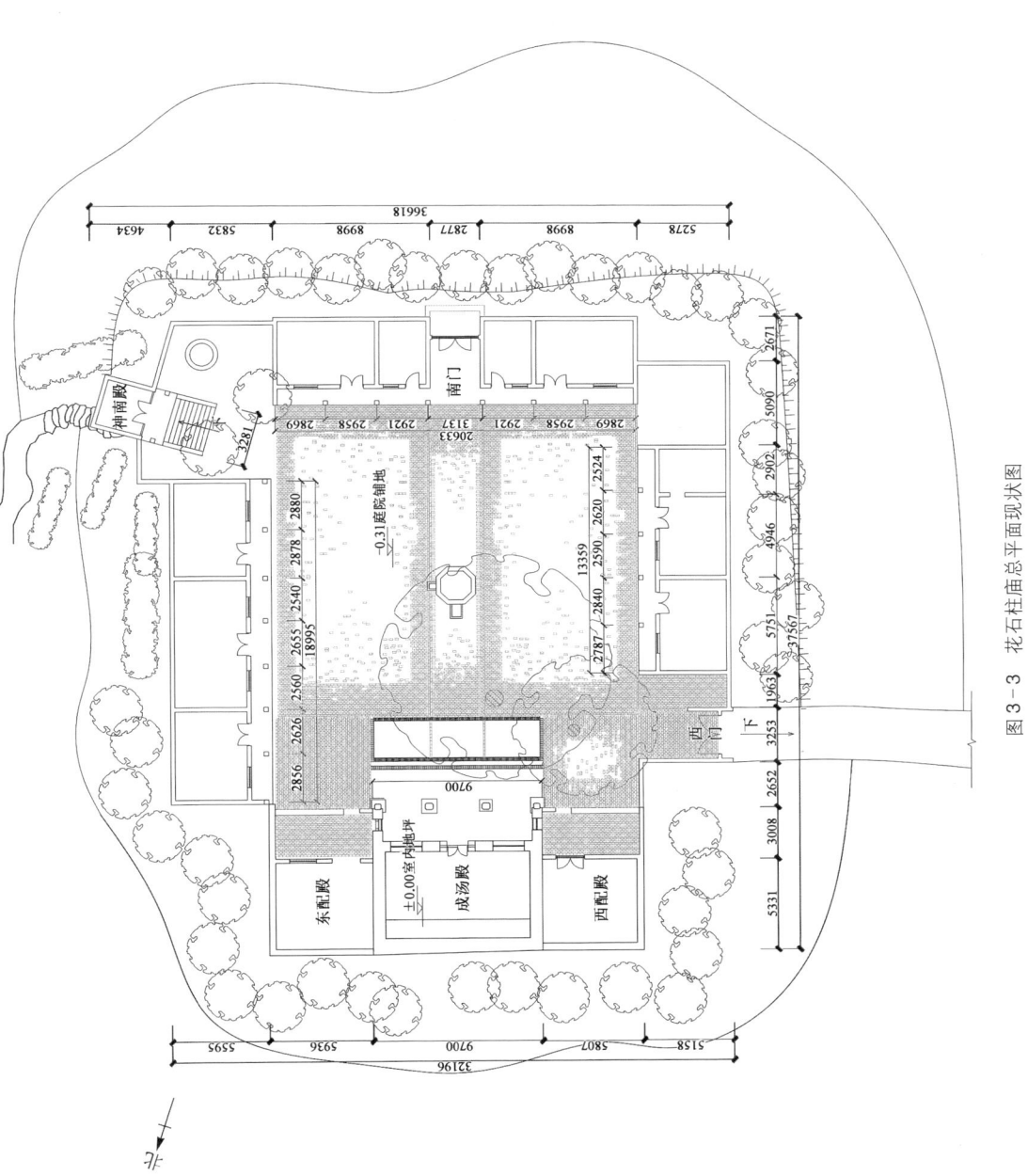

图 3-3　花石柱庙总平面现状图
（制图：韦曦）

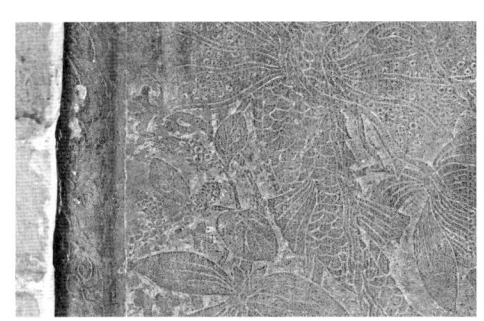

图 3-4　东角柱与山墙的叠压关系

图 3-5　明间补间铺作与大额的打破关系

关于南门即山门。山门为现代重建，门前有垃圾堆积，植被较为杂乱，基本关闭不使用。根据访谈资料，山门位置没有发生变化。另外，花石柱庙地处高冈，山门外即是陡坡，地理环境特征也决定了山门位置应无变化。

关于神南阁、西门。根据访谈资料可知，现存建筑均为新建。以前进出花石柱庙的主门是神南阁，阁上搭建简单的小舞台，供庙会祭祀时使用；西门是20世纪80年代修庙时方便运输木料修建的，现在由于上山道路建在庙西，西门取代南门和神南阁成为主入口。

综上所述，花石柱庙内大殿为金代泰和年间始建，从建造之时起一直延续至今，其余现存建筑均已为现代重建；其中清代嘉庆八年《重修成汤殿文昌殿碑记》中提到的"中间社房"现已不存。

因为大殿在时间上具有连续性，在空间上具有确定性，所以在下文研究花石柱庙历史建筑格局时,首先应该明确大殿平面格局的历史沿革;在确定单体建筑位置时,可以大殿为基准,寻找单体建筑与大殿的位置关系,进而推测寺庙的历史建筑格局。

(二)大殿平面格局研究

如前文所述,现存大殿平面形制为面阔三间,进深六椽。根据本书"贰 单体建筑"中"年代研究·(二)原构构件解析"一节,前檐四根石柱在排布序列上具有不对称性且石柱与山墙之间存在叠压关系、大额的特殊形制且与上层斗栱之间存在打破关系等,推测花石柱庙大殿可能经历了从五间到三间的改制。

根据访谈资料,古寨村原"三堂五阁十一庙"仅存上观音堂、底观音堂、大王阁、三官阁、龙王庙与花石柱庙,其中仅花石柱庙与大王阁留有原构。在对大王阁的踏查中发现,大王阁创建于清道光年间,面阔五间,明间开间大小仅 2 600 mm。相比较下,花石柱庙开间更大(明间开间大小为 3 148 mm),却只有三间,更加让人猜测花石柱庙原本可能是五间。根据清代嘉庆八年《重修成汤殿文昌殿碑记》记载"成汤殿上盖倾圮……于是社中公议捐资修理成汤殿于嘉庆六年告竣",若大殿五间改为三间是在清嘉庆年间修缮时为之,则与随后道光年间修建面阔五间且明间面阔小于花石柱庙的大王阁相背。由此推测,清代嘉庆年间的修缮没有对大殿平面进行整改,五间到三间的改制发生在此之前。

基于上述推测,采用探沟发掘法,进行了考古发掘验证。大殿现存三间尺寸均在 3 m 左右,于是在门墙位置向东 3 m 的地方挖了一条探沟(G5)。探沟深约 0.56 m,分层明显:第一层土质较松,根据访谈资料,应是翻修院落地面时新铺的垫土;第二层为黄土,较紧实,并含有瓦砾碎片,推测可能是房屋的倒塌堆积;第三层是夯土,其下是铺砖的地面遗迹,并找到了墙基边缘。经测量,墙基边缘距离现山墙位置 2.877 m,若发现了山墙为原东朵殿西墙,则扣除朵殿和大殿山墙厚度后,大殿梢间面阔可符合前文所假设的开间尺寸。

综上,花石柱庙大殿平面的历史沿革如下:始建于金泰和年间,面阔五间、进深六椽,山墙不延至外廊;元明时期经历大修,面阔改至三间,进深不变,同期或后期山墙延至外廊,并保持此貌至今。

图 3-6　G5 考古发掘现场图

(拍摄：田雨森)

(三) 其他单体建筑位置研究

大殿从金代泰和年间建造之时起一直延续至今,在时间上具有连续性,在空间上具有确定性。确定了大殿的平面格局沿革之后,便可以大殿为坐标,通过研究其他单体建筑与大殿的位置关系,推测整个寺庙的历史格局。

如前文所述,因花石柱庙地处高冈,山门南墙与大殿北墙向外少许即是陡坡,所以山门的位置和大殿的进深可能变化不大。由此可推,院落的南北跨度应与现状平面相差无异。但中轴线仅大殿与山门两座建筑,院落较为空旷,与清代嘉庆八年立碑所记"中间社房"和访谈所得信息不符。同时,东西厢房均为现代所建,其后墙与配殿外墙不平齐,与常见晋东南院落平面差异较大。

所以对花石柱庙历史格局的复原主要有两个重点：

（1）确定中轴线上是否存在其他建筑；如若存在，确定其位置及平面形制。

（2）确定东西厢房的位置，进而确定院落的东西跨度。

1. 中轴线上其他建筑的发现

花石柱庙中轴线现存建筑仅大殿与山门两座。依据清代嘉庆八年《重修成汤殿文昌殿碑记》碑文"将三义殿、药王祠、中间社房、高禖祠一概重新"，可知清代中轴线上在大殿与山门之间应该还存在"中间社房"，即献殿。古寨村村民在访谈中也同样提到，院落中间曾存在一"转过殿"。

同时，在院落中散落着两种不同尺寸的柱础。这两种柱础的形制与东西厢房现存柱础形制基本相同，尺寸更大，说明其使用主体地位等级应比厢房要高，可能为中轴线上建筑。而中轴线上的建筑现存两座，因大殿石柱下有柱础，且应为原

图3-7 南侧排房散落柱础

（拍摄：袁琦）

图 3-8　神南阁南侧散落柱础

（拍摄：袁琦）

构,所以推测这种尺寸的柱础有一种可能用于山门,而剩下的一种结合碑文推测,可能用于献殿。

由此,根据宋金时期晋东南地区祠庙的典型布局特征,献殿一般位于院落之中稍偏山门的一侧。[1] 在院落内使用金属探测仪进行了简单探测。根据探测结果,在距大殿现存台基南侧边缘 11.77 m、东厢房台基西侧 7.87 m 的地方,采用探沟发掘法,进行了简单的考古发掘。

探沟 G1 深约 0.5 m,分层明显:第一层土质较松,含有植物根茎及现代碎砖块等,根据访谈资料,应是翻修院落地面时新铺的垫土;第二层为黄土,较上一层紧实,并含有瓦砾碎片,推测可能是房屋的倒塌堆积;第三层为夯土,其下发现了明显的建筑边界和转角。

---

[1] 徐怡涛《长治晋城地区的五代宋金寺庙建筑》,北京大学博士学位论文,2003 年。

图 3-9 G1 考古发掘现场图

(拍摄：韩蕙如)

因为建筑的对称性，以中轴线为对称轴，对西南角进行了简单的考古发掘。探沟 G2 深度基本与探沟 G1 相同。经测量，两边界之间的距离约为 5.2 m。根据面阔一般大于等于进深的规律，加之其处于中轴线上的位置，推测献殿可能进深一间，

图 3-10 探沟 G1、G2、G3 位置关系

(拍摄：韩蕙如)

长度大约与大殿明间开间大小相同。于是,从东南角向北大概 3 m 的位置开始向北开探沟 G3,发现了东北角的痕迹,但其附近现存植被破坏比较严重,两边界之间的距离约 3.2 m。因为建筑的对称性,没有继续对建筑的西北角进行发掘。

根据简单的考古发掘所得资料,可知确有"中间社房"的存在,可能为平面面阔 5.2 m、进深 3.2 m 的小殿,且符合晋东南地区宋金时期献殿远离主殿的布局特征。

2. 院落平面布局尺寸模数的研究

参考傅熹年先生对建筑群平面布局的研究,推测花石柱庙建筑群的平面布局可能也以一定的尺寸作为模数,来控制院落内各单体建筑的相对位置和尺度关系。我们可以通过找寻这个模数及规律来推测院落东西院墙的位置。到目前为止,我们能够明确的有大殿、献殿和山门三座中轴线上的单体建筑位置。尺寸模数从中心建筑即大殿选择的可能性较大。依据本书"贰 单体建筑",推测该建筑的营造尺值为 314 mm,即明间尺寸约为 10 尺。依前文所述,院落南北跨度(即大殿北墙至山门南墙的距离)变化可能不大,经测量为 37.5 m,若营造尺值为 314 mm,则院落南北跨度约 120 尺,亦较为合理。

参考《宋至民国时期山西万荣稷王庙建筑格局研究》,[1] 我们假设以大殿明间面阔尺寸(即 10 尺)为单位,分别采取两种方式绘制网格线,通过研究网格线是否对已经明确位置的大殿、献殿和山门存在控制关系,来验证我们的尺寸模数选择是否正确。

(1) 网格 1:横向网格线以大殿明间石柱中心线为基准,向东西两方向推延。根据访谈,大殿现存台基改动可能较大,因此竖向网格线选择以大殿门墙线为基准,向南北两方向推延。

如图 3-11 所示:网格线 a8 和 a5 分别压在大殿的东西山墙上,网格线 a9 通过

---

[1] 张梦遥、徐怡涛《宋至民国时期山西万荣稷王庙建筑格局研究》,载《故宫博物院院刊》2015 年第 3 期。

大殿原五开间东朵殿边墙基(即G5),网格线b1压在大殿后墙上。探沟G1、G2、G3分别为献殿的东南角、西南角和东北角发现处,根据建筑的对称性,在图上用虚线表示献殿西北角所在地G4*。网格线b8和b9分别与探沟G3和G4*、G1和G2的连线基本重合,即与献殿的南北台基线基本重合。网格线b11和b13分别压在山门北侧台基和南墙上。大殿与献殿南墙间距约40尺,山门与献殿北墙间距约20尺。

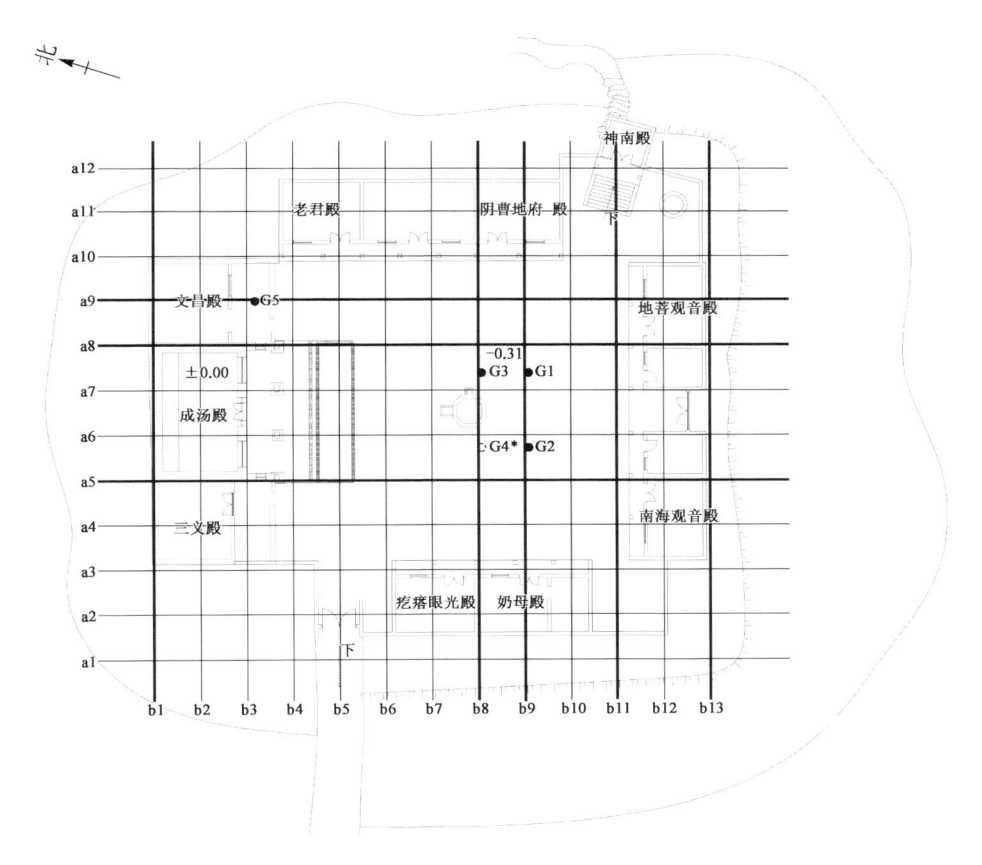

图3-11 花石柱庙现状平面及考古发掘分析图1

(2)网格2:横、竖向网格线分别以大殿面阔、进深方向的中心线为基准向外推延。

如图3-12所示:网格线c6为大殿、献殿和山门面阔方向的中心线,网格线c5和c7为大殿东西次间面阔方向的中心线,且分别压在探沟G2和G4*、G1和G3的连线上,即与献殿的东西台基线大致重合。网格线 d3 为大殿的进深方向中心线,网格线 d13 为山门的进深方向中心线,网格线 d9 与献殿进深方向中心线稍有偏差。

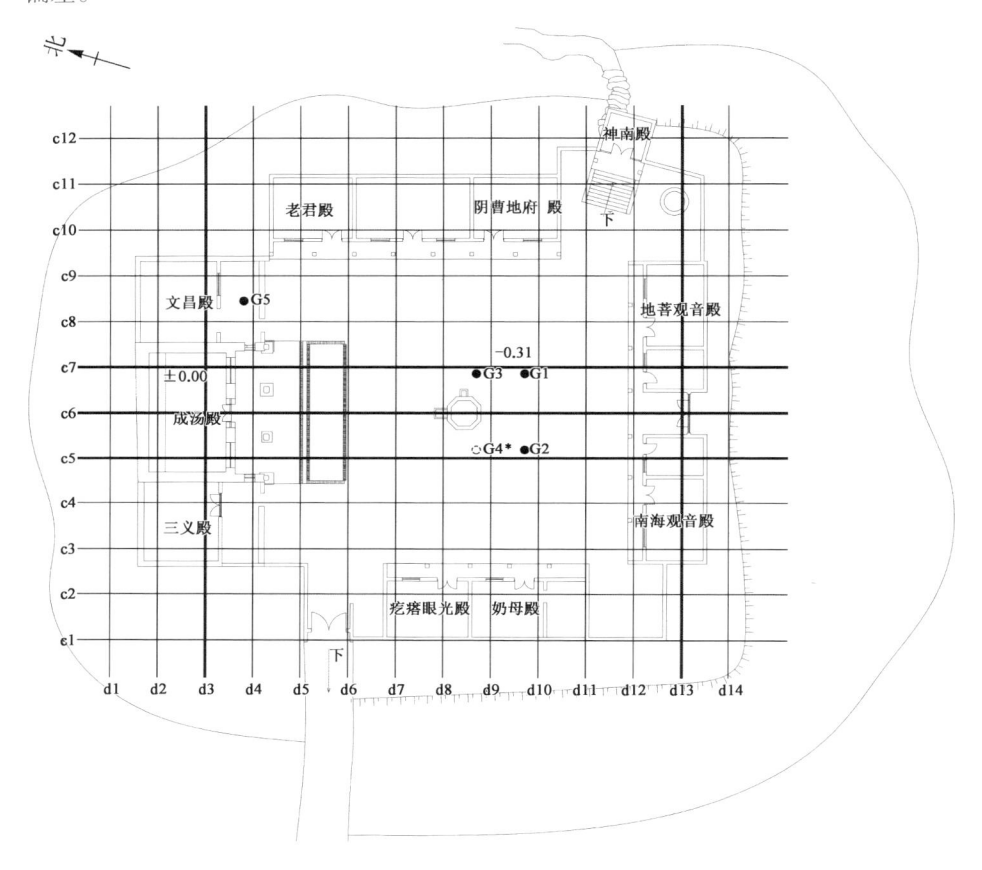

图 3-12　花石柱庙现状平面及考古发掘分析图 2

由此可以看出,以大殿明间尺寸为模数绘制的网格,对大殿与献殿、山门的位置关系存在一定的控制作用,说明选择以大殿明间尺寸作为模数布置院落,有一定的可信度。我们可以据此分析结果,结合现在东西厢房的位置,推测其原本位置。

3. 东西厢房位置的研究

现状平面东西配殿外墙与东西厢房后墙并不平齐,可能与大殿经五间到三间的改制、东西朵殿从三间到两间的改制有关,因此始建之初面阔五间的大殿及东西朵殿的位置复原,是东西厢房位置复原的关键参考。

如前文所述,在距离大殿山墙向东 2.887 m 的地方发现了原五开间的墙基,根据中轴对称,在网格 1 和网格 2 中分别绘制五开间大殿平面位置复原示意图,得到图 3-13 和图 3-14。

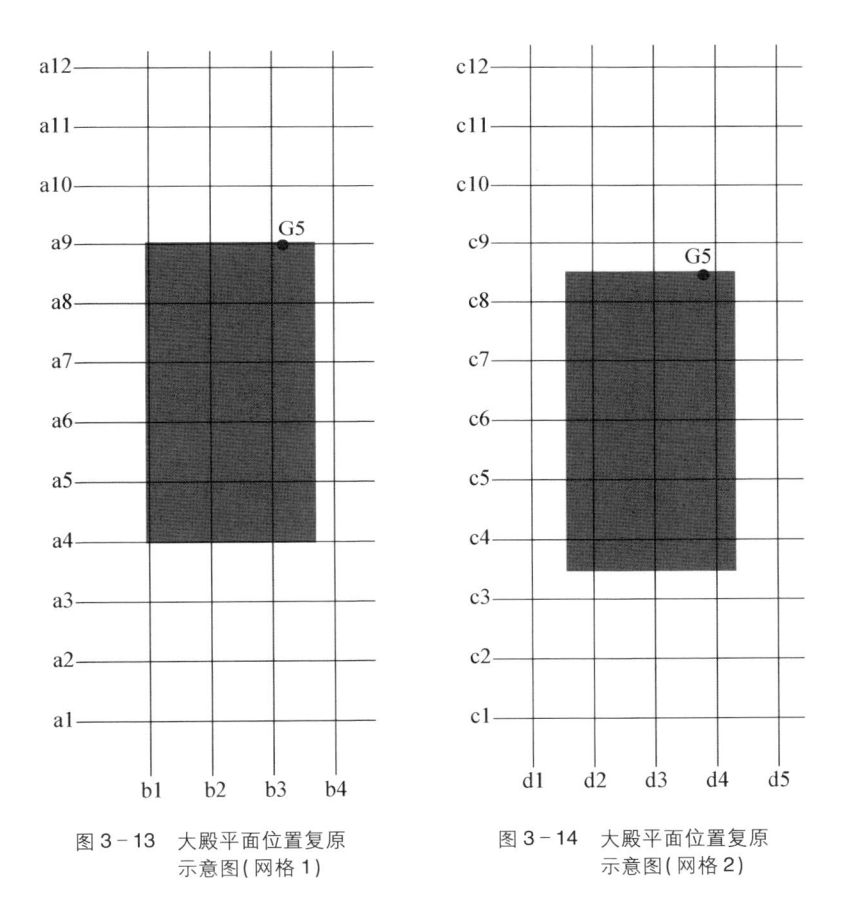

图 3-13　大殿平面位置复原示意图(网格 1)

图 3-14　大殿平面位置复原示意图(网格 2)

由图 3-13 和图 3-14 可以看出网格 1 和网格 2 对五开间大殿平面位置都具有控制作用:网格 1 中,网格线 a4 和 a9 基本与五开间大殿的西墙基、东墙基重合,网格线 b1 和 b4 基本与五开间大殿北墙基、南墙基基本重合;网格 2 中,网格线 c6 为五开间大殿面阔方向的对称轴,网格线 d3 为五开间大殿进深方向的对称轴。

现存东西朵殿均为现代重建,其中东朵殿文昌殿屋顶已经坍圮。西朵殿三义殿面阔两间 5 567 mm,进深 5 571 mm,平面近方形,约 20 尺。由访谈可知,东西朵殿原应为三间,后改为两间。分析其现状平面,假设东西朵殿进深不变,其原三间面阔总长与以现在门的中心线为对称轴对称所得长度相等,经计算为 7.95 m,约 25 尺,较为合理。结合前文对大殿平面的复原,将复原后的东西朵殿从现在位置向外移动,在网格 1 和网格 2 中分别绘制平面位置复原示意图,得到图 3 - 15 和图 3 - 16。

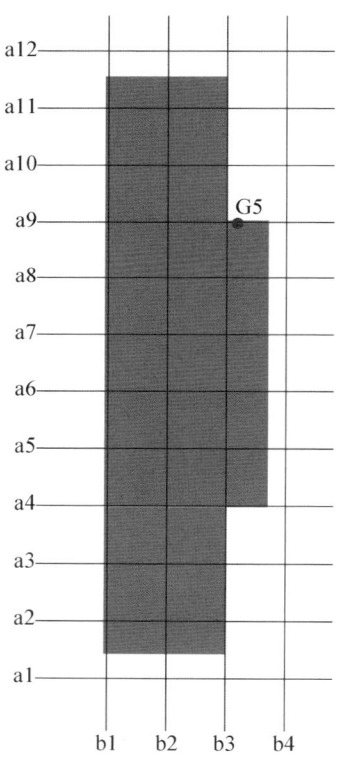

图 3 - 15　大殿及配殿平面位置复原示意图(网格 1)

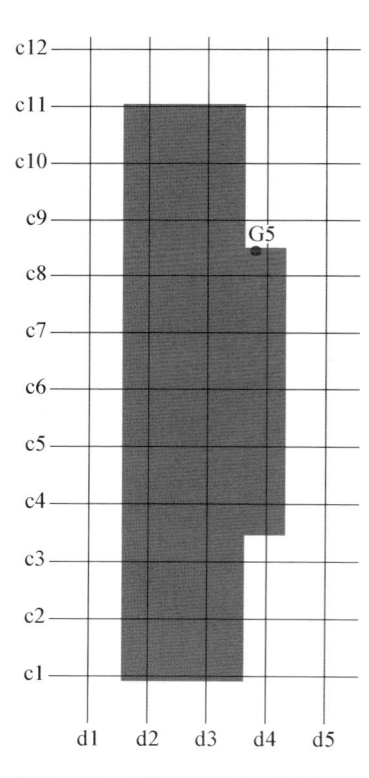

图 3 - 16　大殿及配殿平面位置复原示意图(网格 2)

由图 3 - 15 和图 3 - 16 可以看出,网格 1 和网格 2 对朵殿平面位置均具有较为明显的控制作用:网格 1 中,网格线 b1 和 b3 与东、西朵殿的北、南墙基基本重合;网格 2 中,网格线 c1 和 c11 与东、西朵殿的东、西墙基基本重合。

复原研究 59

综合前文,网格1和网格2对五开间大殿及其朵殿平面位置均有较为明显的控制作用。结合现存东西厢房的位置及大小,我们可以分别以网格1和网格2为控制线,推测东西厢房的原生位置。

在网格1中,将复原后的大殿及东西朵殿与花石柱庙现状平面图叠压,得到图3-17。

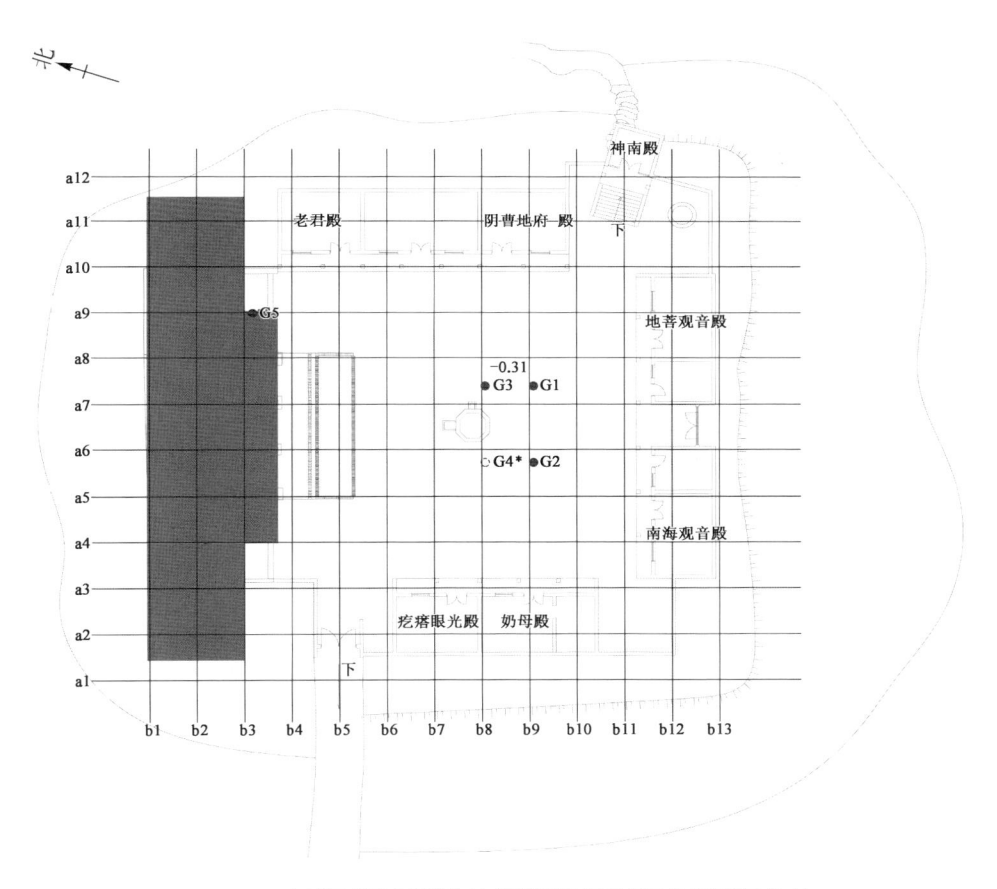

图3-17 大殿及朵殿复原平面与院落现状平面叠压分析图(网格1)

现存东厢房南北长度约18.90 m,约合60尺;东西长度约5.80 m,约合20尺。现存东西厢房如访谈所述,东厢房位置没有变化。根据网格线对建筑群平面布局的控制关系和朵殿外墙与厢房后墙平齐的规律,结合东西厢房现存位置,推测东西厢房南、北墙基的原始位置应与网格线 b4 和 b10 基本重合;复原后,网格线 b7 应为其南北方向的中心线。如图 3-18 所示。

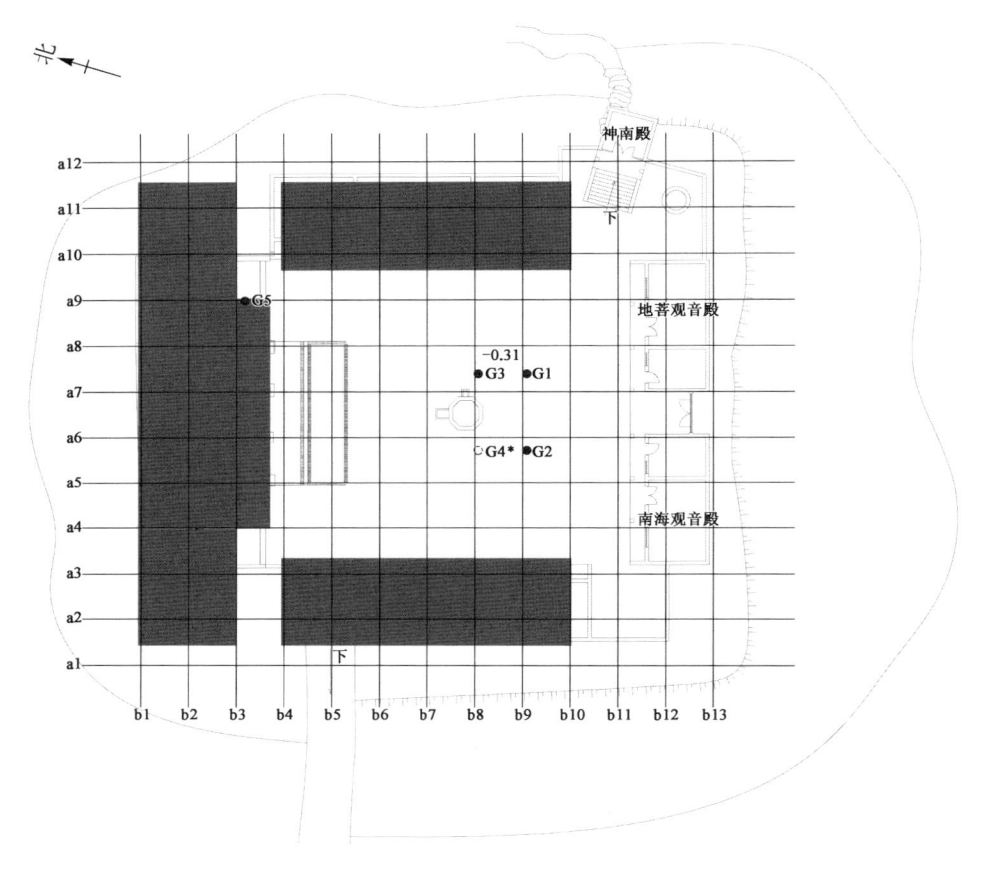

图 3-18 东西朵殿位置推测图(网格 1)

在网格 2 中,将复原后的大殿及东西朵殿与花石柱庙现状平面图叠压,得到图 3-19。

根据网格线对建筑群平面布局的控制关系和朵殿外墙与厢房后墙平齐的规律,结合东西厢房现存位置,推测东西厢房东、西墙基的原始位置应与网格线 c1 和 c11 基本重合;复原后,网格线 c2 与西厢房东西方向的中心线基本重合,网格线 c10 与东厢房东西方向的中心线基本重合,如图 3-20 所示。

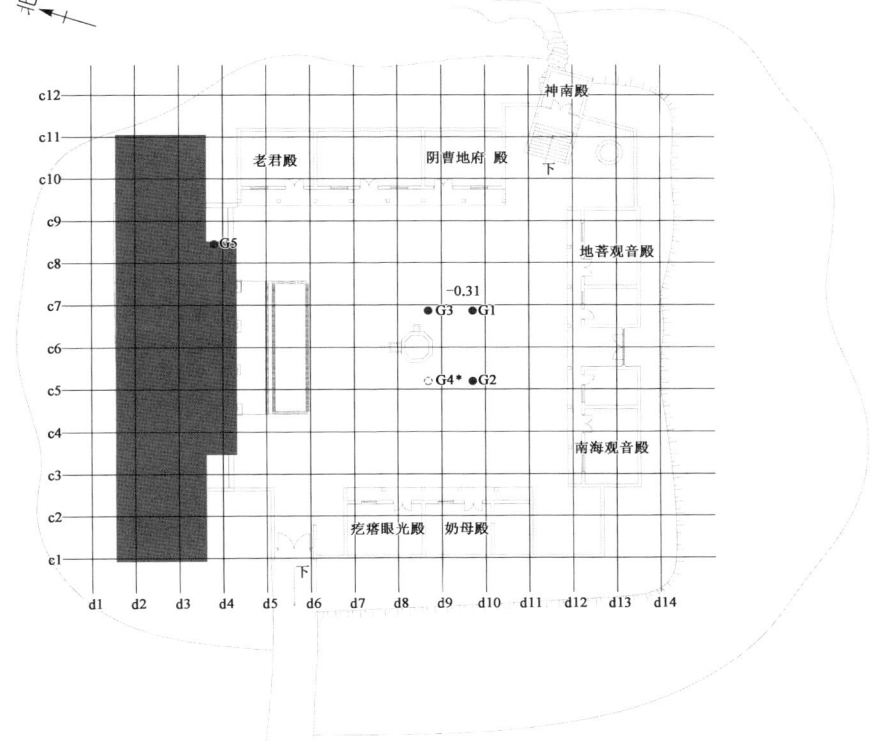

图 3-19　大殿及朵殿复原平面与院落现状平面叠压分析图(网格2)

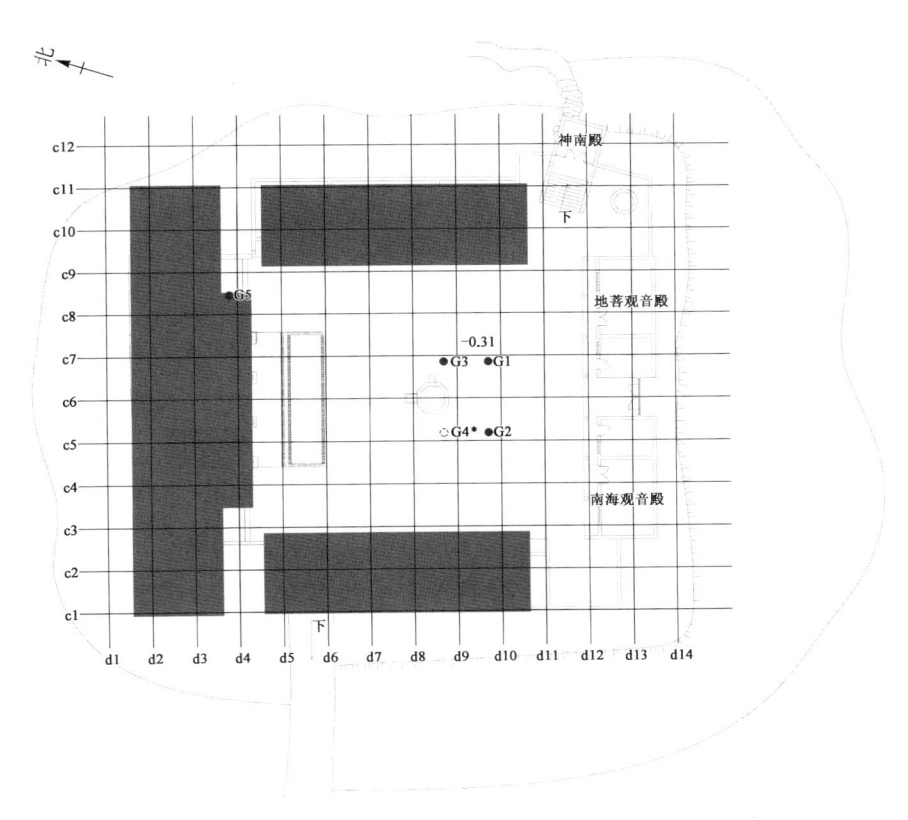

图 3-20　东西厢房位置推测图(网格2)

由上,综合网格 1 和网格 2,东西厢房与大殿及朵殿的位置关系应如图 3-21 所示,院落的东西跨度约为 100 尺。

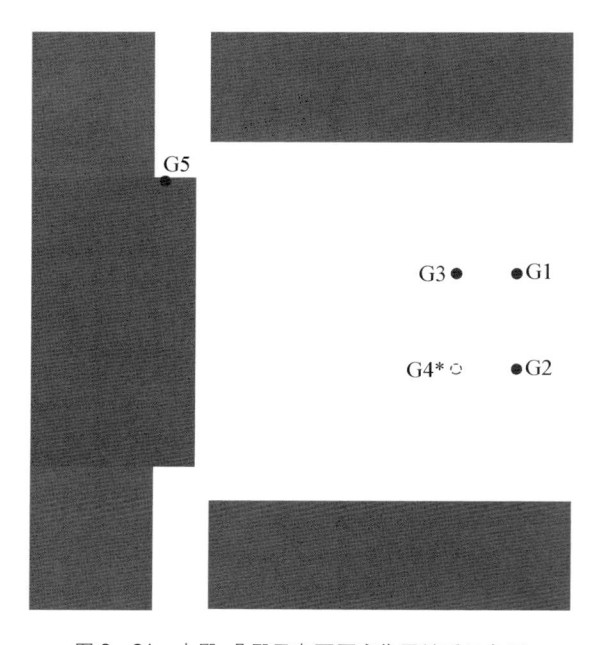

图 3-21　大殿、朵殿及东西厢房位置关系示意图

(四) 历史建筑格局推测

根据前文研究,我们已经确定了中轴线上除大殿和山门外还存在献殿,并通过探沟基本确定了献殿的平面位置。根据对院落平面布局尺寸模数的研究,确定了东西厢房的位置以及院落的东西跨度。

下面我们将分别对金代和清代花石柱庙的建筑格局进行复原。

1. 金代花石柱庙建筑格局复原

对金代花石柱庙历史建筑格局的研究和推测,主要基于花石柱庙现存建筑格局、简单考古发掘所得资料及碑文、题记等信息,整理出的大殿、东西朵殿、东西廊庑等单体建筑的年代及位置信息,进而推断金代花石柱庙的建筑格局。

(1) 金代花石柱庙内单体建筑研究

金代花石柱庙内的主要建筑有：大殿、东西朵殿、献殿、山门及东西廊庑。

根据花石柱庙总平面现状测绘资料、花石柱庙简单考古发掘资料、碑文、题记和相关历史文献及访谈记录，结合前文的研究，我们对花石柱庙始建时的整体布局，大殿、东西朵殿、献殿及东西廊庑的平面位置及其相互关系，掌握情况如下：

关于花石柱庙平面布局规律。花石柱庙始建时营造尺值约314 mm，其中大殿明间开间大小约10尺。以大殿明间尺寸作为模数布置院落、控制建筑，院落南北跨度120尺、东西跨度100尺。

关于大殿。始建时面阔五间（不大于50尺），进深六椽（约25尺），山墙不延至外廊。

关于东西朵殿。东西朵殿应面阔三间（不大于25尺），进深四椽（约20尺）。根据晋东南地区金时期祠庙格局的一般特征，朵殿与主殿紧邻[1]。

关于献殿。献殿面阔5.2 m（约15尺），进深3.2 m（约10尺）。献殿南墙与大殿间距约40尺，北墙与山门间距约20尺，符合晋东南地区宋金时期献殿远离主殿的布局特征[1]。

关于东西廊庑。其南北长度约60尺，东西长度约20尺，后墙分别与东西朵殿山墙平齐。

关于山门。如前文所述，根据访谈和地理环境特征，推断山门的始建位置即为现存山门的所在位置。关于山门形制，现存山门形制为大门面阔一间，东西各有三间排屋，总长约21 m（约65尺），进深5.75 m（约20尺），推测始建山门形式或为面阔三间两侧各建挟屋的形式。

(2) 金代花石柱庙平面格局推测

综上所述，以大殿为基准，将以上各单体建筑位置关系进行叠加，得到金代花石柱庙平面格局推测图，如图3-22。

---

[1] 徐怡涛《长治晋城地区的五代宋金寺庙建筑》，北京大学博士学位论文，2003年。

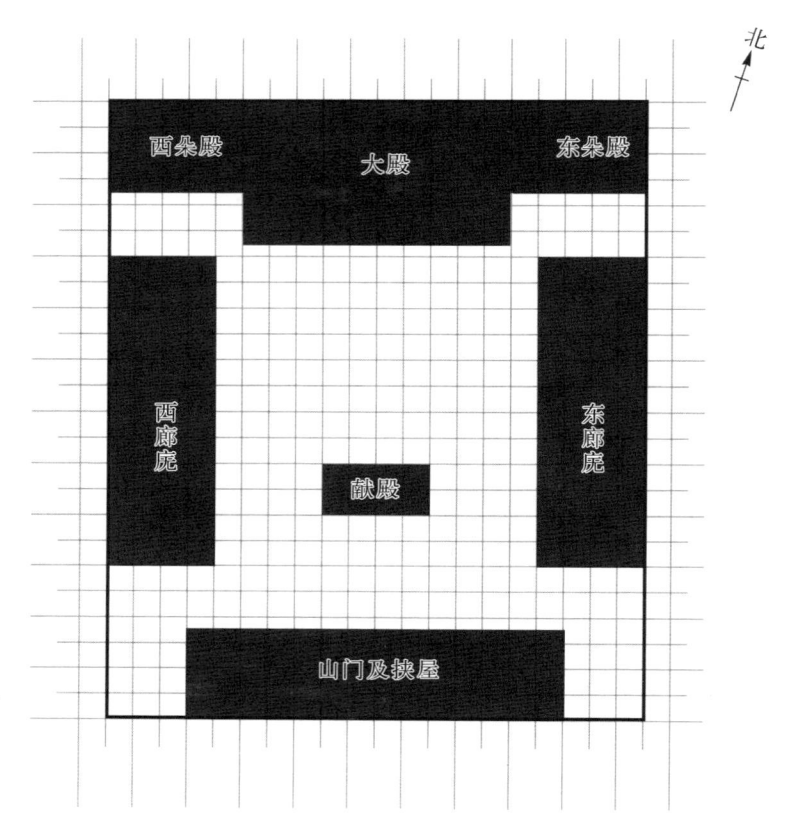

图 3-22　金代花石柱庙建筑格局推测图

2. 清代花石柱庙建筑格局推测

对清代花石柱庙历史建筑格局的研究和推测，主要基于花石柱庙现存建筑格局、清代嘉庆八年（1803）《重修成汤殿文昌殿碑记》碑文，结合简单考古发掘所得资料和前文研究。

（1）清代花石柱庙内单体建筑研究

清代嘉庆八年《重修成汤殿文昌殿碑记》载：

> 不知创自何时,惟柱头镌有太和七年某某捐施字样者……成汤殿上盖倾圮,文昌殿基址无存,正东以及正南亦无墙垣护卫。于是社中公议捐资修理成汤殿于嘉庆六年告竣,文昌殿于嘉庆八年告竣,将三义殿、药王祠、中间社房、高禖祠一概重新……大清嘉庆八年九月十五日吉立。

由此我们可知,至清代嘉庆年间花石柱庙内存在的建筑有:大殿成汤殿、西配殿三义殿、东配殿文昌殿、"中间社房"献殿、药王祠和高禖祠。

关于大殿。据前文,元明时经历过一次大修,大殿平面面阔从五间改到三间,同期或后期山墙延至外廊,并保持至今。故时至清代,大殿的平面形制及位置应与现在无异,即面阔三间约 30 尺,进深六椽约 25 尺。

关于东西配殿。根据访谈,到清代时,东西朵殿应仍为面阔三间(约 25 尺)、进深四椽(约 20 尺),其位置随大殿五间改为三间顺应向内挪动,并与主殿紧邻。

关于献殿。根据清代嘉庆八年立碑与访谈,献殿一直存在,直至近代庙宇重修才被焚烧池取代。

关于药王祠与高禖祠。在现距东厢房阴曹地府殿 4.8 m、距南大门一排七屋地菩观音殿 5.8 m 的地方从地面起砖,发现了一块背后雕刻男性生殖器的石砖。高禖为民间的求子之神。结合碑文,推测东厢房很可能就是当时的高禖祠,西厢房对应的就是药王祠。根据花石柱庙东西厢房的现状,推测东西厢房的位置应该没有因为大殿的改制而挪动,从那时起便已经呈现出配殿外墙与厢房后墙不平齐的特征。

关于山门。碑文中并未明确提到这座建筑,仅载"正东以及正南亦无墙垣护卫"。根据中国古建筑群均有山门的平面特征及花石柱庙现存平面,推测山门所在位置为现存山门所在位置。

(2)清代花石柱庙平面格局推测

综上所述,以大殿为基准,将以上各单体建筑位置关系进行叠加,得到清代花石柱庙平面格局推测图,如图 3-23。

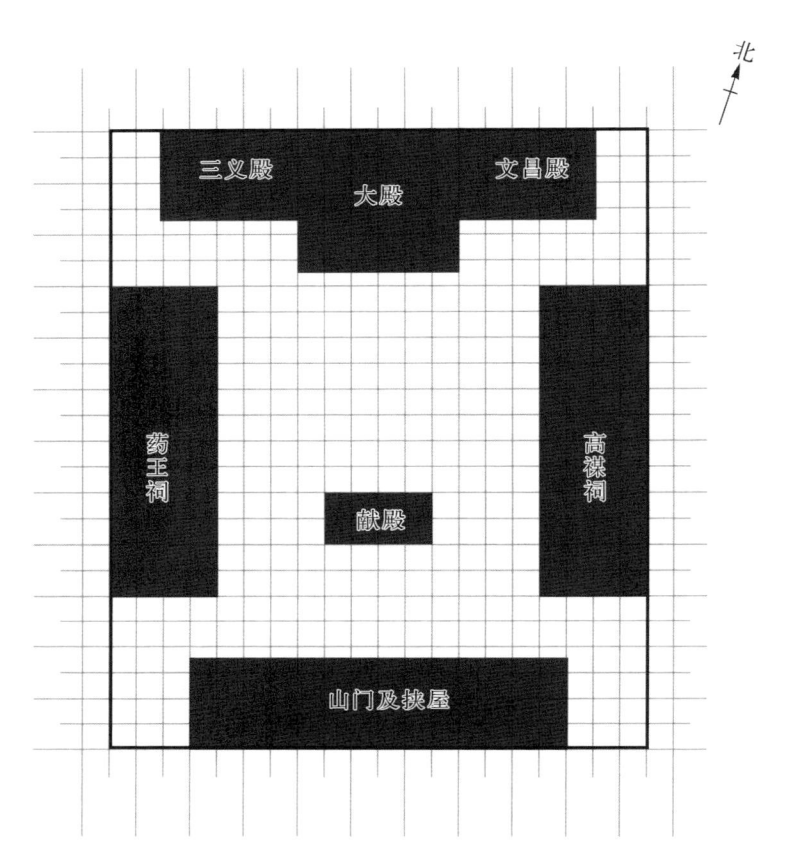

图 3-23 清代花石柱庙建筑格局推测图

4 总　结

中国古代建筑，无论是单体建筑形制还是建筑群体布局，均存在秩序性，而始建时的秩序在后期修缮中会被打破。花石柱庙处处表现出的"失序"，即是历史的层累印记，承载了重要的历史信息：首先，就单体建筑而言，其主体建筑大殿的铺作次序被扰乱并残缺，且与梁架结构存在打破关系，其次大殿的四根石柱形制不具有对称性；从花石柱庙的整体建筑布局来说，中轴线上仅山门、大殿两座建筑，不见献殿，院落过于空旷，且大殿东西朵殿的外墙与东西厢房的前檐位置齐平，与晋东南地区常见平面特征不符等。

本文即从花石柱庙的这些"失序"入手，通过探寻重构原生秩序，去探究其历史问题。因庙中仅大殿从金代始建一直延续至今，在时间上具有连续性，在空间上具有确定性，且大殿在庙中具有最高地位，所以在探究格局问题时，首先应明确大殿平面的历史沿革，再以大殿为基准，找寻单体建筑与大殿的位置关系，进而推测寺庙的历史建筑格局。根据建筑考古学以建筑整体认知认识建筑遗址的局部性问题的原则，我们首先对花石柱庙大殿进行了精细测绘，解析其遗存构件的历史层叠关系，明确其建造年代和修缮历程。在此基础上，根据晋东南宋金祠庙建筑格局的既有研究成果，结合考古试掘所得和碑文及访谈等资料，探究复原花石柱庙的格局。

通过上述研究工作，我们对花石柱庙在金代和清代的建筑格局及演变情况有了大致的了解，并在此基础上绘制了金代花石柱庙平面格局推测图和清代花石柱庙平面格局推测图。花石柱庙历史格局研究的主要结论如下：

1. 花石柱庙创建于金代泰和年间（1201—1208），始建时大殿面阔五间，进深六椽；

2. 格局布置上，花石柱庙以大殿明间开间尺寸 10 尺为模数，控制寺庙建筑布局；

3. 金代，花石柱庙内中轴线上除大殿外，从南到北依次建有山门和献殿，大殿两侧建东西朵殿，院落内建东西廊庑；

4. 元明时期，大殿经历了由面阔五开间改为三开间的重大改变，从大殿开间数变少、原四椽栿改做前檐大额和金代石雕柱缺失等现象判断，大殿经历了一次重大损毁事件，在大修中，大殿的原构尺度和秩序被扰乱，东西朵殿被重建，山墙位置随大殿缩小而向院内侧移动，厢房、山门等建筑位置得以保持；

5. 清代，据碑文及试掘所得资料可知，西厢房为药王祠，东厢房为高禖祠；

6. 至于当代，除大殿外，其余建筑均已损毁，为现代新修：东西配殿由三间改为两间，献殿荡然无存，东西厢房的位置也发生了变化，并新建了西门、神南阁等建筑。

通过对花石柱庙历史格局的复原，我们加深了对花石柱庙的历史认知，有助于后期开展更加科学的修缮和保护利用。同时，在这个过程中，基于建筑整体认知的考古试掘验证在建筑考古研究中取得了明显成效，为未来进一步的探索指明了方向。

肆 社会史研究

花石柱庙与乡村社会的互动研究

花石柱庙在村落中的社会功能

高平地区宗教建筑社会史研究

科技检测报告

访谈记录

1
花石柱庙与乡村社会的互动研究

在晋东南地区,位于村落中的庙宇是乡村内重要的公共活动空间,承载着重要的社会功能。因此,庙宇与乡村社会之间的互动是体现庙宇本体价值的重要内容。

在本章内容中,研究团队在现场考察调研的基础上,查阅了地方志、史书等相关文献,对花石柱庙内及踏查记录的周围村落庙宇碑刻内容进行了梳理,并利用三晋石刻大全数据库搜集整理了晋城市阳城县、泽州县等地区内分布的与成汤信仰有关的庙宇碑刻,对同时期、同地区、同类型的庙宇进行了研究,从信仰主体与祭祀活动、村落交往、庙宇修建三个方面,对金代以来花石柱庙与乡村社会的互动关系进行了分析。

(一)神灵与世俗:花石柱庙供养神与晋东南地区民间信仰

民间信仰,在中国的民俗学研究中被称为民俗信仰,指"在民众中产生和传承的一套神灵崇拜观念、行为习惯和相应的仪式制度"。[1] 王守恩在《诸神与众生:清代、民国山西太谷的民间信仰与乡村社会》一书中提出:

> 民间信仰就是非教徒民众的超自然信仰。这种信仰的主体是广大普通民众,对象是超自然的各种神灵,内容是与神灵崇拜相关的各种观念及活动,神灵崇拜是此信仰的核心。[2]

民间信仰由来已久,对民众生活产生了重要的影响。研究团队在高平地区实地考

---

[1] 钟敬文《民俗学概论》,高等教育出版社,2010年,页145。
[2] 王守恩《诸神与众生:清代、民国山西太谷的民间信仰与乡村社会》,中国社会科学出版社,2009年,页3。

察时发现，许多村落仍然存在着多样的神灵崇拜。

在晋东南地区的乡村社会中，自古以来就存在着"人神相依"的观念，金大定五年(1165)《晋阳里汤王庙记》称"神依人存，人赖其福"，[1] 潞城县元至元二十一年(1284)《重修汤王庙记》中认为"民者，神之主也，神依人而行久矣，吾乡疫病不作，雨旸以时，意者其神之赐乎？"[2] 即乡村内没有疫病、风调雨顺都是神赐。阳城县后至元四年(1338)的《汤庙祷雨碑》中也有类似观点："天即神，神即人，人即天""或丰或□，系之于天"。[3] 直至明清时期，也依然保持着"神依人而血食，人依神而获福"[4]的人供养神、神保佑人的观点。

和宗教信仰相比，民间信仰往往具有更加突出的功利性与包容性。百姓对于神灵的崇拜是因为神灵能够为他们带来庇佑，能够满足他们某种现实生活中的需求。只要能够保佑自己的神灵，百姓们都会去供奉，因此在很多乡村庙宇中，经常能够见到一座庙内供奉多个主管不同领域的神灵，包容性很强，以民间社会生活的实际需求设置祭祀神灵，并没有严格的教派划分。花石柱庙就是这样一个有着多个供养神的庙宇。嘉庆六年碑记中记载，除成汤殿外，还重修了文昌殿、三义殿、药王祠、高禖祠。2013年功德碑中记载，自1968年以来相继修复了汤王殿、文昌殿、三义殿，建起东屋佛殿、老君殿、西奶奶殿等，现代重修时保存了对于成汤、文昌帝君、刘关张等的敬奉，又增加了对太上老君、泰山奶奶等神灵的供奉。研究团队对于花石柱庙内的供养神进行了研究，从各供养神的起源、特点、盛行原因等入手，分析宋金以来各个时期不同信仰在晋东南地区的地位，以更深入地探究花石柱庙与乡村社会之间的关系。

1. 成汤信仰的起源与地位

《史记》中记载，成汤是契的第十四代孙，名天乙。[5]《帝王世纪》中称其有圣

---

[1]〔清〕胡聘之《山右石刻丛编》卷二十《晋阳里汤王庙记》，光绪二十七年刻本，页32。
[2]〔清〕胡聘之《山右石刻丛编》卷二十七《重修汤王庙记》，页1。
[3]〔清〕胡聘之《山右石刻丛编》卷三十五《汤庙祷雨碑》，页2。
[4] 明弘治十五年(1502)《重修成汤庙记》，现存州县大东沟镇河底汤帝庙，载刘泽民、李玉明《三晋石刻大全 晋城市泽州县卷》，三晋出版社，2012年，页134。
[5]〔汉〕司马迁《史记》，页120。

人之德行,讨伐不义诸侯,"诸侯毕服"。汤伐桀后,在三千诸侯大会中被推举为天子,施行德政、仁德爱民、恩泽四方。有学者对于山西地方志中的祠祀部分进行了统计研究,发现成汤庙是广泛分布于山西南部地区的神祇。[1] 在这些成汤庙中,成汤作为雨神而存在。中国古代社会中,农业生产占据主导地位,而泽州地区(今晋城)由于地理位置及自然环境影响,经常遭遇旱涝灾害,《辽金时期自然灾害的统计分析与政府的防灾救灾措施研究》[2]中统计金朝120年,水灾53次、旱灾69次,对农业生产有很大影响,因此,对于雨神的崇拜和祭祀一直处于较为重要的地位。相传"汤自伐桀后,大旱七年",[3]殷史卜称"当以人祷",于是汤"遂斋戒,剪发断爪,以己为牲,祷于桑林之社",至诚之心感动上天,"果大雨"。[4]《太平寰宇记》卷四十四"阳城县"条中记载:

> 析城山,在县西南七十五里,《禹贡》曰:"底柱、析城至于王屋。"应劭注《汉书》云:析山在阳城西南。即此也。山顶有汤王池,俗传汤旱祈雨于此。今池四岸生龙须绿草,无林木。[5]

因此,后世百姓视成汤为雨神,于其祷雨的析城山上建立成汤本庙,并以本庙为中心向外辐射,在周边各村落内建立起了众多成汤行宫,现今高平、阳城、泽州等县仍留存着众多宋金以来各个时期的成汤祭祀建筑。

晋东南地区成汤庙最早创修年代已不可考。北宋政和六年(1116)《宋代敕封碑》记载:"政和六年四月一日,敕中书省、尚书省,三月二十九日奉圣旨析城山商汤

---

[1] 张俊峰《明清时期山西民间信仰的地域分布与差异性分析——以明清山西地方史志资料为依据》,载《近代中国社会与民间文化》,社会科学文献出版社,2007年,页443—468。
[2] 刘玮玮《辽金时期自然灾害的统计分析与政府的防灾救灾措施研究》,辽宁大学硕士学位论文,2014年。
[3] 〔宋〕范晔撰,〔唐〕李贤注《后汉书》,中华书局,2000年,页1777。
[4] 〔宋〕范晔撰,〔唐〕李贤注《后汉书》,页1928。
[5] 〔宋〕乐史《太平寰宇记》,中华书局,2007年,页920。

庙,可特赐广渊之庙为额,析城山山神诚应侯,可特封嘉润公。"[1]金正隆二年(1157)丹朱镇西上坊村《潞州长子县重修圣王庙记》中记载:"潞州长子县上方村,旧有圣王庙,局促隘陋。岁时祈祷,乡人以为不称事神之意。"说明该地区在金代以前,主要资源并未倾向于汤王庙,庙宇规模较小,至金代才开始扩建重修。同时,碑文中较为完整地展现了金代晋东南地区成汤信仰的情况,"泽潞间凡遇旱暵,遍走群望,若不获应,必躬造析城,挈瓶请水,信心虔祷,始得美雨。其或愿心供养,必立祠宇,由是圣王庙在在处处有之"。[2]这说明金代泽潞地区普遍信仰成汤,很多成汤庙内会供奉从析城山本庙中请来的神水用于祈雨。这与该地区现存的众多碑刻的记载可相印证,如花石柱庙内清代碑刻中即记载,"相传祠庙上有神水四瓶,每逢亢旱之年,各村前来拜祷神水,甘霖立沛"。

宋金时期,成汤在晋东南地区是官方认可的重要雨神,具有较高地位。北宋年间,析城山已建成商汤庙,但宋代成汤庙数量还比较少,到了金代,各地逐渐建立起汤帝行宫,花石柱庙正是在此时期兴建的。最初,可能也是由于当地遭遇干旱,祷雨获应,故建立成汤庙,以供养成汤及神水,方便附近村落拜神祈雨。参考该地区同时期兴建的下交村汤帝庙(1210年修建)、上伏村成汤庙(1205年修建)等,以及庙内现存金代石柱的雕刻精细程度,可以推测其初建规模可能较大、规制较高,且获得了村落内较多资源的流入,与乡村社会的交往较为密切。

贞祐年间的金元战争对于泽州地区有较大破坏,李俊民《庄靖集》卷八"泽州图集"中记载,金元战争后,泽州只剩1 813户人家,且战争中"虐熖燎空,雉堞毁圮,室庐扫地,市井成墟",[3]泽州地区的生产生活都受到了较大影响,很多寺庙遭到了不同程度的毁坏,"兵火之际,荡毁无余"。[4]但是,元统治者在祭祀方面并未破坏汉族传统,《元史》卷七十六《祭祀志五》中"汤"仍为官方正祀,祁县《重修汤

---

[1] 北宋政和六年(1116)《宋代敕封碑》,载中国先秦史学会、《析城山文化丛书》编委会主编《阳城汤庙碑拓文选》,文物出版社,2012年,页1。
[2] 〔清〕豫谦纂修(光绪)《长子县志》卷七,清光绪八年刻本,页36。
[3] 〔金〕李俊民《庄靖集》卷八,旧抄本,页24。
[4] 〔清〕胡聘之《山右石刻丛编》卷四十《重修汤王庙记》,页28。

王庙记》中也称"殷汤圣王之庙,使正祀、有饩典、礼无亏"。[1] 元初大举修建成汤庙,析城山汤帝庙内至元十七年(1280)《汤帝行宫碑记》中记载,山西共有汤帝行宫35处,其中多位于泽州地区,[2]地点多位于各村落内部。《元史》记载,皇庆二年(1313)九月京师遭遇大旱,皇帝听闻商汤祈雨的传说后,"诏天下立成汤庙,随时祈礼,而泽州多山,硗确易旱,立祠独众"。[3] 同时,碑刻中可以得知很多早期已经存在的成汤庙在这一时期也进行了修缮。由于泽州地区多旱灾,再加上元朝政府的推动,这一时期,成汤仍然在众多雨神崇拜中居于较高地位,新修成汤行宫数量增多,原有成汤庙得到修缮,《山右石刻丛编》中记载了多篇元代于成汤庙祷雨获应的碑记。花石柱庙内无元明时期碑刻遗存,且元明时期的一些汤帝行宫统计中并未将其列入,但是根据其现存状况及构件形制和碳十四测年,可以确定其在这一时期也进行过相当程度的修缮。这一时期成汤信仰的地位不减,但是由于元代成汤庙开始在各村落内部普及,而花石柱庙位于村外山上,地势较高、地理位置较偏僻,很可能和析城山本庙一样由于"神宫高踞山顶,风易剥,雨易蚀"[4]而逐渐被人们忽略,并没有进行大规模的修缮活动,和乡村之间的联系较前代也有所减弱。

明清时期留存下来了许多成汤庙的兴建与修缮记录,"中华石刻数据库"中收存了近140通与山西地区这一时期兴修成汤庙相关的石刻资料,晋东南地区现存的成汤庙大多是这一时期的遗存。有学者统计,阳城县共留存清代创建或重修成汤庙碑108通。[5] (雍正)《泽州府志》[6]中记载有成汤庙31处,其中10处位于泽州府(阳城县4处、凤台县4处、高平县1处、陵川县1处)。同属于马村

---

[1] 〔清〕胡聘之《山右石刻丛编》卷四十《重修汤王庙记》,页27。
[2] 元至元十七年(1280)《汤帝行宫碑记》,载中国先秦史学会、《析城山文化丛书》编委会主编《阳城汤庙碑拓文选》,页2。
[3] 〔清〕林荔修,姚学甲纂(乾隆)《凤台县志》卷十二,清乾隆四十九年刻本,页2。
[4] 清嘉庆二十四年(1819)《补修广渊庙宇碑记》,载中国先秦史学会、《析城山文化丛书》编委会主编《阳城汤庙碑拓文选》,页4。
[5] 李胜振、朱文广《碑志所见山西阳城成汤庙之历史演变——兼论基层社会对民间信仰的助推作用》,载《陕西师范大学学报(哲学社会科学版)》2019年第5期。
[6] 〔清〕朱樟纂(雍正)《泽州府志》,清雍正十三年刻本。

镇的康营成汤庙内民国十二年(1923)的补修碑记中提及:"村中多祠宇,而以成汤庙王之。"[1]可能成汤信仰在这一地区一直都是主要的祭祀对象。花石柱庙清代嘉庆年间重修碑记记载此次重修共募捐到银五百两,工程历时两年,捐款施主涉及方圆十公里的周边村镇,在一定程度上反映出花石柱庙在这一时期的重要地位。

2. 明清以来的泛神崇拜

明清时期,在乡村庙宇中供奉的神灵开始增多,呈现泛神化的趋势。在基本生活得以保障的基础上,人们会产生各种新的追求,如健康长寿、家族昌盛、功成名就、财运亨通等。晋东南地区的成汤庙中,除主殿供奉成汤外,配殿祭祀常见关帝、牛马王、龙王、高禖、蚕姑、药王、风神、雷神、黑虎、山神等。[2] 如康营村成汤庙内,主殿供奉成汤,配殿陪祀三峻、蚕姑、圣母奶奶、十殿阎王、药王、三义、马王等;大周村的宣圣庙内原同时供奉汤王和孔子,前殿为大成殿,后殿为汤王殿。根据花石柱庙内碑刻记载,清代庙内除主殿成汤殿外,还重修了文昌殿、三义殿、药王祠、高禖祠。

文昌殿供奉的是道教神仙系统中的文昌帝君,也被称为梓潼帝君。文昌本为星宿名,是星宿中主管文运之星,《史记·天官书》中记载:"斗魁戴匡六星,曰文昌宫:一曰上将,二曰次将,三曰贵相,四曰司命,五曰司中,六曰司禄。"[3]科举制产生后,历代文人学子尤为崇奉文昌星。因文昌星和梓潼帝君同被道教尊为主宰功名利禄之神,二者逐渐合二为一,称文昌帝君,是古代学问、科举的守护神。三义殿供奉刘备、关羽、张飞,刘关张是忠义的象征。到了明清时期,民间行会兴起,各个行业都有主管的行业神,刘关张均被奉为祖师爷,尤其是关羽,关公崇拜有着广泛的民众基础,在高平地区几乎"村村有关帝庙"。

---

[1] 民国十二年(1923)《补修成汤庙碑记》,现存高平市马村镇康营村成汤庙,载刘泽民、李玉明《三晋石刻大全 晋城市高平市卷》,三晋出版社,2012年,页832。
[2] 王建华《自然灾害与民间信仰的区域化分异——以晋东南地区成汤信仰和三峻信仰为中心的考察》,《中国历史地理论丛》2018年第2期。
[3] 〔汉〕司马迁《史记》,页1544。

文昌帝君在清代得到帝王特别推崇，《清实录》记载，嘉庆六年（1801）皇帝下诏重修京师"明成化年间所建文昌帝君庙宇"，并亲自拜谒，"行九叩礼"。"文昌帝君主持文运，福国佑民，崇正教，辟邪说，灵迹最著，海内崇奉，与关圣大帝相同，允宜列入祀典，用光文治。"[1]

药王是道教俗神，由于风俗差异，不同地区可能供奉不同的"药王"，如神农、扁鹊、孙思邈。在百姓心中，药王是无病无灾、健康长寿的守护神。高禖神在古代被奉为求子之神，不仅在民间祭祀，也为皇室所认可。《金史》记载："明昌六年（1195），章宗未有子，尚书省臣奏行高禖之祀。"[2]西汉应劭《风俗通义》中记载，夏人供奉女娲为高禖神；[3]《礼记·月令》中记载，由于简狄吞玄鸟卵有孕而生契，殷人将简狄奉为高禖神，而燕子则是象征祥瑞的"禖官"。[4]

花石柱庙2013年重修碑刻中记载，修复了成汤殿、文昌殿、三义殿，新建了东屋佛殿、奶奶殿和老君殿。奶奶殿内供奉泰山奶奶，主管生育，和高禖神类似。老君殿供奉道教始祖太上老君，道家提倡"修身长生，得道成仙"，讲究顺应自然，主张清静无为。同时，在民间，太上老君是众多行业的行业神，金银铜铁相关的行业都尊奉其为祖师。

这样众神共存的庙宇在附近地区存在不少实例。这进一步说明明清以来晋东南地区的乡村庙宇宗教性质较弱，神灵崇拜没有排他性，祭祀与供奉也多带有服务世俗需求的特征。花石柱庙供养的神虽然杂，但是成汤、文昌、关公均为祀典之神，其余的俗神也并非"淫"，因此历代政府"毁淫祠"时，花石柱庙未受波及，得以保存至今。庙内陪祀的俗神涉及生产生活各个方面，从主管学业的文昌帝君到各个领域的行业神，都与百姓的现实需求密切相关，必然导致其与附近乡村发生密切的联系，承担更为广泛的社会作用。

---

[1]《清实录》第二九册《仁宗睿皇帝实录（二）》卷八十三，中华书局影印本，1985年，页79。
[2]〔元〕脱脱《金史》，中华书局，2020年，页772。
[3]〔宋〕罗泌《路史》卷十一载："《风俗通》云：'女娲祷祠神，祈而为女媒，因置婚姻，行媒始此明矣。'"清文渊阁四库全书本，页2。
[4]〔汉〕郑玄注，〔唐〕孔颖达正义，〔清〕阮元校刻，方向东点校《礼记注疏（二）》载："玄鸟，燕也。燕以施生时来，巢人堂宇而孚乳，嫁娶之象也，媒氏之官以为候。高辛氏之出，玄鸟遗卵，娀简吞之而生契，后王以为媒官嘉祥，而立其祠焉。变媒言禖，神之也。"中华书局，2021年，页833。

(二) 祈雨、赛社、庙会：以庙宇为中心的重要祭祀活动

高平地区多山地，水旱灾害频发，"水日干而土日积，山泽之气不通，邑田常苦叹旱，淫雨又以水涝为忧，恒受水之害而不获其利"，[1]因此，成汤的"雨神"性质决定了花石柱庙承载的祭祀活动的主要目的是保佑当地"雨阳合宜"，不受淫雨、干旱等自然灾害的侵害。据现存史书及碑刻记载，以成汤庙为中心的祭祀活动主要包括两方面的内容：一是祈雨仪式，二是庙赛活动。金元时期主要以祈雨仪式为主，这一时期的晋东南地区的赛社也较为繁盛，但是与成汤信仰相关的记载较少，难以全面了解成汤庙的赛社情形。因此，我们搜集了晋东南地区金元时期民间的祈雨方式，以及史书中记载的官方仪式，以期对于该地区的祈雨活动有更全面的认识。明清时期，庙赛活动在民间极为兴盛，很多成汤庙的碑记中都有记载。祭祀是庙赛活动的重要组成部分。有学者对此进行过深入的研究，如李天生《山西赛社文化浅说》、[2]赵世瑜《狂欢与日常——明清以来的庙会与民间社会》[3]等。我们根据已有研究梳理了晋东南地区庙赛活动的演变历程以及明清时期的庙赛活动情况。在总结祈雨和庙赛两部分内容的基础上，结合周边地区成汤庙有关祭祀活动的记载，分析了花石柱庙在各个历史时期可能承载的重要祭祀活动。

1. 金元时期的祈雨活动

晋东南地区信仰的雨神众多，除成汤外，还有龙王、海神等。因该地区频繁遭遇水旱灾害，对于雨神的祭祀一直以来都非常兴盛，尤其是发生较大灾情时，"时雨稍愆，必诣庙致告"。[4]从上古先民开始就有"雩祭"之说，现存的碑刻资料中记

---

[1]〔清〕龙汝霖纂修（同治）《高平县志》卷二，页19。
[2] 李天生《山西赛社文化浅说》，载《傩苑：中国梵净山傩文化研讨会论文集》，中国戏剧出版社，2004年，页288—298。
[3] 赵世瑜《狂欢与日常——明清以来的庙会与民间社会》，北京大学出版社，2017年。
[4] 金正隆元年(1156)《潞州长子县重修圣王庙记》，现存长治市长子县丹朱镇西上坊村成汤庙，载李玉明、王雅安《三晋石刻大全 长治市长子县卷》，三晋出版社，2013年，页57。

载了众多民间祈雨活动。出现次数最多的就是像金正隆元年(1156)《潞州长子县重修圣王庙记》中记载的那样,"躬造析城挈瓶请水,信心虔祷,始得美雨"。沁水县元至治二年(1322)《修建圣王行宫之碑》中记载:

> 大朝庚戌年,春旱太甚,其土沃居民刘源、徐玉,相率邻近堡社耆老人等,同心露恳,景慕二圣帝祷雨救旱之德,乃以香币栗盛瓶器,敬诣祠下,拜请圣水,果获满涌,甘霖沾足,遂使岁之凶歉,忽变为丰穰。[1]

阳城县后至元四年(1338)《汤庙祷雨碑》记载有至元戊寅年间祈雨经历:

> 闻吾阳城簿周君文举躬诣析城山成汤庙,恳心祈请获此休应碑。[2]

浮山县元至正六年(1346)《汤王庙碑记》中记载:

> 自天历元年□之大旱□中耆老谨奉香……岭山圣王祠,虔心祷祀,其雨大降。[3]

这些祈雨活动的历程基本和成汤祈雨的传说相似:该地遭遇旱情,村中耆老等德高望重之人亲自前往析城山庙,诚心祈雨,拜请圣水,终获甘霖。

元至正二十一年(1361)《忽都帖木儿祷雨获应记》中也记载了忽都帖木儿前往析城山汤庙祷雨,获圣水而归,供养于五龙祠之事。其中同时记载了在忽都帖木儿祈雨前,民间进行的祈雨活动,"向之曝神巫、舆直龙、导缁黄、走者艾,竟不见

---

[1] 元至治二年(1322)《修建圣王行宫之碑》,现存晋城市沁水县土沃乡土沃村圣王行宫庙,载刘泽民、李玉明《三晋石刻大全 晋城市沁水县卷》,三晋出版社,2012年,页18。
[2] 〔清〕胡聘之《山右石刻丛编》卷三十五《汤庙祷雨碑》,页1。
[3] 元至正六年(1346)《汤王庙碑记》,现存临汾市浮山县天坛镇河底村汤王庙址,载刘泽民、李玉明《三晋石刻大全 临汾市浮山县卷》,三晋出版社,2012年,页56。

答"。[1] 从中可以窥见金元时期民间祈雨仪式的形态:"曝神巫",是一种古老的求雨巫术,《春秋繁露·求雨》中载有"春旱求雨""暴巫聚尫";"舆苴龙",龙自古以来被视为水神、雨神,《艺文类聚》中引有《神农求雨书》:

> 春夏雨日而不雨,甲乙命为青龙,又为火龙东方,小童舞之;丙丁不雨,命为赤龙南方,壮者舞之;戊己不雨,命为黄龙,壮者舞之;庚辛不雨,命为白龙,又为火龙西方,老人舞之;壬癸不雨,命为黑龙北方,老人舞之。如此不雨,潜处,阖南门,置水其外,开北门,取人骨埋之。如此不雨,命巫祝而曝之。曝之不雨,神山积薪,击鼓而焚之。[2]

文中所说的"曝神巫、兴苴龙"与前文提到的上坊村成汤庙的碑记中关于巫术的记载相类,金代在庙内也会举办祈赛活动,祭祀活动和巫术结合,"神降巫觋指期获应",如灵验,人们将很信服。而所谓"导缁黄、走耆艾",应该是指祈雨时寺庙内僧道(僧人缁服、道士黄冠)及村里的老人们游行祈祷,僧道在前,老人随后。

除此之外,民间祭祀仪式会受到国家官方仪式的影响,《金史》卷三十五中记载了大定年间官方祈雨的经过:

> 祈禜。
> 大定四年五月,不雨。命礼部尚书王竞祈雨北岳,以定州长贰官充亚、终献。又卜日于都门北郊,望祀岳镇海渎,有司行事,礼用酒脯醢。后七日不雨,祈太社、太稷。又七日祈宗庙,不雨,乃从岳镇海渎如初祈。其设神座,宝樽罍,如常仪。其樽罍用瓢齐,择甘瓳去柢以为尊。祝板惟五岳、宗庙、社稷御署,余则否。后十日不雨,乃徙市,禁屠杀,断伞扇,造土龙以祈。雨足则报祀,送龙水中。

---

[1]〔清〕胡聘之《山右石刻丛编》卷四十《忽都帖木儿祷雨获应记》,页1。
[2]〔唐〕欧阳询撰,汪绍楹校《艺文类聚》(下),上海古籍出版社,1982年,页1723。

> 十七年夏六月,京畿久雨,遵祈雨仪,命诸寺观启道场祈祷。[1]

按照官方礼制,此次祈雨由专门官员负责,按照祭祀礼仪,先于北郊祀岳镇海渎,之后再于太社太稷、宗庙祭祀,仍未下雨,再以更高规制祀岳镇海渎,最后禁止屠杀,断伞扇、作土龙祈雨,最终求雨成功。

晋东南地区现存碑记中没有与此完全相同的仪式,但是其中由地方官吏主导的祈雨祭祀仪式与之较为接近,都比较注重祭祀器皿、祭品等"礼"。平定州后至元五年(1339)《嘉山祈雨记》中记载,至元己卯夏,平定州大旱,知州张氏以自己的俸禄"谨备祭仪",斋戒并准备器皿、祭品,诚心祈祷获应。[2]

由此可以看出,金元时期晋东南地区的祈雨主要是在遭遇大旱时进行的,一般由村民自行组织,发动村民及寺庙僧道参加,以显示隆重及诚意。部分庙宇内也会举办祈赛活动。祭祀仪式多承袭古代,有的与巫术相结合。同时,有一些祈雨仪式是由地方官吏亲自主持的,一般较为正式,注重礼制,且不会涉及神巫。如果在当地祈雨无果,则会由村内耆老、官吏等人亲自至汤王本庙拜谒,恳心求雨。如果祷雨获应、请到圣水,则会将神水瓶带回,供养于庙内、立碑作记,且会通过"鼓乐""香火"等形式酬神。

2. 明清时期的庙赛活动

山西地区的民间赛社活动由来已久。"赛社",源于先民对土地神灵的报谢,后逐渐与民间的祭祀活动相结合,发展成为百神共祀、百戏杂陈的赛社活动。[3]《册府元龟》中有多处关于赛社祈报活动的记载,说明唐代已有相关法典规范。宋金时期赛社得到了一定程度的发展,前文提及的金代碑刻记载"祭祀祈赛,殆无虚日"即是例证。元代为了维护统治,对民间赛社活动曾颁布禁令,赛社在一定程度上受到了限制。到了明清,经济及戏剧、曲艺等文化不断发展,晋东南作为上党梆子的

---

[1]〔元〕脱脱《金史》,中华书局,2020年,页881。
[2]〔清〕胡聘之《山右石刻丛编》卷三十五,页8。
[3]李天生《山西赛社文化浅说》,页288—298。

发源地,赛社一度极为盛大,民间庙宇增建戏台,由此产生并保存了丰富的文化遗存。

明清时期晋东南地区的赛社活动在日程俗规上对宋代传统多有继承。不同庙宇在不同时间举办赛会活动,既延续春祈秋报的旧俗,又皆以各庙主神的"圣诞"为期而酬神。赛会时选定主礼人,"伎乐由乐户承应,其余执役者由村民分担"。[1] 整个赛会一般需要五到六天,赛会前先于土地庙请神,后举办迎神仪式。正式赛期一般为三天,白天祭祀,晚上演剧酬神。陵川县道光七年(1827)的《塔题掌村禁约碑》中说明了赛社活动的资金主要来源于本村村民:

> 村中人民每逢八月仲秋报谷皇王水土之恩,献戏酬神,以积众民之资财,以保五谷丰登,风调雨顺,国泰民安。[2]

具体到高平地区,也基本遵循这样的赛社形式,清代高平地方志中多次提到在乡社庙宇中举办迎神赛社活动,祭祀、鼓乐、演剧、市集,活动众多,声势浩大,并且十分普及,各地都有自己的赛会,"其余米山各处赛会尚多不必悉载"。(顺治)《高平县志》中记载,村民多于正月元宵日前往金峰山祭拜,预防百病;三月十八日、四月十五日、五月初五分别于济渎池、真泽祠、孙真庙举办集会;庙宇中每年各自举办庙赛活动:

> 城中乡社庙宇,岁各迎神赛社三日,其俗不遵典礼,喜伶人做杂剧,喧鼓乐,以供祀神。[3]

(乾隆)《高平县志》"风俗风土岁时记"卷记载情况基本一致,且更为详细:

---

[1] 李天生《山西赛社文化浅说》,页288—298。
[2] 清道光七年(1827)《塔题掌村禁约碑》,现存晋城市陵川县马圪当乡塔题掌村,载刘泽民、李玉明《三晋石刻大全 晋城市陵川县卷》,三晋出版社,2013年,页220。
[3] 〔清〕范绳祖修,庞太朴纂(顺治)《高平县志》卷九,页29。

> 春祈秋报礼也,城乡迎神赛社,鼓吹鸠众,戏优杂沓……诸货骈罗,远近士女云集。[1]

而此时于庙内进行的祈雨祭祀仪式大抵与宋金元时期的民间祈雨形式相似,(乾隆)《高平县志》卷十七中记载民间有"捉旱水"的仪式:主神官耗财,拜水官劳力,神案前置空瓶,童男日日叩拜。[2] 后由于科学文化水平提高,县志中评论此种"不至破家成疾不休"的祈雨方式非常荒谬,但民间祭祀传统依然深厚,清代地方官吏未予禁止,但改善了形式,减少财力人力的投入,在一定程度上保留了民俗。演剧的地点一般为庙内戏台;若无固定戏台建筑,则会在庙外搭建临时戏台供演剧使用。赛会后还要举办仪式送神。庙赛活动名义上是为了"娱神、酬神",实质上已经逐渐向"娱人"转变。

3. 花石柱庙主要祭祀活动研究

"泽人不祀舜禹而祀汤者,盖以汤尝有祷,从古立庙。"[3] 作为成汤行宫的花石柱庙,除日常祭祀供奉外,必然也承载着举行较为重要祭祀活动的使命。虽然现存文献资料未直接记载花石柱庙的祭祀活动,但其在祭祀方面的社会功能可在前述两部分的基础上,结合周边地区的成汤庙展开研究。

金代以来,晋东南地区民众对于成汤一直十分"敬信",每遭遇大旱,应都会举行较为盛大的祭祀仪式,由村社首领、耆老或地方官员发起并主持。当祈雨成功后会举办赛社活动,远近村民聚集在庙内欣赏酬神的鼓乐。

晋东南地区多座碑记中记载明代成汤庙内有举办春祈秋报祭祀活动的传统,阳城县下交汤帝庙内明成化十八年(1482)《重修下交神祠记》中载:

> 大阜之上,中创神祠,为一乡祈报之所。春祈百谷之生,秋报百谷之成。

---

[1]〔清〕傅德宜修,戴纯纂(乾隆)《高平县志》卷六,页3。
[2]〔清〕傅德宜修,戴纯纂(乾隆)《高平县志》卷十七,页17—18。
[3]〔清〕朱樟修,田嘉穀纂(雍正)《泽州府志》卷四十六,页119。

人民富庶,享祀丰洁。[1]

泽州县大东沟镇河底成汤庙内明弘治十五年(1502)《重修成汤庙记》载:

况成汤之神,生为圣君,没为明神。春焉而祈雨旸之时若,秋焉而报五谷之丰登,以至疾病也诚心恳祷以视之,随应之而得安得宁矣。[2]

阳城县润城王村明正德九年(1514)《重修成汤庙记》载:

春于斯而乞,秋于斯而报。御一邑之灾,捍一邑之患,福一邑之善,祸一邑之淫。[3]

清代也不乏类似的记载,高平市冯庄村成汤庙内康熙十八年(1679)《重修成汤庙记》称庙内"古今祈报,岁以告虔",此次重修庙宇是为了延续祀典,同时记载了定期前往析城山取神池水的传统,取水后要举办三日赛社活动:

里人越岁一斋沐,走析城,拜取神池水,用鼓□旗舆导归行宫报赛,凡三日。越□复然,循为故式。[4]

康熙二十八年(1689)的《成汤庙化源里增修什物碑记》也记载了取水迎神的

---

[1] 明成化十八年(1482)《重修下交神祠记》,现存晋城市阳城县下交汤帝庙,载刘泽民、李玉明《三晋石刻大全 晋城市阳城县卷》,三晋出版社,2012年,页33。
[2] 明弘治十五年(1502)《重修成汤庙记》,现存晋城市泽州县大东沟镇河底汤帝庙,载刘泽民、李玉明《三晋石刻大全 晋城市泽州县卷》,页134。
[3] 明正德九年(1514)《重修成汤庙记》,现存晋城市阳城县润城王村,载刘泽民、李玉明《三晋石刻大全 晋城市阳城县卷》,页34。
[4] 清康熙十八年(1679)《重修成汤庙记》,现存晋城市高平市北城街道办事处冯庄村成汤庙,载刘泽民、李玉明《三晋石刻大全 晋城市高平市卷》,页264。

传统,认为"取水之举事关祈报,应在雨泽",不可"废而不举"。[1] 一直到晚清,仍然保持着这样的传统,泽州县川底乡下麓村咸丰九年(1859)《补修汤帝庙序》中称该庙为"春秋祈报之所,长幼萃集之区"。[2]

下交汤帝庙康熙五十二年(1713)《重修拜殿碑记》中记载,在举行祈报活动时,村中老少相聚于拜殿会饮交谈,可以在此处"敬高年而训卑幼",[3] 有助于改善风俗。这些碑记中虽然没有详细描述祈报活动的场景,但是从中可以看出百姓对于祭祀成汤的重视,侧面反映出这些成汤庙在乡村社会生活中的重要作用。

花石柱庙和以上这些庙宇处于同一地区。其村民有着同样的习俗。花石柱庙有"神水"传说,应留存着取水迎神的传统,并举办如前文所述的盛大的庙赛活动。庙赛活动既为举办祭祀仪式,同时也是村民聚集、娱乐、交流的重要场所。在古寨村访谈中,村民告诉我们,20世纪七八十年代,花石柱庙内仍会举办祭祀活动,时间一般在二月二、三月三、六月初一,除了日常的重要节日香客上香祭拜之外,神南阁外也曾搭建临时戏台,用于赛社演剧活动。现在每年大年初一、十五,村民仍然要上花石柱庙进香,庙南面的跑马岗也会举办庙会活动。

(三) 乡村庙宇修建与发展的民间力量

在晋东南地区的村落中,村民普遍认为,庙宇是神灵与世俗交汇的地方,也是人和神的连接处。人们在庙宇中敬奉神灵。而庙宇的规模和状态决定着神灵能否安居于此,若是庙宇倾颓破败、狭小局促,就会导致"神罔攸宁""神仪无依",[4]

---

[1] 清康熙二十八年(1689)《成汤庙化源里增修什物碑记》,现存晋城市阳城县博物馆,载刘泽民、李玉明《三晋石刻大全 晋城市阳城县卷》,页172。
[2] 清咸丰九年(1859)《补修汤帝庙序》,现存高平市泽州县川底乡下麓村庙内,载刘泽民、李玉明《三晋石刻大全 晋城市泽州县卷》,页676。
[3] 清康熙五十二年(1713)《重修拜殿碑记》,现存晋城市阳城县河北镇下交村汤帝庙,载刘泽民、李玉明《三晋石刻大全 晋城市阳城县卷》,页210。
[4] 北宋宣和元年(1119)《重修汤王殿宇记》,现存晋城市泽州县大阳镇三分街村,载刘泽民、李玉明《三晋石刻大全 晋城市泽州县卷》,页48。

"非所以事神之道也",[1]自然也就得不到神灵的庇佑。从古至今,各个村的村民们都积极参与庙宇的兴建与修缮,祈求展现自己的功德,获得神灵更多的保佑。因此,在庙宇的创建与修缮过程中,民间力量具有不容忽视的重要地位。花石柱庙现存与创修相关的全部记录分别为金代创修题记、清代重修碑记、现代两次重修碑记。这些记录反映了历代对花石柱庙作出了贡献的主要群体,同时也在一定程度上反映了当时乡村社会的形态。在本节中,笔者主要根据碑刻记载信息及访谈内容,分析乡村自治组织、士绅、商号、家族以及"庙主"在花石柱庙建立、修缮、保护、利用等方面所起的作用。

1. 碑刻所见各朝代修建信息

(1) 正殿前檐石柱题记

花石柱庙内现存最早的金石资料是金代泰和七年的石柱题记,除西角柱外,另外三根石柱上均有题记,其中两处明确记载有"泰和七年"的纪年字样。具体题记内容见表4-1。

表4-1 花石柱庙前檐石柱题记统计表

位置	题记内容	纪年	施柱人	做柱人
明间东柱【南面】	李桂施 晋城县做柱人李皋 阳城县做柱人潘济明	泰和七年(1207)	李桂	李皋(晋城县) 潘济明(阳城县)
明间东柱【北面】	泰和七年九月二十日四日立柱			
明间西柱【南面】	施主本村牛彦同男牛铎 匠人丹源赵瓊同弟赵珺	/	牛彦、牛铎(本村)	赵瓊、赵珺(丹源)
东角柱【南面】	古寨西社冯聚愿心施石柱一条 泰和七年五月十日功毕	泰和七年(1207)	冯聚(古寨西社)	/

---

[1]〔清〕胡聘之《山右石刻丛编》卷二十七《重修汤王庙记》,页1。

金代创庙时,石柱是由本村村民出资捐赠的,石匠均来自他县。宋金时期,晋东南地区庙宇的主体建筑多用石柱,[1]石柱、柱础等构件由信众出资供奉,并题铭以记功德,这些施主或为本村村民,或来自其他村社。这样的做法应源于佛教寺院刻石造像用以家庭供养的传统。泽州县高都镇现存多处宋金时期石柱题记,内容大抵相似,为施柱人姓名、身份、共同供养的家族人员。如东岳庙正殿金大定十八年(1178)石柱题记载:

> 高都北上社维那赵铎自办家财,谨施岳庙正殿石柱一条。
> 妻司氏,弟赵钧、赵镐、赵锐,弟新妇焦氏、王氏、乔氏,男成住、宜奇,侄男吴住、王住、念五、念六,侄女简奴。[2]

除记录施主信息外,石柱题记有时也会记录匠人姓名和出处,泽州、阳城现存宋金时期石柱表明,匠人技术多为家族传承。泽州县南村镇冶底岱庙金大定二十七年(1187)石柱载"本州石匠司贵同弟宝小二",[3]高都镇景德寺后殿檐柱金泰和五年(1205)石柱载"石匠司理男司琪刊",[4]下交汤帝庙拜殿金大安二年(1210)石柱载"石匠请到本县杨琛同男杨渊杨海"。[5] 由匠人信息可知,刻柱匠人不局限于本县,如泽州县尹西玉皇庙金明昌五年(1194)石柱中有两条分别由"陵川县杨家庄赵下"及"高平县双井村韩政"雕刻。[6] 这和花石柱庙内题记体现的信息是一致的。

---

[1] 彭明浩《何谓良材:山西南部早期建筑大木作选材与加工》,上海古籍出版社,2023年。
[2] 金大定十八年(1178)《高都东岳庙石柱题记》,现存晋城市泽州县高都镇东岳庙,载刘泽民、李玉明《三晋石刻大全 晋城市泽州县卷》,页61。
[3] 金大定二十七年(1187)《冶底岱庙石柱题记》,现存晋城市泽州县高都镇东岳庙,载刘泽民、李玉明《三晋石刻大全 晋城市泽州县卷》,页64。
[4] 金泰和五年(1205)《景德寺石柱题记》,现存晋城市泽州县高都镇景德寺后殿,载刘泽民、李玉明《三晋石刻大全 晋城市泽州县卷》,页72。
[5] 金大安二年(1210)《下交汤帝庙拜殿石柱题刻》,现存晋城市阳城县下交汤帝庙,载刘泽民、李玉明《三晋石刻大全 晋城市阳城县卷》,页10。
[6] 金明昌五年(1194)《尹西玉皇庙石柱题记》,现存晋城市泽州县北义城镇尹西村玉皇庙,载刘泽民、李玉明《三晋石刻大全 晋城市泽州县卷》,页66。

（2）清代重修碑记

据碑记,清代嘉庆六至八年的重修,"社中公议捐资修理成汤殿",本村府君庙三社共捐三十两银,又将卖华严寺松树所得二十两银用于修缮。其余钱款主要来源有二:一是本村及周边村落村民、社、商号主动捐赠,占总捐款的四分之三。二是由庙宇相关的负责人与管理人员前往其他村社募化所得。经对碑记中布施姓名及金额的抄录与统计:周围村社共捐钱八千(约合银七两五钱)、银六十八两二钱,约占碑刻所记载总布施额[1]的四分之一。苏中正前往天津、河南募化十三家,共计银约十一两;杨大松于大阳商行募化银十两;苏大经于济宁商号募化银十二两;苏中发于亳州募化七十三家共银六十九两壹钱肆分。除此之外,约一半的布施额来源于本村及周边村落自愿捐赠。

修庙的人工、牛工、驴工等工役,基本来源于本村。碑记由邑庠生苏湛、苏中正分别撰文、书丹,苏中和篆额,石工为牛广聚。

（3）现代碑刻

花石柱庙现在的格局主要是20世纪80年代以来由庙主苏九水主持,部分古寨村村民合力出资修建而成的,具体的修缮时间、内容及相关负责人见附录一:"山西省高平市马村镇古寨村 关于村南庙山花石柱庙的情况说明。"

2."社""村":乡村自治组织

花石柱庙成汤殿东角柱题记中记载该柱为"古寨西社"冯聚施,清代碑记中也有本村"府君庙三社"及周围村落的"社"捐赠金额。在中国古代,"社"的起源很早,陈宝良在《中国的社与会》中总结了"社"的五种含义,和花石柱庙内记载的"社"相关的概念是古代乡村基层行政地理单位。[2] 顾炎武在《日知录》卷二二中说:"社之名,起于古之国社、里社,故古人以乡为社。"[3]这里的社指的就是古代乡村的基层组织。北宋华北乡村主要由"社"来组织祭祀,金代的晋东南地区的祭

---

[1] 总布施额约合三百一十五两,不包括本村府君庙三社捐资及华严寺松树卖价,下"总布施额"同。
[2] 陈宝良《中国的社与会》,中国人民大学出版社,2011年,页1—5。
[3]〔清〕顾炎武著,陈垣校注《日知录校注》,安徽大学出版社,2007年,页1228。

祀祈报活动一般以"村"或"社"或"村社联合"的方式进行。[1] 明代开始实行里甲制,清代高平县志中可见都与里的具体划分,但是此时社仍然存在,润城镇下庄村汤庙内康熙五十年(1711)《五帝庙增建廊庑记》记载"里各有社,社各有神"。[2]

花石柱庙金代题记中亦有社的反映,清代碑记中展现的村社信息则更为详具。从碑文可知,村社既是出资的主体,也参与庙宇神务的管理。村社首领一般是修建、祭祀主要责任人,监督管理庙宇修建活动,还会有副首领负责具体的建造与募化事项。方圆二十里之内村落之间的"社"会保持一定的联系,以社为单位互相捐资修建庙宇和举办村社活动。

尽管金代到明清,晋东南地方基层组织的形式有所变化,但是村社的内核一直存在并延续,一直在花石柱庙的创修、管理、使用、保护等方面发挥着重要作用。

3. 明清时期的商号与苏氏家族

在庙内清代碑刻记载的捐施名单中,出现了如"恒泰号""凤邑当行""方兴典""都顺楼""万全堂""复盛店"这样的商号,共约一百一十家,分别来自大阳、马村、沟头、唐安、贾庄、山里等村以及其他城市如山东济宁、河南光山、安徽亳州等地。乾隆朝以前,商人捐资庙宇,一般以姓名列示,不出现商号名字。据统计,泽潞地区庙宇碑刻中,从乾嘉时期开始,才普遍性出现商号的捐资情况。[3] 古寨村扼守太岳山东西向孔道口,向西可穿山到达沁水县,其地即秦赵长平之战中赵军守山口之地,附近康营村村口,有由往来商人兴建的"大王庙";古寨村内也有大王阁。由于古寨村靠近高平到晋南的商路,与该商路相关的商号为祈平安生财,商人们在花石柱庙的修缮历程中也作出了一定的贡献。

除了商号,捐施名单中另一个较为突出的特点是"苏"姓众多,本村七十二名

---

[1] 宋燕鹏《"社"抑或"村"——碑刻所见宋金晋东南地区民间祭祀组织形式初探》,载《河北学刊》2019年第1期。
[2] 清康熙五十年(1711)《五帝庙增建廊庑记》,现存晋城市阳城县润城镇下庄村汤庙,载刘泽民、李玉明《三晋石刻大全 晋城市阳城县卷》,页207。
[3] 孟伟、廖声丰《明清以来的高平商人研究——针对高平市康营村庙宇碑刻的考察》,载《盐城工学院学报(社会科学版)》2016年第1期。

捐赠人中有三十二位苏姓，总捐赠额近七十九两银（约占总布施额的四分之一）；由本村苏中正、苏大经、苏中发募化的布施额近百两银。同时碑记落款处还记载了碑文作者信息："邑庠生/镜堂苏湛/撰文""邑庠生/莊如苏中正/书丹""致堂苏中和/篆额"。"庠生"本是学生的别称，明清时期称州县学为"邑庠"，所以这里的"邑庠生"指的就是秀才，也就是说碑文是由苏家的两位秀才撰写雕刻的，匾额也是苏氏家族成员所篆。由此看来，本次修缮的募化、建造等事务大部分是由苏氏家族主导的。明清时期晋东南地区很多庙宇的碑刻中都有这样的特点，即某一家族对于其村内的庙宇有重要且持久的影响。在本书《古寨村历史沿革及现状》中已经叙述，明清地方志中记载的古寨士绅有两位，分别是明崇祯十四年贡士苏光岳和清嘉庆戊午年间举人苏民牧。结合花石柱庙的碑刻来看，明清时期，苏氏家族在古寨村势力强大且族人众多，在村社等基层组织中占有重要地位，能够主导村中各项重要事务，因此，在花石柱庙的修缮与保存上，苏姓族人作出了重要贡献，同时通过募化传播了花石柱庙的声望，扩大了其影响范围，有利于花石柱庙的利用与传承。

古寨村内原有苏家祠堂，现已拆除。直至今日，花石柱庙的庙主仍为本村苏氏后代。

4."庙主"

在花石柱庙西侧门上，写着"庙主 苏九水"字样。在周边村落庙宇走访踏查时，我们发现，被重点保护的庙宇由村委指派专门人员负责管理，但是大部分无文保级别或低文保级别的庙宇则由庙主管理。晋东南地区由于历代遗存下来的庙宇众多，20世纪至21世纪初，很多庙宇未被纳入地方政府管理，而是由某些村民自行组织修缮，谁待得久、出钱出力多，谁就成为该庙的庙主，负责庙宇的日常管理运作、修缮维护，这些"庙主"是现代晋东南地区乡村庙宇修缮、保护与管理的民间重要力量。

一般来说，庙主的主要职责包括修庙，组织管理初一、十五的进香，每年的庙会举办等。在花石柱庙的修庙过程中，庙主主要负责整体寺庙修缮的各项具体事务，向本村和周边村落筹资，也会下请帖请其他庙宇的庙主捐款，但是相当一部分资金都是庙主自己出的,待庙宇建成后再从香火钱中贴补。同时,东西厢房各有村民负责出资修缮,相当于多个"副庙主"的存在,此后这些殿内收到的香火钱都归于各自的负责人。香火钱用于日常事务及庙会开销,但是通常情况下庙主还需要自己贴补部分经费。东宅村海神庙的庙主冯光中说,庙宇的维护都是自己筹钱进行的,进香很少,每年庙会会期三天,会请戏班子,剧种主要是上党梆子、河南豫剧等。唐东村金龙宫的庙主杨巧花称,该庙修建时主要是本村人出资出力,原来每年庙会都会请戏班子,三天七场戏,戏价已经从原来的三四千涨到了一万五,而每年的香火钱只有近一万,剩下的都是庙主自己补贴。

通过访谈得知,庙主有两个特点,一是在附近地区的村民中有一定名望,二是自称受到神灵的启示而具有某些"神通"。如花石柱庙庙主苏九水称,自己天生会治病,八九岁时见过神仙显灵,二十几岁遇到圣公寺的师傅,学习护身法。曾经有一次农药中毒,躺了一个月,梦到了东社庙,没有去治病就自愈了。还有一次,沁水贾寨村庙会因为风大开不了戏,他上了炷香,风立马停了。唐西村关帝庙的庙主张晚女也有类似的经历,她说:

> 我45岁的时候,在石场上班,生了一场病,都说得去北京的医院,要十万块钱。然后我晚上做了一个梦,梦见一个人说不要去北京,没有病,拿那十万块钱来修这个庙,病就能好。这个人大高个,红脸,拿刀。这是关老爷显灵了。这个庙我来之前没人管,也没人来上香,我看了这个庙28年。大殿屋脊是我买的,投资了一万块钱修了屋坡,东边的厢房修了屋顶,舞台塌了我重修的。一共花了四五十万,这些都有记录。后来我就一直管这个庙了。修好庙后,我住在东南角,看到门口那两个石狮子嘴里吐光,然后身体自然就好了。[1]

大周宣圣庙的庙主也提到了自己的经历:

---

[1] 2019年6月16日于高平市唐西村关帝庙对庙主张晚女的访谈,详见附录。

老爷托梦,避免不了的,我们老爷非常灵。当初我塑像的时候,孙子16、17岁的时候,梦到被两个蒙面人绑架到森林里了,老爷蒙着面去救回家了。那个时候我的塑像还没脚,老爷的脸也是蒙着的,跟去救我孙子的人一样。村里很多人都知道。咱们这里的老爷显灵,也就是2014年的时候我们塑像的时候。我们这里有两个人,一个是高平市的山西大学毕业的刘志刚,一个叫韩俊城。他们两个在这里塑像。一天这没电了,我们在这里点了火,一回头我就看见在西南那边有堆煤,上面有个铜钱。只有我看得见,他们都没看到。上面都是煤,用嘴一吹,上面写的元丰通宝,宋朝的。我没跟别人说过这个事,但村里另一个老太婆做梦梦到了这件事。[1]

附近每个村内都有很多类似的"有神通的人",大周村内就有三四十个。而庙主一般就是由这样的人来担任的,不同的庙主各有自己领域的"神通",并且有过一些"传奇"的经历,比如能治些小伤小病,这样才能让人相信他的"神通",进而去庙内进香,再经过村民的口口相传,逐渐建立起名声。庙主之间也彼此有往来联系,修庙、庙会等活动时都会互相往来,或是捐款,或是带着本村村民前来进香,平时每月的初一十五,也会相互拜访进香。唐东金龙宫的庙主称,她每个月十五都会拜访周围的庙宇,主要是唐东关帝庙、古寨花石柱庙还有东宅的海神庙,一是因为供奉神灵类似,二是和庙主较为熟悉。每个庙主都有各自的交往圈子,古寨村的花石柱庙在附近地区较为出名,因此多个庙主都与花石柱庙的庙主有往来。"庙主"对花石柱庙的影响重大,除了本庙庙主在修缮、保护、宣传工作的贡献,其他庙宇的庙主们在修建时也都进行了捐款,在举办祭祀活动时给予了帮助,并在庙宇修成后组织各自村落的村民前往进香。

庙主们的"神通"经历在大多数人看来有编造之嫌,他们在庙宇修缮中的某些作法也可能与文物建筑修缮理念相悖,但是如果没有他们,晋东南地区大部分乡村庙宇在无人看护的情况下将面临更大损失,就不可能有现在这么多宝贵的文物建

---

[1] 2019年6月15日于高平市大周村宣圣庙对程裕生的访谈,详见附录。

筑遗存至今,因此,"庙主"们所作的贡献是重要且不可忽视的。

随着文物保护工作日益深化,很多乡村庙宇已被列为各级文物保护单位,有专人负责管理,但是"庙主"的旧俗依然没有消失,他们和文物保护负责人之间的关系都较为和谐,唐东金龙宫的牛秀英说:"他们是文物保护者,我们在这地方守着,也属于保护者。两种保护不一样。我们是用敬香保护传承,他们是进行科学保护。我们互不干扰,配合得很好。现在都固定地方烧香,帮助他们。"

2 花石柱庙在村落中的社会功能

（一）信仰与供奉：村民的精神寄托地

花石柱庙首先是一座用于供奉和祭祀神灵的庙宇，它供奉着晋东南地区最重要的"雨神"之一——成汤，是本村也是附近村落重要的信仰空间。"寺庙之所祀是当时人之崇拜和祈求的对象，可虚幻满足人们精神的、物质的要求。这是它的基本功能。"[1]在这个地区，成汤传说广为流传，百姓们将成汤供奉为圣王，并且一直以来都保持了只要"至诚"，就可以感动神灵的朴素观点。而花石柱庙自其创建，就寄托着乡村百姓对于生产与生活的美好希望，春祈秋报、祈雨叩拜，都是向汤王表示自己的"诚"，以期汤王能保佑这一年风调雨顺、粮食丰收。

同时，由于这一地区"泛神化"的信仰特点，花石柱庙内曾先后供奉文昌帝君、太上老君、刘关张、高禖神、药王、泰山奶奶等，除了农业生产，涉及学业、事业、健康、婚姻、生育等，从基本生活到个人成长发展再到子孙后代，人们来此祈求学业有成、事业亨通、子孙满堂、无病无灾，从这个角度看，花石柱庙和周边村民们的整个人生都是紧密相连的，是乡村内的精神凝聚地，寄托着村民们对于美好生活的希望。它的存在让村民们觉得有所依靠，有神灵庇佑，对于生产生活和个人的学业事业也都会有更高的积极性。花石柱庙为村民提供的精神慰藉，也促进了当地社会的和谐稳定。

（二）交流与联系：乡村的公共活动空间

乡村庙宇的主要作用是供奉、祭祀，但同时也是重要的公共场所。在信仰空间

---

[1] 王庆成《晚清北方寺庙和社会文化》，载《近代史研究》2009年第2期。

的基础上，花石柱庙内必然要进行各种各样的祭祀活动，具体的活动内容已经在《花石柱庙与乡村社会的互动研究》一节进行了论述。自金代以来，花石柱庙内除了一般的香客进香，应该也是古寨及附近村落每年举行春祈秋报以及干旱时举行祈雨仪式的主要场所，这些活动既带有祭祀的精神属性，也具有公共属性。无论是祈雨仪式，还是赛社、庙会活动，村民的参与度都极高，规模都浩大。同时由于花石柱庙不在村内，而是处于数个村落之间的山头上，自创修以来就是不同村落之间交流的连接点，起着促进村落之间交往互动的作用。在花石柱庙现存的清代碑刻中，布施的外村村民主要来自马村、大阳、唐安、陈村、大周、西周、东周、原村等村落；现代建成后，来此进香参拜的外村村民的分布和清代整体类似，主要来自大周、西周、东周、陈村、阁老、大阳等附近村落，在访谈中我们得知，这些村落现在也是古寨村村民主要交往的村落。因此，花石柱庙是一个交流与联系的纽带，本村村民们因为庙宇聚集在一起，增进感情，有利于村内的团结和稳定；同时，不同村落的村民们也聚集在一处，相互交流、联系，有助于改善村际关系。

一般情况下，在各种祭祀活动中都会举办丰富的唱戏、演剧等活动，名义上是酬神，但实际上也是乡村村民重要的娱乐活动，因此，花石柱庙是乡村文化与娱乐生活的重要场所，极大地丰富了村民们的日常生活。到了明清时期，原来的赛社逐渐演化成了庙会。与此同时，不仅仅是村民们前往庙宇内参与祭祀与观看酬神演艺活动，商人也逐渐进入庙会活动中。村民们平时交通不便，极少出远门，在庙会中可以购买到来自各地的种类丰富的生活用品、食品等等，同时，不同村民之间也可以进行商品交换。这在很大程度上促进了商品贸易的发展，也促进了乡村经济的发展与繁荣。

此外，日常生活中，花石柱庙也是村民的休闲空间，曾经居住在常家窑村的村民常发肉回忆，当时常家窑村离花石柱庙很近，小时候经常会到庙里玩耍；村民们上山干活，遇到下雨就会前往庙里避雨。

（三）管理与教化：乡村秩序的维护者

晋东南地区乡村中，很多祭祀活动都是由村社和庙宇共同组织举办的，村社为庙宇的修建与管理提供帮助，相应的，很多乡村治理的公共事务也以庙宇为中心开展。在崇神信仰的驱使下，许多乡民将土地、粮食捐给寺庙，有很多乡村的社义仓就建在庙宇中。庙宇对于乡村基层自治起着重要的辅助作用。泽州地区的社庙一般倾向于"成汤""二仙"这样的大庙，但是花石柱庙内没有明确的相关记载。在实地考察时，我们在古寨村小学门前发现一块康熙五十四年（1715）的《翻修社庙碑记》，其中记载"汤帝庙者，本村之社庙也，其古迹居村之北，但规模简陋，栋宇圮毁，殊不足以隆崇奉马"，故于"邑之东"建造了新的社庙。这次新址重建比花石柱庙重修要早近90年，对比嘉庆八年碑记记载的花石柱庙破败情况来看比较一致，但是其记载的汤帝庙位置位于村北，而花石柱庙位于村南，说明在东社庙建立之前，古寨村的社庙是位于村北的汤帝庙，不以花石柱庙为社庙，可能是花石柱庙的地理位置距离村落较远，不便进行公共事务所致。但从中亦可看出汤帝庙的重要性，虽然不是社庙，但从花石柱庙金代石柱上刊刻的古代教化故事可知，花石柱庙依然具有对村民进行道德与行为上的教化作用，以协助乡村秩序的建构。又如康营村岱宗庙现存的嘉庆五年（1800）碑刻中，列出六条"好百姓"的标准，即"孝顺父母、尊敬长上、和睦乡里、教训子孙、各安生理、无作非为"，[1] 其主题与花石柱庙金代石柱题刻主题多有呼应，可见这种教化功能长期存在。

在《花石柱庙与乡村社会的互动关系》一节中提到，有碑记记载在举行祈报活动时，村内老少会聚集在庙宇内饮酒交谈，长辈会在此时"训卑幼"，以助改善乡村民风。在这个层面上，花石柱庙对于乡村秩序与风俗都能够起到一定的维护作用。

（四）文化与历史：乡村社会变迁的见证者

从本质上看，花石柱庙首先是一座重要的文物建筑遗存，建筑以及建筑内进行的相关活动本身就是村落重要的文化景观。其次，村落是社会发展的最初形式，人类社会的发展与传统村落发展、变迁具有相对一致性。[2] 古寨村规模不大，但是

---

[1] 清嘉庆五年（1800）《上谕解碑》，现存晋城市高平市马村镇康营村成汤庙，载刘泽民、李玉明《三晋石刻大全 晋城市高平市卷》，页441。
[2] 董竹馨《清代高平县关帝庙与乡村社会》，山西大学硕士学位论文，2019年。

有着较多的文化遗存,而花石柱庙自金代泰和七年建立至今,已有 800 余年的历史,经历了多个朝代的更迭,它和晋东南地区众多早期建筑一样,承载着深厚的文化与历史,揭示了周边村落的发展历程、民间信仰的诞生与演变以及村民们的各种生活图景,是晋东南乡村社会变迁的重要见证者。

同时,它对于现在的古寨村来说也具有重要价值,一方面,可以通过研究花石柱庙的遗存与变迁历程来建构古寨村的村落发展历史;另一方面,作为一处重要的文化遗产,它大大增加了古寨村的文化底蕴,丰富了周边村民的精神世界,在一定程度上维系了乡村社会的稳定、和谐。通过公众考古宣介,村民们因为这座庙宇的重要文化价值而产生了极大的文化认同与自信。我们相信,具有文化、历史和社会等多重价值的乡村信仰建筑遗产,在经过全面研究、科学保护和合理活化利用后,对传统村落未来的发展将起到重要的作用。

3
高平地区宗教建筑社会史研究

本节以山西省晋城市高平市古寨村及周边村落的民间祠庙为研究对象,以田野实习所获得的第一手材料和已有学术研究成果为基础,尝试研究宋代以来高平地区宗教祠庙与民间信仰的历史变迁。本节从民间祠庙的祭祀神主、建筑格局和社会职能三个维度,纵向、横向进行对比,探索祠庙建筑演变的因素以及这些因素之间的相互作用与影响关系。

(一)祀神类型与特点

高平市隶属于山西省晋城市,位于山西省东南部,与长治市在古代合称上党,此地区地处太行山区,深受儒家传统礼教的影响,因此祠庙遍及城邑乡里,而且受山区相对闭塞的地理位置影响,在改革开放以后仍保存下来大量的寺庙、古迹,是现今研究古代宗教祠庙分布、人文社会环境极佳的天然样本。

1. 高平地区宗教祠庙神主类型

自然崇拜

是最为原始的宗教形态,是一种对人格化或神圣化的自然力、自然物的崇拜(如天地山川湖海风雨雷电动植物等)。东宅村的海神庙、康营村的岱宗庙(又名天齐庙,祀东岳大帝)、唐东村的金龙宫、古寨村的山神庙和龙王庙等都属于此类,亦有些祀神是国家祀典明文记载的,比如各地城镇中均设立有山川风云雷雨坛。在自然崇拜这一大类中,高平地区以山神、龙王崇拜为主。

祖先崇拜

包括民族的祖先崇拜和宗族的祖先崇拜。民族的祖先崇拜比如轩辕庙、神农庙这一类祀神为中华民族上古神话传说的民族始祖的寺庙,其中神农庙在高平、长治、长子地区分布较为广泛。而宗祖的祖先崇拜则是指各地大家族的宗祠,比如古寨村的社首家族——苏家的苏家祠堂等等,这类宗祠的分布范围一般与家族分布地区相挂钩。

帝王崇拜

即祀神为历史上曾在高平地区活动过的帝王。比如成汤庙(即汤王庙、汤帝庙)、昭烈帝庙等。其中成汤庙在高平地区的分布最为广泛。高平地区关于成汤庙的碑文记载始见于唐末;宋代官方确认了其祈雨性质,并升入了国家祀典,之后在高平县乃至整个泽潞地区成汤庙地位大大提高,元明清时期逐渐成为每个村社组织里的村社大庙。

历史名人崇拜

祀神为历史名人的庙宇,比如唐西村、康营村的关帝庙、蔺相如庙、程子祠、七贤堂等等,以及祀神各地不尽相同的名宦祠、乡贤祠。

仙佛崇拜

即祀神为儒释道三教的神灵的寺庙,比如古寨村的玉皇庙、观音堂,大洲村的观音殿,以及二郎庙、观音阁、仙翁庙、仙师庙、二仙庙、高禖祠、药王庙等等。值得注意的是,其中的二仙庙是本地特有的民间信仰祠祀,高平地区分布甚为广泛,祀神是传说中本地民女得道升仙的乐氏姐妹二人。

2. 晋东南地区代表性民间信仰

成汤信仰

据《泽州府志》,"府属四封,东北至壶关,古黎侯国,又至河南林县,当为殷之畿内",[1]泽州府地区是殷商的京畿重地,成汤信仰也就自然而然地成为当地帝王崇拜的一大重要内容。而段友文先生在《晋东南成汤崇拜的巫觋文化意蕴考论》一文中指出:"成汤崇拜分雅、俗两个层次,前者以官方为主导,属历代贤王之列。

---

[1]〔清〕朱樟修,田嘉榖纂(雍正)《泽州府志》卷三,页9。

后者则传承于民间,目的是为了祈雨。"[1]

这是因为自古便有成汤祷雨的传说,可考的文献记载最早可以追溯到春秋战国时期的《吕氏春秋·顺民》:"昔者汤克夏而正天下,天大旱,五年不收,汤乃以身祷于桑林……以身为牺牲,用祈福于上帝,民乃甚说,雨乃大至。则汤达乎鬼神之化,人事之传也。"[2]从中可以看出在春秋战国时代,便已有成汤桑林祷雨祈福于民的传说了。而关于桑林祷雨这一传说中"桑林"的具体位置,有两种说法,一说在今山西省阳城县(古称濩泽县)桑林村,一说在今河南省商丘市夏邑县桑堌乡。晋东南地区的村民大多认为成汤祷雨的起源地便是如今的晋城市阳城析城山,古籍中也确有成汤在析城山祷雨的记载,《太平寰宇记》一书中关于"阳城县"的条目记载:"应劭注《汉书》云:'析山在阳城西南'。即此也。山顶有汤王池,俗传汤旱祈雨于此。今池四岸生龙须绿草,无林木。"[3]成汤祷雨究竟起源何处本文暂不做探讨,显而易见的是,春秋战国时便有成汤祷雨的传说,而对于其起源地之一的阳城及周边的老百姓来说,成汤信仰开始由对圣贤君主的崇拜向司雨神灵的崇拜转变。

至于成汤庙何时成为专门祷雨的场所,又是何时列入国家祀典的,已不可考,但根据碑文记载,可以追溯至唐末。据《全宋文》记载,太平兴国四年(979)的《大宋国解州闻喜县姜阳乡南五保重建汤王庙碑铭》中写道,"当州顷因岁旱,是建行宫逾八十年",[4]可以推测,最迟至公元899年,即唐昭宗光化二年,为祈雨所建的汤王行宫便已建成。北宋年间析城山成汤祷雨得到了官方的认可,据政和六年(1116)所立《宋代敕封碑》记载:"政和六年四月一日,敕中书省、尚书省,三月二十九日奉圣旨析城山商汤庙可特赐广渊之庙为额,析城山山神诚应侯可特封嘉润公。"[5]宋徽宗圣谕,赐"广渊庙"敕额,并封析城山神为"嘉润公",向世人宣示析

---

[1] 段友文、刘彦《晋东南成汤崇拜的巫觋文化意蕴考论》,载《中国文化研究》2008年第3期。
[2] 〔秦〕吕不韦编,许维遹集释,梁运华整理《吕氏春秋集释》,中华书局,2016年,页171—172。
[3] 〔宋〕乐史《太平寰宇记》,页920。
[4] 曾枣庄、刘琳主编《全宋文》第二册,巴蜀书社,1988年,页271。
[5] 中国先秦史学会、《析城山文化丛书》编委会主编《阳城汤庙碑拓文选》,页1。

城山成汤祷雨的灵验与正统,由此确立了析城山成汤庙的崇高地位。

此后,此地便开始大量修建汤王庙,现存较早的汤王行宫大多始建于金代,比如金皇统九年(1149)的泽城村汤帝庙、正隆二年(1157)的西上坊村成汤王庙、大定二十年(1180)的辛壁村成汤庙、泰和七年(1207)的古寨村汤王庙等等。金元时期开始,成汤庙逐渐成为当地官员主持祭祀的重要场所和衡量政绩的重要依据。

明清以后,随着成汤庙的大量增修,以及在求雨祈福中的地位的提高,汤王庙成为各村社组织春祈秋报的村社大庙,并以此衍生出迎神赛社等等多元的文化活动,成为一社乃至一村的政治、文化活动中心。

二仙信仰

在晋东南地区,另一个较为重要的信仰就是自唐宋时期兴起的二仙信仰,其产生于潞州的壶关县(今山西长治),在五代、北宋时向邻近的陵川、高平等县传播,并在元代传播到了太行山南麓的怀州、卫州以及东麓的邢州。[1]

泽州县金村镇东南村二仙庙宋政和七年(1117)的碑文《新修二仙庙记》记载:

> 恭念我二仙之初,凤为圣女,起自任村,生隐寒门,族称乐氏,虽□得之传闻,实有传于上古。羽化于上党之东南,留迹于壶关之境内,秦城北寨,至今而存,洞府依然,手迹尚在,每遇岁之□阳,乡民之祈祷求之有验,雨不失期。[2]

可见晋东南地区二仙信仰的对象是成仙于上党壶关县的任村乐氏二姐妹,且当时的乡民就已将二仙当作祷雨的对象了。

据高平西李门村悟真观蒙古统治时期庚子年(1240)的《重修悟真观记》记载:

> 高平县南二仙庙者,在张庄李门之间。唐曰真泽。宋曰冲惠冲淑真人。

---

[1] 宋燕鹏《"社"抑或"村"——碑刻所见宋金晋东南地区民间祭祀组织形式初探》,页192—200。
[2] 北宋政和七年(1117)《新修二仙庙记》,现存晋城泽州县金村镇东南村,载刘泽民、李玉明《三晋石刻大全 晋城市泽州县卷》,页45。

为居民祈祷之所,无称不应,一方之休戚系焉。[1]

可以看出,二仙信仰自唐而兴,唐代将二仙称作真泽,因此,现存的真泽行宫、真泽庙等,实为祭祀二仙的庙宇,宋代将二仙称作冲惠冲淑真人,到了现在,普遍称其作二仙奶奶。

高平南村二仙庙元至元五年(1339)的《大元国泽州高平县举义乡话壁村翠屏山重修真泽行宫之记》碑,关于二仙的传说有更详细的记载:

> 吾乡二真人,世传相辅之子,生而神奇,自幼致孝,□然复有绝俗之志。既笄而山居,因遇异人,教以采饵灵药之法,遂隐形于石室;又云天赐红衣袭服之,而白日飞升矣。……然而余尝于乡先生状元等第中靖大夫赵安时处,得太常寺墨碑本,中录《二仙五瑞记》,考之颇有可据者。……时俭求之即丰,岁旱求之即雨。祸盈福谦,靡差毫百者,众果服信而有征尔。[2]

可以推测,至迟在唐昭宗乾宁元年(894)就已有二仙的传说,甚至已有书面记录,可见其流传之广。

3. 民间信仰的地域特性与文化特质

正如《礼记·祭法》所言:

> 夫圣王之制祭祀也,法施于民则祀之,以死勤事则祀之,以劳定国则祀之,能御大灾则祀之,能捍大患则祀之。[3]

---

[1]《高平金石志》编纂委员会《高平金石志》,中华书局,2004年,页168。
[2]《高平金石志》编纂委员会《高平金石志》,中华书局,2004年,页171。
[3]〔汉〕郑玄注,〔唐〕孔颖达正义,〔清〕阮元校刻,方向东点校《礼记注疏》(四),中华书局,2021年,页2235—2236。

民间祠祀信仰的特点就是与民间生活息息相关。

中国作为传统的农耕文明国家,与农业生产相关的自然事物现象均被赋予了人格化的神灵形象,并成为人们崇拜、祭祀的对象,比如农神、土地神、雨神、风神、牛马神等。高平地区乃至整个泽潞地区地处黄土高原,地势较高,属于温带季风气候,降水较少,古时即有"十年九旱"之说。如"昔者汤克夏而正天下,天大旱,五年不收,汤乃以身祷于桑林",[1]"桑林"一说为现高平市阳城县(古称濩泽县)桑林村,"晋幽公七年,大旱,地长生盐也",[2]"(东晋)孝武帝太元九年秋九月,泽州旱饥并洞",[3]"唐元宗开元十二年泽潞大旱,帝设坛宫中,亲祷暴立三日",[4]唐肃宗乾元二年(759)、宋太祖建隆三年(962)、蒙古中统元年(1260)、元至正二十二年(1362)、明永乐十二年(1414)、明成化九年(1473)、明嘉靖七年(1528)、明嘉靖十一年(1532)、明万历十五年(1587)等年份,均有大旱灾的发生,[5]由此可以看出,高平地区乃至整个泽潞地区,干旱气候时有出现,"十年九旱"的环境对当地的农业生产有着巨大的影响,而这也促使当地人民对于祈雨求报之事有着强烈的需求,因此该地区雨神信仰发达,几乎所有重要祀神都被赋予了司雨的功能,比如前文所讲述的成汤信仰与二仙信仰。

除了祈求农业生产的顺利,对人而言另一件重要的事就是追求身体健康长寿,以及子孙满堂圆满,因此这类祀神在此地区也十分重要,比如高禖祠(求子)的高禖奶奶,主掌婚姻和生育;比如药王庙,用于祈福健康平安或者祛病消灾。

此外,民间信仰的另一个要素就是要具有灵验性,在民间流传广泛、崇祀兴盛的都是在普罗大众看来非常灵验的神灵,如二仙信仰、白龙信仰,这些相关祠庙留存的碑刻中有相当数量的灵感碑,有些祠庙的创修亦是缘于祀神的显灵事迹,比如西溪二仙庙、崦山白龙庙、府城玉皇庙均因祈雨有应而立祀。这符合底层民众以祈

---

[1] 〔秦〕吕不韦编,许维遹撰,梁运华整理《吕氏春秋集释》,页171—172。
[2] 〔唐〕虞世南《北堂书钞》卷一百四十六载:"《纪年》云:'晋幽公七年,大旱,地长生盐也。……晋幽公七年即威烈王三年。'"清光绪十四年万卷堂刻本,页4。
[3] 〔清〕朱樟修,田嘉穀纂(雍正)《泽州府志》卷五十,页2。
[4] 〔清〕朱樟修,田嘉穀纂(雍正)《泽州府志》卷五十,页3。
[5] 〔清〕朱樟修,田嘉穀纂(雍正)《泽州府志》卷五十,页3—7。

福禳灾为目标的信仰追求。

总而言之,高平地区的民间祠庙祀神名目繁多,大致可分为自然崇拜、祖先崇拜、帝王崇拜、历史名人崇拜、仙佛崇拜五大类型,其共同特点就是要满足民生的日常生活需要(主要是祈雨求报与祈福求安),并且具有一定的现世灵验性,才能在民间长久地流传、保存,甚至广为传播。

宋代以后,由于中国古代农业社会这一性质,加以高平地区干旱少雨的特点,老百姓对于丰收、祷雨有着强烈的需求,因此部分民间信仰与祠庙祀神的功能在慢慢向司雨、祈报方向转变,以成汤信仰、二仙信仰为代表。元明清时期,随着成汤庙的大量增修,以及其求雨祈福地位的提高,汤王庙成为各村社组织春祈秋报的大庙,并以此衍生出迎神赛社等等多元的文化活动,成为一社乃至一村的政治、文化活动中心。

(二) 建筑格局的演变

民祠起初奉祀的对象比较确定和单纯,庙宇规模一般不大,一间土坯房即可立祀,祭祀仪轨及功能也比较简单,但在历史进程中受到了中华文化发展演变过程中文化融合的影响,比如三教合流等文化因素的影响,这些民间祠庙在建筑类型、建筑格局逐渐丰富、扩大的过程中,慢慢演变成了三教融合、包罗诸神的祠祀。

1. 宗教祠庙祀神从单一到多元化的转变

晋东南地区民祠在历代兴废的过程中逐渐由最初的小庙扩展成大庙,随着建筑面积的增加,殿堂屋舍、配祀神灵也愈多愈杂,后来出现了容纳三教诸神的全神庙。三教融合的观念从宋代以后已由上层渗透到民间社会。从民间祠庙的殿堂格局与祀神、祠庙驻守与管理、祠庙职能变迁等方面可见三教文化在民间的影响和深入。[1]

---

[1] 张君梅《从民间祠祀的变迁看三教融合的文化影响——以晋东南村庙为考察中心》,《文化遗产》2011年第3期。

高平地区现存大量祀神繁多的庙宇,以距离古寨村 5 公里的康营村的村社大庙成汤庙为例。此庙规模巨丽,院落整饬,古柏森森,是一处保存完整的明清建筑。成汤庙两进院落,坐北朝南,第一进院落为岱宗庙,中轴线上由南至北分别为骑门舞楼与东岳宝殿;第二进院落为成汤庙,中轴线上由南至北分别为倒座舞楼与汤王宝殿。

通过位于祠庙正南的岱宗庙入口处进入第一进院落——岱宗庙,其正殿为东岳宝殿,祀东岳大帝(即泰山神),面阔三间,进深六椽,东侧墙壁嵌明崇祯八年(1635)的《创建东岳天齐仁圣帝祠记》碑记。与东岳大殿正对的是骑门舞楼三楹,尚存有清末民初的屏风,舞楼正脊下有"大清咸丰九年岁次己未三月十八日重修舞楼上下六间东西耳楼上下八间"的题记。

东岳宝殿背后即为成汤殿的倒座舞楼,东西两侧均开有角门,门楣上书"成汤庙"三个大字。由此进入第二进院落——成汤庙,院落正殿为汤王宝殿,祀成汤帝,面阔三间,进深六椽,悬山屋顶。东西耳房分别为龙王殿、蚕姑殿,东配殿为阎君殿,西配殿为药王殿。汤王宝殿左前方有一破损的六面功德幢。石幢刻于明正德十四年(1519),是庙内现存最早的石刻文字记载。此外,正殿东山墙上还嵌有一通小碑,记述了康熙初年村民施舍坟地给成汤庙住持尼僧一事,刻于康熙九年(1670),说明了清初成汤庙的住持为尼僧。

在第二进院落外东侧有一座小院落,为尼姑庵,有一小门与成汤庙院相通。

可见,康营村的成汤庙实际上是由三个庙院组成的,即岱宗庙、成汤庙与尼姑庵。据庙内明正德年间的石幢记载,在明成化年间,此格局就已形成,是一个以祭祀成汤为主兼祀三教诸神的大庙。

而东崛山成汤庙也与此类似,可以说包含了坐北朝南的成汤庙与坐南朝北的三大士庙两座庙院。两者相对而立,曾是当地村民春秋祈报之所,现已残破不堪。据庙内大清道光二十九年(1849)的《东崛山村重修汤王庙碑记》记载:

> 汤王庙一座其创修不知何说……今村中社首以公财与募化立志兴工重建,北庙汤帝庙坐北朝南,正殿三间,两配殿东三间西二间,东西廊房六间,舞

楼上下六间,东南大门并耳楼上下四间,西南耳楼上下四间,南庙三大士坐南向北,正殿三间,东配殿二间,西配殿二间,东西廊房六间。[1]

可见其原来之规模宏大、富丽堂皇。

不仅这样的村社大庙三教同祀,祀神众多,许多一进院落的小庙亦是如此,比如我们的测绘对象——古寨村花石柱庙。根据成汤殿西山墙东侧嘉庆八年(1803)的《重修成汤殿文昌殿碑记》记载:

> 于是,社中公议捐资修理成汤殿于嘉庆六年告竣,文昌殿于嘉庆八年告竣,将三义殿、药王祠、中间社房、高禖祠一概重修,工程浩大。[2]

花石柱庙只有一进院落,却祀奉着成汤、文昌、药王、高禖等诸多神灵。

这样多元祀神的建筑格局并非建立伊始便已完成,而是在后代屡经修葺、重建的过程中发展而来的,而庙宇的修葺、重建等相关的建设事宜则与庙宇的住持及实际管理者的信仰密切相关。

民间祠庙的住持有僧有道有俗有巫,其实际管理者则属于以社首为主、代表传统社区众多信众的村社组织。明清以来,僧道住持从祠村庙非常普遍。如康营成汤庙明代先后由道士和僧人住持,清初到民国时期一直为尼僧住持;谷口骷髅庙从明代万历年间至清光绪十年一直由僧人住持;紫峰山碧霞宫和三教堂清代由白马寺僧人住持;大周村七间阁为道士住持;陵川南庙宫、泽州吾神山庙等清代均为僧人住持。[3]

一般来说,村庙住持对庙宇并没有实质的控制权,村社对于庙宇的管理权力大于住持,多数情况下住持不过是村社请来看守庙宇并主持祭仪的人物,虽然可以对庙宇的增修改建提出自己的意见和建议,按照自己的想法改建增修一些殿堂,但不

---

[1] 碑现存于高平马村镇东崛山成汤庙成汤殿前廊东侧。
[2] 碑现存于高平马村镇古寨村花石柱庙成汤殿西侧山墙。
[3] 张君梅《从民间祠祀的变迁看三教融合的文化影响——以晋东南村庙为考察中心》,页116—122。

能完全改变本庙的性质,除非有强有力的外援。比如在金元时期,全真道的势力在上党地区极盛,道士借助国家权力占据了许多村庙并将之改建为道观。

高平西李门村的悟真观即是由二仙庙改建的,据其中的《重修悟真观记》碑文记载:

> 大金贞祐甲戌(1214)岁,国家以征赋不给,道士李处静德方纳粟于官,敕赐二仙庙作悟真观,俾其徒司见真主之额。之后,有慊于心,为其名位之乖也。其意若曰:以庙为观,则是无庙矣;以观为庙,则是无观矣,不亦诬于神违于人乎!惴惴然不安,积有日矣。于是市庙东之隙地,为三清殿,为道院,蠲庖湢表坛,垺外力所施田以资工役。其修斋、行道、拜章、启玄、步虚、华夏,仪鸾而引凤者,于此焉观之。西曰庙,栋宇宏丽,像容粹穆,遂以重门,翼之两庑,旁列诸灵之位。其时和岁丰,民无疾疠,吹豳击鼓,婆娑而乐其神者于此焉。各事其事,互不相杂,名与位判然矣,识者题之。按《礼》云:"凡祭:有其废之,莫敢举也;有其举之,莫敢废也。"盖《礼》所重者祭,或举或废,不可得而私。即庙而观,既观而庙,是未尝敢举,亦未尝敢废,岂私也哉!两得而不两失,神人俱悦,无遗恨矣!此重修之意也。[1]

这种情况在今天也存有很多相似的实例,许多由另一个完全不同信仰改建而成的祠庙,虽然改变了其原有的信仰性质和殿堂格局,但大多也会为原有的祀神保留一隅之位,比如晋城城区的莲花寺(原为三教宫)、静佛寺(原为玄帝宫),泽州云峰寺(三官庙)等等。

民间祠庙的格局和祀神会受到住持者和管理者的影响而表现出一定的倾向性,比如僧人住持会力图增加庙宇中的佛教要素,道士住持会使庙宇偏向道教化等等。金元时期,由于全真道在上党地区较为强势,许多民间祠庙被道士改建为道观。而受明清以来儒释道三教合流的影响,民间祠庙变得更具有包容性,祀神也更

---

[1]《高平金石志》编纂委员会《高平金石志》,页168—169。

加多样化,民间祠庙的实际掌管者也逐渐归于村社组织,他们大多并不排斥自己主要信仰之外的其他神灵,而是基于万善同归的立场,积极接纳融合多元的文化因素。民间祠庙逐渐成了村社春秋祈报、进行公共事务活动的场所。

2. 宗教祠庙中戏台、舞楼建筑的出现

民间祠庙往往具有当地的民俗化特征。在中国古代传统社会中,基本的社群单位是一个村落或多个村落所组成的村社组织,而村社大庙即是村社组织进行公共事务、村民文化娱乐的中心,相对较小的祠庙也会举行相关的祭祀活动等等。而许多民俗就是在民间信仰及其祭仪活动影响下形成的,或者其本身就是古代祭祀活动的遗留,因此民俗活动往往依托于祠庙而展开,更确切地说,是依托于祠庙的戏台、舞楼这一类建筑的存在而展开。

祠庙中主要的民俗活动即为迎神赛社与庙会。

庙会会期短则一日,长则十几二十天。庙会期间,烧香布施求子祈福的香客络绎不绝,还有放焰火、闹花灯、唱戏等节目。

而赛社活动一般为六天,即:下请一天,迎神一天,享赛三天,送神一天。

下请:执役人员以及众乐户人员在主神庙集结,社首等主办人员向主神焚香敬酒献礼,众人四叩拜,主礼跪念"禀状"文。之后,众人同往土地庙,敬请土地去完成邀请境内诸神共来赴宴的使命。

迎神:午后,各村社神楼神椅到齐,表示各方神灵俱到。四拜三献毕,全部仪仗、銮驾、神楼、社火按排定的顺序依次而行,浩浩荡荡,游街转巷,鼓乐齐鸣,异彩纷呈。最后把众神迎至赛祭主庙。

享赛:报赛为期三天,分称头场、正场、末场,主要内容为供盏献艺。头场供七盏,正场十二盏,末场八盏,所谓"前七后八中十二",加上最后一盏"跑太阳",共二十八盏。供盏在主庙香亭内进行,主礼生诵读祭文,社首、香老焚香献爵,乐户艺人诵词、奏乐、唱曲、舞蹈、表演队戏、院本、杂剧等。供盏后,还有"请二仙""请寿""放生"等仪式。最后,还要在大戏台上演队戏、院本、杂剧各一。

送神:早三盏之后,念咒礼拜,蘸水弹洒,祈求风调雨顺,致语祝赞,众人长佛

三声,之后鞭炮齐鸣,焚化纸物,亭士将神位背转(表示送走),社众向主神叩拜。至此,赛社日程全部结束。[1]

我们可以推测,宗教祠庙建筑中戏台、舞楼这一建筑类型的出现,是伴随着迎神赛社这一民俗活动的兴起而出现的,正如东周村仙师庙康熙十四年(1675)的《创修高禖神庙前舞楼碑记》中所言:"吾乡飨祀高禖,历年献戏则架木为台,于是玉寰赵君,病其观瞻不壮丽,斜同望楼催善士募化诸君子良缘。"[2]在历史的进程中,在祠庙举行的民俗活动逐渐由简单的祭祀活动转向丰富复杂的迎神赛社、庙会等活动,对于更宽大、更稳定、更华丽的舞台的需求更加强烈,远非祭祀时临时搭建的木台所能够满足,于是戏台、舞楼这类建筑开始出现。

从礼乐宫调的角度来看,晋东南明清的祭仪音乐较严格地承袭了唐宋教坊音乐的宫调体系与奏乐机制。[3]从碑刻记载的角度来看,上党迎神赛社大致勃兴于宋代,元、明、清以后愈演愈烈……目前业已发现清代上党赛社碑刻近百通,范围几乎遍及整个上党地区,泽州五县中均发现为数众多的赛社碑刻。[4]

于是,我们可以推测,高平地区宗教祠庙中的戏台、舞楼这一类型建筑,应该是在宋代开始出现,并在元明清时期大规模地增修的。

总而言之,高平地区宋代以后宗教祠庙建筑格局的演变主要有两大特点:一是祀神从单一逐渐多元;二是戏台舞楼这一建筑类型的出现。随着三教融合的观念从宋代开始由上层渗透到民间,民间祠庙的殿堂格局与祀神、祠庙驻守与管理、祠庙职能等开始发生了变化。金元时期,由于全真道在上党地区较为强势,许多民间祠庙被改建为道观。明清以来儒释道三教合流影响更为强烈,民间祠庙变得更具有包容性,也伴有祠庙管理者的个人信仰的影响,祠庙的祀神逐渐多元化。同时,由于祈报、祭祀活动增多,对于戏台舞楼的需求也逐渐增强,这一建筑类型开始在民间祠庙中出现,并逐渐成为主流。

---

[1] 王亮《晋东南明清迎神赛社祭仪及其音乐戏剧》,《黄钟(中国·武汉音乐学院学报)》2003年第3期。
[2] 碑现存于高平马村镇东周村仙师庙。
[3] 王亮《晋东南明清迎神赛社祭仪及其音乐戏剧》,页46—49。
[4] 姚春敏《区域社会史视野下的迎神赛社——以清代上党碑刻与民间文本为中心》,《中华戏曲》2013年第1期。

（三）职能的演变

1. 早期宗教祠庙的单一功能

正如前文关于高平地区宗教祠庙祀神类型的总结，早期宗教祠庙名目繁多，功能也相对单一，比如用于祭祀神灵的轩辕庙、关帝庙等，还有专门祈雨求报的龙王庙、海神庙等，也有教化百姓之用的程子祠、乡贤祠等等。

值得注意的是第一章特别论证的成汤信仰的演变过程。成汤信仰在唐宋时期确认其祈雨地位以前，属于单纯祭祀神灵、祭拜先祖的祠庙；在官方及民间普遍接受其祈雨求报的重要地位与功能之后，成汤庙多作为具有祈雨功用的祠庙所存在或建造，其功用由原始的祭祀神灵的功用转变成了祈雨求报之功用。

此外，宗教祠庙还具有劝善惩恶等社会教化功能。神道设教是中华文化传统，历代统治者都不会忽视宗教的这一功能。据康营村成汤庙清嘉庆五年（1800）高平知县张谦所立的《上谕解碑》记载：

> 县治百里，先儒程子尝设义学七十余处，而今废坠久矣。然十室之邑必有忠信。其令各乡地保甲，公举老成端方，读书明理绅士二三人，预先择一公所地方，刻石其中，每逢岁时伏腊农隙之时，以及朔望之日，该绅士先令乡保传知里中父老子弟，聚集一堂，为之细细讲明，俾知遵守，不可视为虚文，务期熏陶渐染，家喻户晓，于以化民成俗，共臻上理，则余之厚望也夫。[1]

高平地区的程子祠（程明道祠）等都是为了纪荒警世、规劝乡人、教化百姓所设立的。

---

[1] 清嘉庆五年（1800）《上谕解碑》，现存晋城市高平市马村镇康营村成汤庙，载刘泽民、李玉明《三晋石刻大全 晋城市高平市卷》，页441。

2. 明清以后随着祀神多元化而功能多样

明清以后,随着祠庙祀神的多元化,原本分散于各个专门性的祠庙中的功能糅合在综合性祠庙中。

以康营村的成汤庙为例,它最初可能只是一个依托千年古柏而建、以祈雨为主的小庙,[1]明成化年间创建了东岳大殿作为成汤的配祀;正德十四年(1519),庙主李鹤"同劝首杨岳、张赵,住持僧人李道成纠率乡众善士人等,出钱同修后土圣母、至圣炳灵王、十帝阎君、五道将、钟楼共五座,又新造醮盆四座",[2]经过不断的增建修葺,成汤庙的祀神越来越多,祭祀、祈报活动也逐渐增多,清同治十二年(1873)左右又增修了两座骑门舞楼、左右厢房看台等,可以推测这段时间前后,庙内的赛社、庙会等活动也丰富了起来。嘉庆五年(1800)高平县知事张谡立《上谕解碑》于成汤庙内,其上刻录教化百姓之训诫。[3] 可以看到,随着成汤庙规模越来越大、建筑类型越来越丰富,成汤庙的职能也越来越全面,慢慢成了村社组织的祭祀中心、文化娱乐活动中心、公共事务场所、教育中心。

村社组织是晋东南地区以一村或几村为范围、凝聚社群的祭祀组织,是乡村社会中最有权力的力量,他们掌管乡村中几乎所有的大小公共事务,可以说是乡村中事实上的管理者。"社"其实最初用于土地崇拜,在汉代演化为"社神",于是对"社"的崇祀便融入了地方保护的基本元素,并开始崇拜一些不朽的人物,尤其是在这些神明被证明是灵验的之后。[4] 在泽州地区,符合这一特点的即是前文所论述的成汤。社祭本为祈求风调雨顺,成汤祷雨也为祈雨求报、为丰收。因此,自宋代官方确立成汤"雨神"的地位开始,泽州地区的"社"便经历了从对土地神的崇拜

---

[1] 许多民间庙宇往往依托被认为具有神性的古树而建。据康营村龙王庙清同治八年(1869)的《创修龙王庙碑序》记载,同治六年(1867)春大旱,连月不雨,村民东祈西祷,均无效验,后来在二三父老的建议下,于村东北隅之古槐前斋戒祈雨,终得甘霖,于是在古槐之左创修龙王庙一座。
[2] 现存于高平马村镇康营村成汤庙成汤宝殿前石幢。
[3] 清嘉庆五年(1800)《上谕解碑》,现存晋城市高平市马村镇康营村成汤庙,载刘泽民、李玉明《三晋石刻大全 晋城市高平市卷》,页441。
[4] 范丽珠、欧大年《中国北方农村社会的民间信仰》,上海人民出版社,2013年,页61。

到对"雨神"成汤崇拜的转变。明清时期,成汤庙作为社庙的地位更为清晰,几乎各乡里"皆有成汤庙以祈雨泽"。据阳城县固隆乡泽城村成汤庙明万历四十五年(1617)的《重修成汤圣帝神庙记》记载,"由衙道土地祠前,居民建立汤帝祀焉,盖有年矣",[1] 村民在土地祠的重要位置上建立了成汤庙,表明成汤庙已具有了"社庙"的性质。

村社组织在金元时期逐渐壮大,成了最重要的地方基层组织和乡村社群秩序的核心。春祈秋报、迎神赛社、祈雨求水等村落活动,均通过村社组织在社中大庙隆重举行,尤其是作为社庙的成汤庙。据(乾隆)《阳城县志》记载的《阳城县右厢成汤庙祷雨灵应颂》碑文,析城山成汤庙"四方请水以祷旱者,岁以万计"。[2] 作为成汤祷雨的源始庙宇,析城山成汤庙到元代已成为联合晋东南地区很多村社的大型祭祀中心。也可以看到,以村社为单位的祭祀活动变得愈加频繁、重要。在这样频繁、宏大的祭祀活动的发展进程中,村社组织的各种活动已逐渐沉淀在村民的记忆中,逐渐成了一种习惯,乃至习俗,村社组织也随之强化了自身的权威性。"社"逐渐成为村民长幼咸集、恭敬神明、劝善惩恶的公共地点和议事场所。

一个十分明显的例证就是,许多祠庙中有关于民间的一些社会公益活动、乡村重大历史事件的碑刻记载。比如《晋城金石志》中的《太和寨鸣凤班修路碑记》,[3] 记载了清嘉庆二十二年(1817),上党梆子鸣凤班为利于珏山香客朝山进香,募集资金修珏山之路的事情。我们在祠庙之中也随处可见修桥补路、凿井种树一类关于村庄历史变迁的碑刻。

因此,在这一阶段,民间祠庙的职能除了将前一阶段的祈雨求报、祭祀神灵、教化百姓等单一的功能糅合在一起之外,还增加了处理村社公共事务、进行文化娱乐活动等诸多功能,成为一个更具综合性的建筑空间。

---

[1] 碑现存于阳城县固隆乡泽城村成汤庙庙内西配殿。
[2] 〔清〕杨善庆纂(乾隆)《阳城县志》卷十二,清乾隆二十年刻本,页24。
[3] 晋城市地方志丛书编委会《晋城金石志》,海潮出版社,1995年,页796。

3. 当代民间祠庙的衰落与异化

在传统社会,民祠往往是乡村童蒙接受教育之所。北宋大儒程颢任晋城县令期间,于泽州地区始建乡校72所,社学数十处,元末毁于兵火,基址为淫祀(民祠多被儒家看作淫祀)所占。明弘治八年(1495)高平知县杨子器毁淫祠增复社学,万历三十六年(1608)知县杨应中、刘应召相继于旧址上修复社学,并建文庙,选青年书义明白者充为社师。清同治四年(1865),县令龙汝霖逐淫僧移建义学4处,同治六年(1867)又督促诸社增修义学117处。可见自宋代以来的乡校即社学、义学,多建在祠庙中。[1] 正如康营村清道光十七年(1837)的《重修关帝庙碑记》记载:

> 夫庙而为书舍何？育人才也。书舍而必于庙何？俾一乡之人皆得以受学也。书舍而必于关帝庙何？庙居村东之中,即孩提孺子亦得以就学,且不至舍业以嬉也。[2]

说明民间的祠庙是乡村教育启蒙之所。

但是清末民初的许多祠庙被改建成学校,并非出于祠庙与教育和谐共处的目的,而是迫于当时"庙产兴学"的风潮。所谓庙产兴学,即用寺庙产业来兴学,但由于部分知识分子及政府官员对佛教缺乏了解,一些土豪劣绅等野心分子觊觎庙产,乃借兴学之名,行吞并寺产之实,造成寺庙财产被损毁、被侵占。尤其是变法中鼓吹兴办教育而经费无着时,把寺庙祠堂改为学校成了一种主张。例如在变法时主张"中学为体,西学为用"的湖广总督张之洞,作《劝学篇》,上书朝廷,力主动用全国寺庙财产作为兴学经费。

在这样的风潮下,毁民祠改建学堂的行径遍及华夏大地。总体而言,"庙产兴学"运动对于民间祠祀以及佛道等宗教的生存发展环境造成了巨大的破坏,然而现

---

[1] 张君梅《从民间祠祀的变迁看三教融合的文化影响——以晋东南村庙为考察中心》,页116—122。
[2] 《高平金石志》编纂委员会《高平金石志》,页123。

实环境中，民间祠庙多与兴办学校并行不悖、相安无事。比如民国初年，高平县在康营村创办第四高小，1918 年由南蔚华担任校长。1922 年康营村补修成汤庙，将庙内两廊看台建为学校，高平第四高小迁入成汤庙。此后直到 1990 年代，此处一直是康营村学校所在地。又比如，民国十年（1921）高平响水坡村擎神社众将该社地庙及所存钱谷全数施与大社，作为兴办国民学校的基本财产；陵川的附城高小原建于凤山道院，抗日战争中道院毁于战火后，高小迁于关帝庙；据古寨村小学门口的《翻修社庙碑记》记载：

> 汤帝庙者本村之社庙也，其古迹居村之北，但规模简陋，栋宇圮毁，殊不足以隆崇奉焉。己丑岁文乡苏兄与余岁迁于邑之东谋及材□皆白可，于是买上地二亩五分，用价银十五两，创建大殿二楹耳殿六楹与楼六楹周围墙堆，门楼一坐。经始于康熙四十九年（1710），告竣于五十四年（1715）。厥工既成，是以志之。用垂悠久。[1]

现在的古寨村小学原是古寨村的社庙。民祠与学校合一，在晋东南地区非常普遍，这样的情况甚至延续到了新中国成立以后"破四旧"运动之前。甚至直到 20 世纪八九十年代，上党地区的乡村学校多在庙宇中。

这些改建为学校的祠庙或得以保存其旧制，或早已面目全非但仍在被充分地利用，但还有一些祠庙被淹没在了历史的进程中，现已遭毁弃、拆除，一些祠庙或被村民用于蓄养牲畜或作为加工工坊。比如在这次踏查之中采访得知，古寨村花石柱庙（即成汤庙）在 1976 年被第六生产小队征用，当作羊圈，并持续了两年之久；1977 年，成汤庙内建立了西耳房，用来做豆腐；1977—1978 年，古寨村南山上的玉皇庙被当作养鸡场使用，后来玉皇庙被拆除，养鸡场被转移到花石柱庙，由于管理不善只使用了一年半。

在民国之后，受到"庙产兴学""破四旧"等运动风潮的影响，民间祠庙失去了

---

[1] 碑现存于高平马村镇古寨村小学门口。

原有的地位,也由于宗教信仰在这一阶段被部分人扭曲地扣上了封建迷信的帽子,民间祠庙的生存空间被大大削减,部分民间祠庙被改建为学校、村委会等场所,有些甚至被用于蓄养牲畜,乃至被破坏、毁弃。

(四) 建筑演变史分析与总结

总结来说,高平地区宗教祠庙职能的演变如下:早期功能单一,比如祭祀神灵、祈雨求报、教化百姓等;到了明清时期随着祀神多元化的广泛传播,功能逐渐多元,原来分立的祀神的功能被糅合到了一起;民国后,受"庙产兴学""破四旧"等风潮的影响,一些祠庙改为学校,一些被当作蓄养牲畜的场所,还有一些甚至遭到了毁弃。

以上总结是将高平地区宋代以后祠庙的演变过程的每一方面分列来看,但其实横向对比,可以看到,其中变化的因素是相互影响、相互作用的。

由于中国古代农业社会十分重视农业生产,加以高平地区干旱少雨的特点,当地老百姓对于丰收、祷雨有着强烈的需求,春秋战国时期当地民间就流传着先祖、明君成汤为百姓祭祀祷雨的传说,唐代已有祭祀成汤祷雨的汤王行宫。

而宋代官方确认这一传说的权威性之后,成汤祷雨成了这一地区的广泛信仰,人们为了祷雨、祭祀,修建了大量汤王行宫,同时也就需要更多的祭祀仪式、祭祀活动来满足祷雨这一信念。于是,迎神赛社这一民间文化活动应运而生,活动的增多则促使了戏台、舞楼建筑类型的出现,而活动的开展更需要有一个庞大、权威的群体来组织,这就是村社组织权力加强的原因之一。

金元时期是成汤庙大量修建、活动逐渐增多、村社组织逐渐强权的一个时期。

到了明清时期,在乡村社会,村社组织实际掌控民间祠庙,佐以宋代以来在民间流传开来的三教合流的观念,这一地区的祠庙也就更加具有包容性,一尊尊神被请进了同一座祠庙,祠庙内的祭祀活动、村社活动也越来越丰富,进一步促使了戏台、舞楼建筑的大量增修,形成了如今高平地区大多祠庙院落前有倒座舞楼的格局。

民国时期,受"庙产兴学""破四旧"等风潮的影响,民间祠庙出现衰落与异化现象，一些祠庙改为学校，一些被当作蓄养牲畜的场所，还有一些甚至遭到了毁弃，这也是我们如今调研时看到大量被毁弃、被改为学校和羊圈的祠庙的原因。值得庆幸的是，山西大部地区地处山区，相对其他地区来说，受到的影响相对较少，保存的优秀古代建筑相对较多。

宗教祠庙蕴含了当时人们信仰崇拜、社会经济、交通往来、文化生活等诸多方面的历史信息，是一个极佳的社会学、人类学研究载体，因此我们能够以一所寺庙的视角出发，以一座村落的视角出发，宏观与微观并存、精神与物质并进地展开研究，以小见大，从点到面，还原当时的历史演变进程。

4
科技检测报告

（一）加速器质谱（AMS）碳十四测试报告

Lab编号	样品	样品原编号	出土地点	碳十四年代（BP）	树轮校正后年代	
					1σ(68.3%)	2σ(95.4%)
BA192109	木材	021HSZ05F01LD	山西省晋城市高平市马村镇古寨村花石柱庙 N 35°42′46.49″ E 112°46′4.67″	760±25	1232 AD (12.7%) 1241 AD 1258 AD (55.6%) 1280 AD	1225 AD (95.4%) 1283 AD
BA192110	木材	023HSZ05F01HG		785±25	1229 AD (34.4%) 1246 AD 1255 AD (33.9%) 1270 AD	1222 AD (95.4%) 1276 AD
BA192111	木材	029HSZ05F01TM		600±30	1314 AD (56.1%) 1361 AD 1388 AD (12.2%) 1398 AD	1300 AD (71.0%) 1371 AD 1376 AD (24.5%) 1408 AD

（续表）

Lab 编号	样品	样品原编号	出土地点	碳十四年代（BP）	树轮校正后年代	
					1σ(68.3%)	2σ(95.4%)
BA192112	木材	030HSZ05F01RF		300±30	1520 AD（50.3%）1579 AD 1623 AD（18.0%）1646 AD	1495 AD（69.4%）1602 AD 1610 AD（26.0%）1656 AD
BA192113	木材	031HSZ05F01SZ		740±30	1261 AD（68.3%）1291 AD	1225 AD（95.4%）1298 AD
BA192114	木材	032HSZ06F01DE		515±30	1406 AD（68.3%）1435 AD	1328 AD（4.8%）1345 AD 1395 AD（90.6%）1446 AD
BA192115	木材	033HSZ06F01DB	山西省晋城市高平市马村镇古寨村花石柱庙 N 35°42′46.49″ E 112°46′4.67″	660±25	1290 AD（29.3%）1307 AD 1364 AD（39.0%）1385 AD	1281 AD（47.3%）1322 AD 1356 AD（48.2%）1392 AD
BA192116	木材	034HSZ06F01LD		825±25	1216 AD（68.3%）1262 AD	1175 AD（95.4%）1270 AD
BA192117	木材	036HSZ06F01HG		795±25	1228 AD（68.3%）1266 AD	1218 AD（95.4%）1275 AD
BA192118	木材	039HSZ06F01A		780±25	1229 AD（30.4%）1246 AD 1255 AD（37.9%）1274 AD	1223 AD（95.4%）1277 AD
BA192119	木材	041HSZ06F01TM		860±20	1175 AD（68.3%）1219 AD	1158 AD（95.4%）1228 AD

(续表)

Lab 编号	样品	样品原编号	出土地点	碳十四年代（BP）	树轮校正后年代 1σ(68.3%)	树轮校正后年代 2σ(95.4%)
BA192120	木材	042HSZ06F01XPT	山西省晋城市高平市马村镇古寨村花石柱庙 N 35°42′46.49″ E 112°46′4.67″	780±20	1229 AD (29.4%) 1245 AD 1256 AD (38.9%) 1274 AD	1225 AD (95.4%) 1276 AD

送样单位：北京大学考古文博学院
送样人：徐怡涛　　测定日期：2020－9
注：所用碳十四半衰期为 5 568 年，BP 为距 1950 年的年代。
树轮校正所用曲线为 IntCal13 atmospheric curve (Reimer et al. 2013)，所用程序为 OxCal v4.2.4 Bronk Ramsey (2013)；r：5
1. Reimer, P.J., Bard, E., Bayliss, A., Beck, J.W., 2013. IntCal13 and Marine13 radiocarbon age calibration curves 0－50000 years cal BP. *Radiocarbon* 55, 1869-1887.
2. Christopher Bronk Ramsey 2015，https：//c14.arch.ox.ac.uk/oxcal/OxCal.html.

（二）花石柱庙考古标本 XRF 送检信息表

取样时间	送检编号	XRF 打点编号	原始编号	尺寸(mm)
6月10日	检001	3952	004HSZG1Y001	80×62
6月10日	检002	3954	005HSZG1Y002	50×45
6月10日	检003	3955	006HSZG1Y003	22×15
6月10日	检004	3956	007HSZG1Y004	60×24
6月10日	检005	3957	008HSZG1Y005	35×25
6月10日	检006	3958	009HSZG1Y006	15×10
6月10日	检007	3959	010HSZG1Y007	40×20
6月10日	检008	3960	011HSZG1Y008	25×19
6月10日	检009	3961	012HSZG1Y009	26
6月11日	检010	3962	028HSZG2Y010	27×20
6月11日	检011	3963	029HSZG2Y011	24
6月11日	检012	3964	030HSZG2Y012	20
6月11日	检013	3965	032HSZG2Y013	50
6月11日	检014	3966	033HSZG2Y014	

（续表）

取样时间	送检编号	XRF 打点编号	原 始 编 号	尺寸（mm）
6月14日	检015	3967	043HSZG5Y015	90×82
6月14日	检016	3968	044HSZG5Y016	28
6月14日	检017	3969	045HSZG5Y017	19
6月14日	检018	3970	046HSZG5Y018	22×10
6月14日	检019	3971	047HSZG5Y019	10×9
6月14日	检020	3972	052HSZG5Y020	
6月14日	检021	3973	053HSZG6Y021	
6月14日	检022	3975	054HSZG6Y022	
6月14日	检023	3977	055HSZG6Y023	
6月14日	检024	3976	056HSZG6Y024	
6月14日	检025	3978	057HSZG6Y025	
6月14日	检026	3979	065HSZG6Y033	
6月14日	检027	3980	066HSZG6Y034	
6月14日	检028	3981	067HSZG6Y035	
6月14日	检029	3982	068HSZG6Y036	
6月14日	检030	3983	069HSZG6Y037	
6月14日	检031	3984	070HSZG6Y038	
6月14日	检032	3987	041HSZK3DW1	
6月17日	检033	3986	076HSZWDY040	
6月17日	检034	3946、3947	079HSZLWMY041	
6月17日	检035	3948	080HSZLWMY042	
6月17日	检036	3949	081HSZLWMY043	
6月17日	检037	3950	082HSZLWMY044	
6月17日	检038	3951	083HSZLWMY045	
6月17日	检039	3988	087HSZGNSW006	
6月17日	检040	3989	072HSZG2DW3	

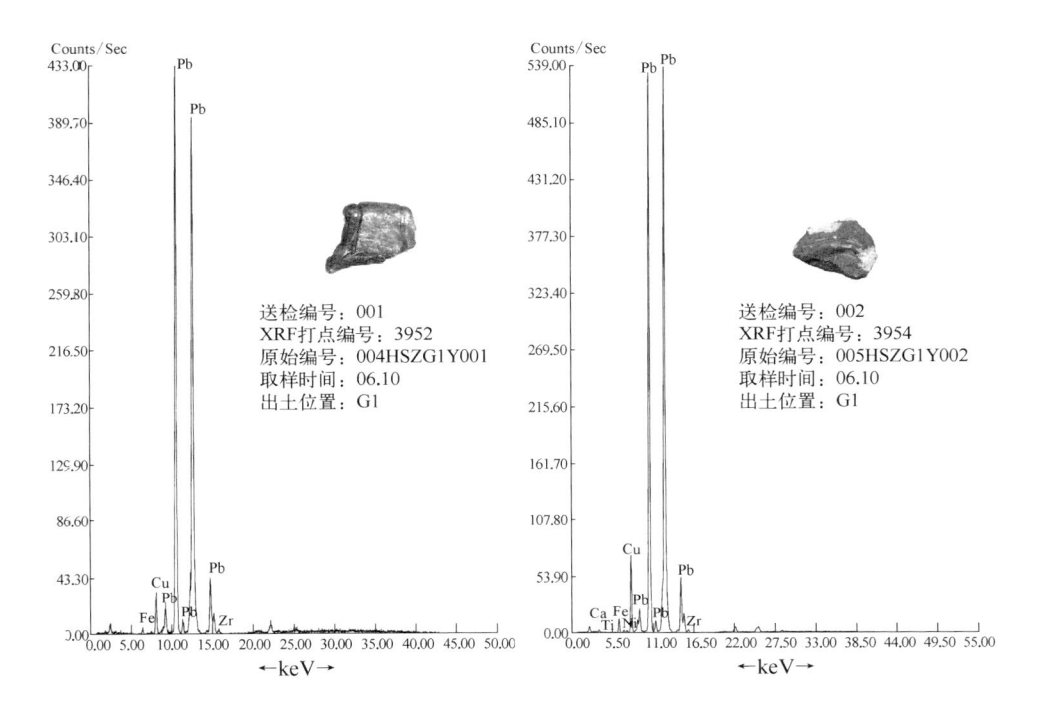

科技检测报告　　121

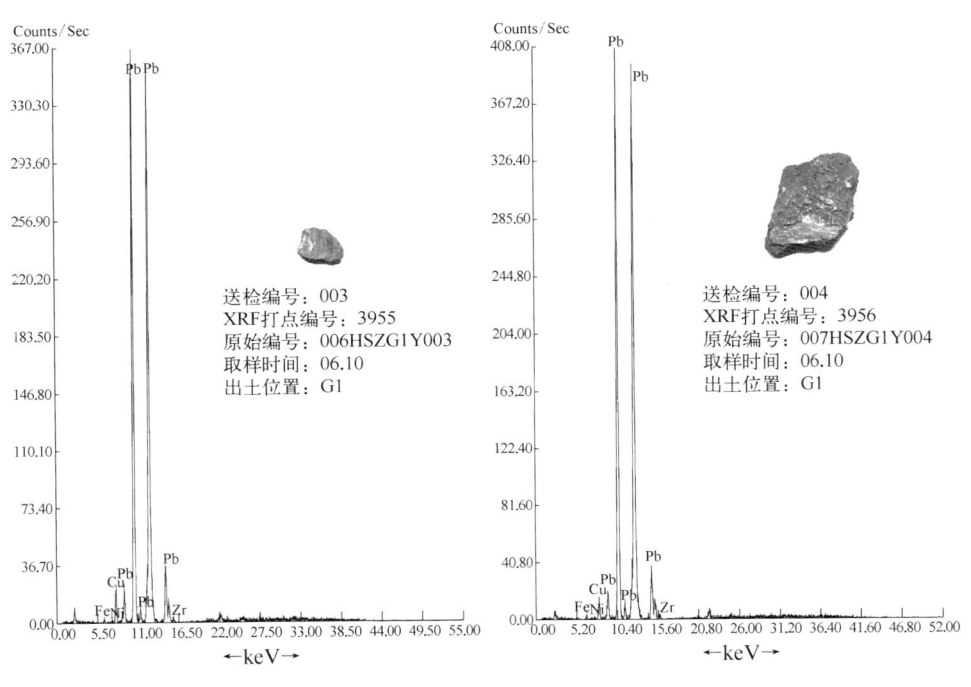

送检编号：001
XRF打点编号：3952
原始编号：004HSZG1Y001
取样时间：06.10
出土位置：G1

送检编号：002
XRF打点编号：3954
原始编号：005HSZG1Y002
取样时间：06.10
出土位置：G1

送检编号：003
XRF打点编号：3955
原始编号：006HSZG1Y003
取样时间：06.10
出土位置：G1

送检编号：004
XRF打点编号：3956
原始编号：007HSZG1Y004
取样时间：06.10
出土位置：G1

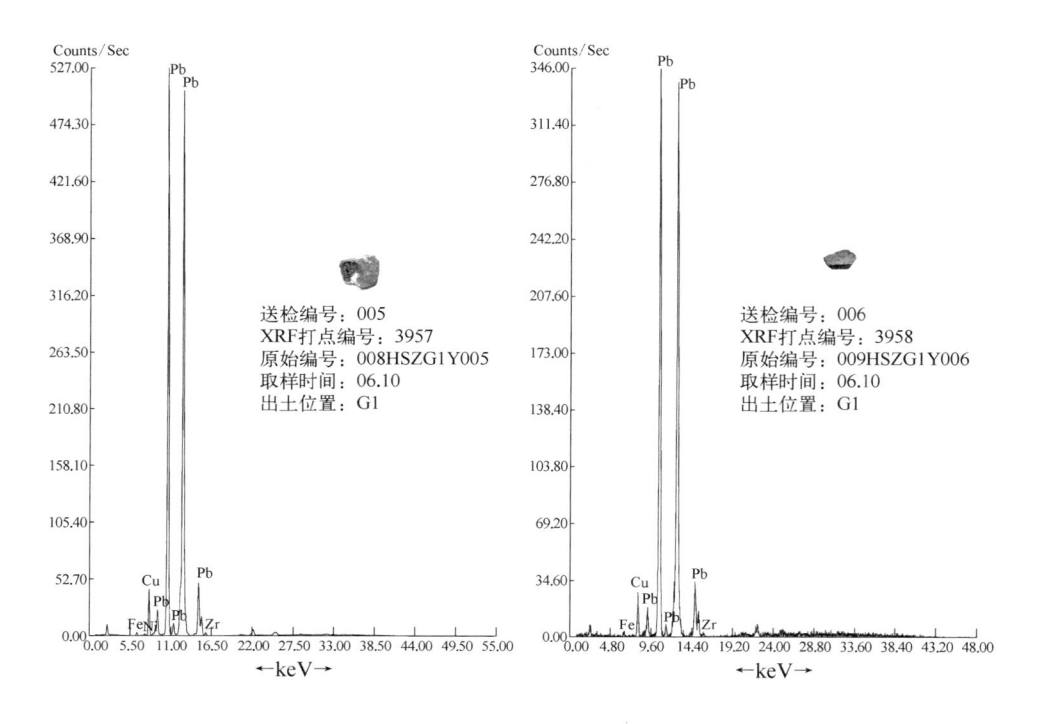

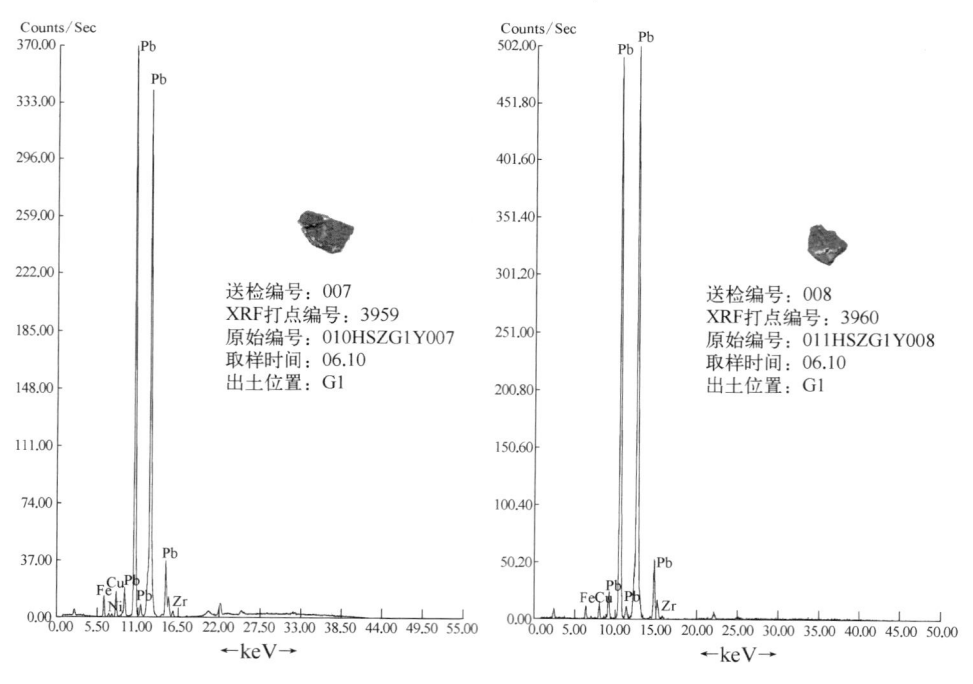

送检编号：005	送检编号：006
XRF打点编号：3957	XRF打点编号：3958
原始编号：008HSZG1Y005	原始编号：009HSZG1Y006
取样时间：06.10	取样时间：06.10
出土位置：G1	出土位置：G1

送检编号：007	送检编号：008
XRF打点编号：3959	XRF打点编号：3960
原始编号：010HSZG1Y007	原始编号：011HSZG1Y008
取样时间：06.10	取样时间：06.10
出土位置：G1	出土位置：G1

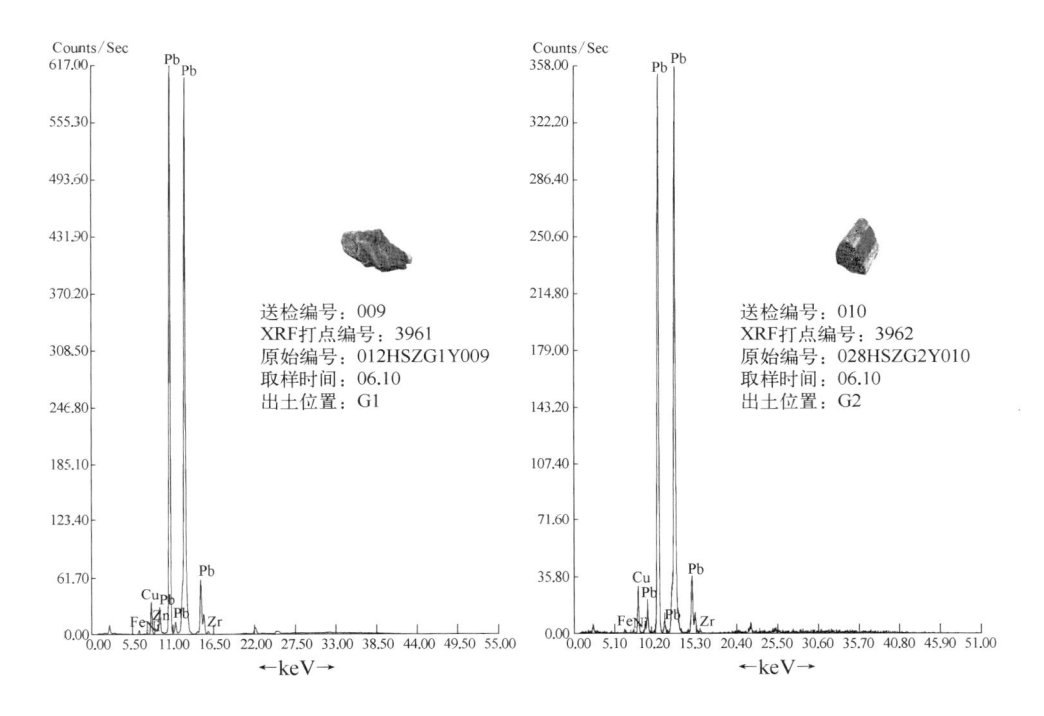

科技检测报告　　123

送检编号：009
XRF打点编号：3961
原始编号：012HSZG1Y009
取样时间：06.10
出土位置：G1

送检编号：010
XRF打点编号：3962
原始编号：028HSZG2Y010
取样时间：06.10
出土位置：G2

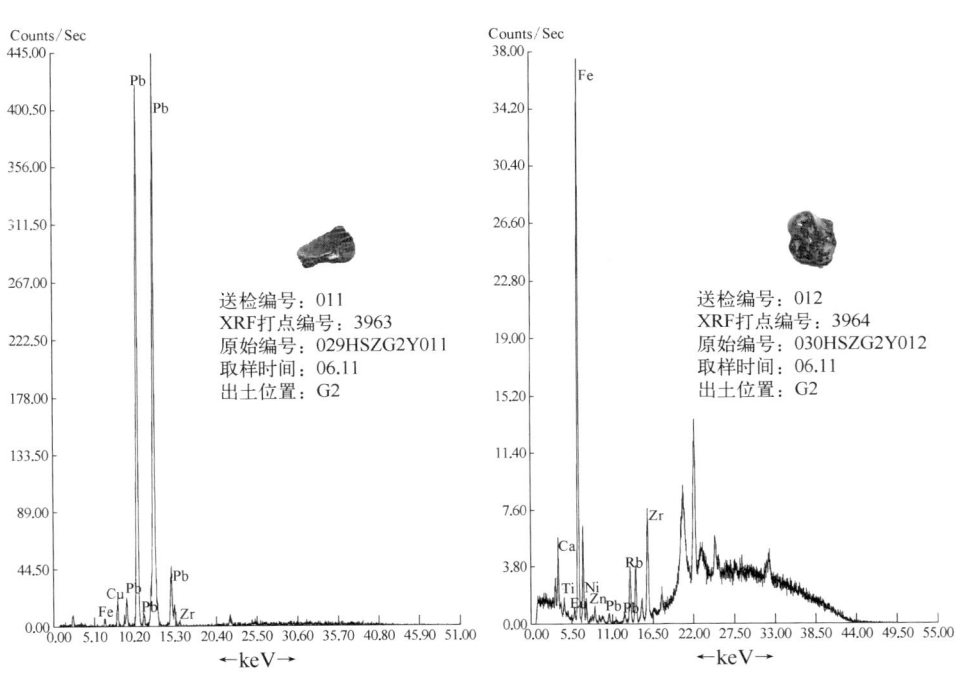

送检编号：011
XRF打点编号：3963
原始编号：029HSZG2Y011
取样时间：06.11
出土位置：G2

送检编号：012
XRF打点编号：3964
原始编号：030HSZG2Y012
取样时间：06.11
出土位置：G2

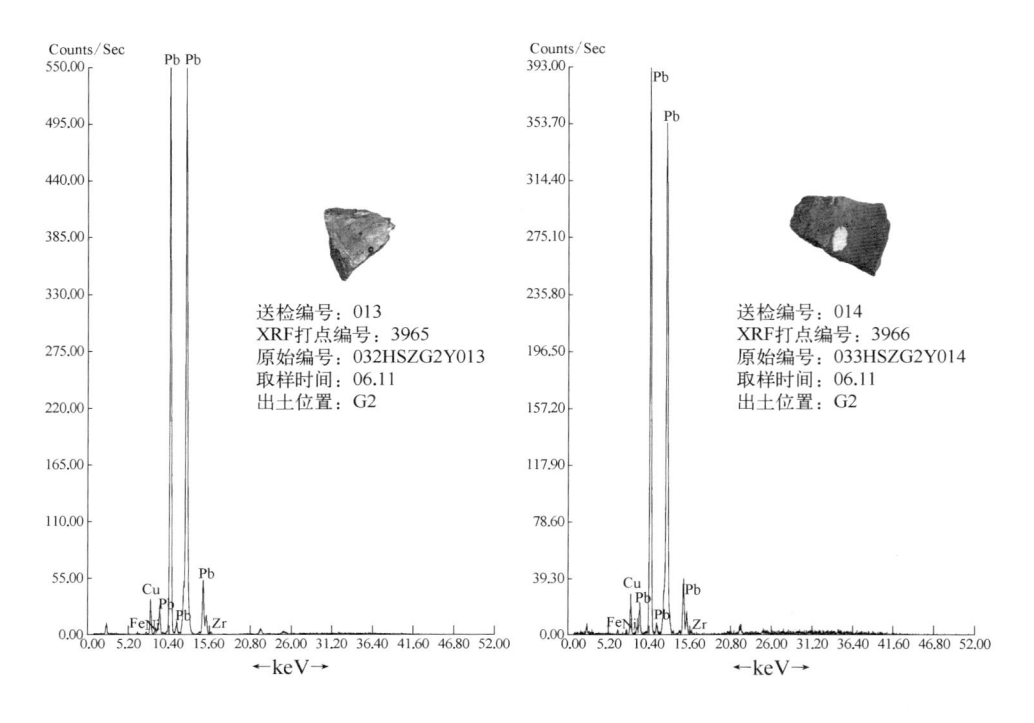

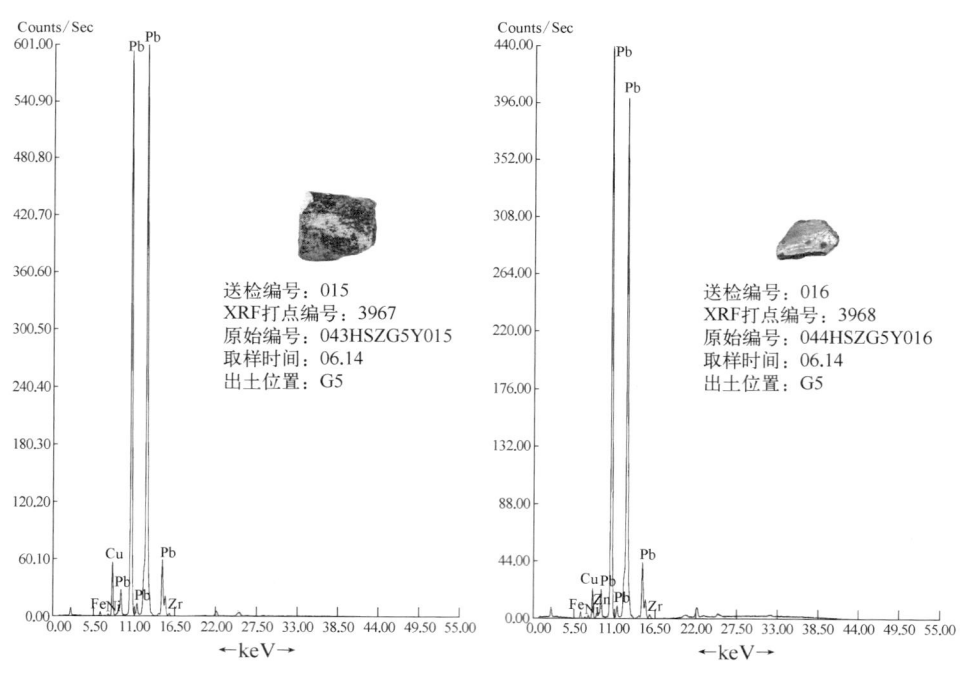

送检编号：013
XRF打点编号：3965
原始编号：032HSZG2Y013
取样时间：06.11
出土位置：G2

送检编号：014
XRF打点编号：3966
原始编号：033HSZG2Y014
取样时间：06.11
出土位置：G2

送检编号：015
XRF打点编号：3967
原始编号：043HSZG5Y015
取样时间：06.14
出土位置：G5

送检编号：016
XRF打点编号：3968
原始编号：044HSZG5Y016
取样时间：06.14
出土位置：G5

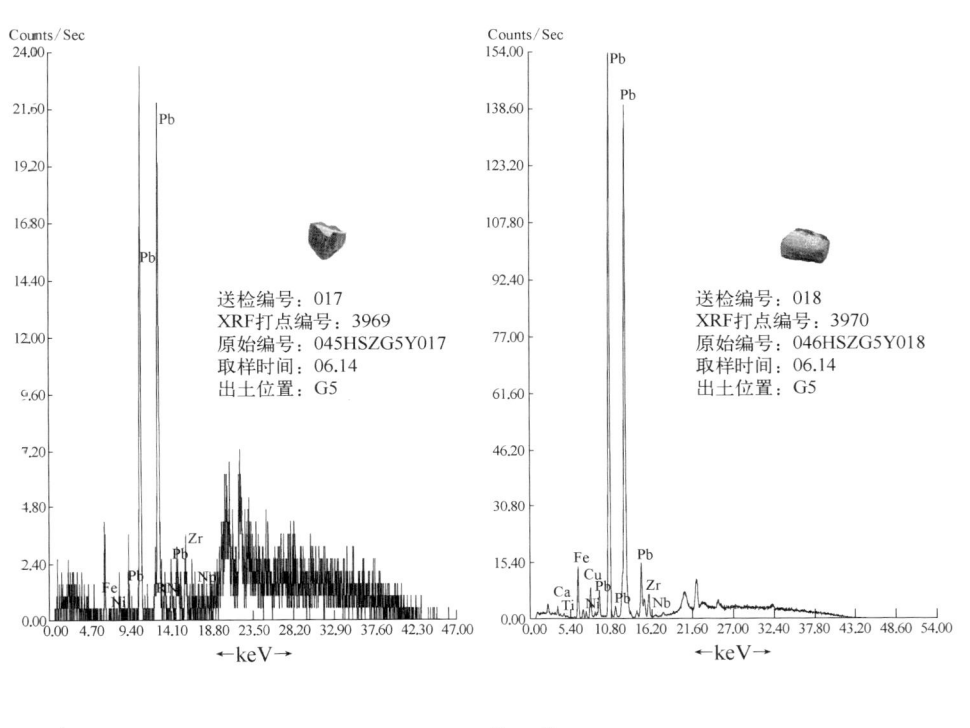

科技检测报告   125

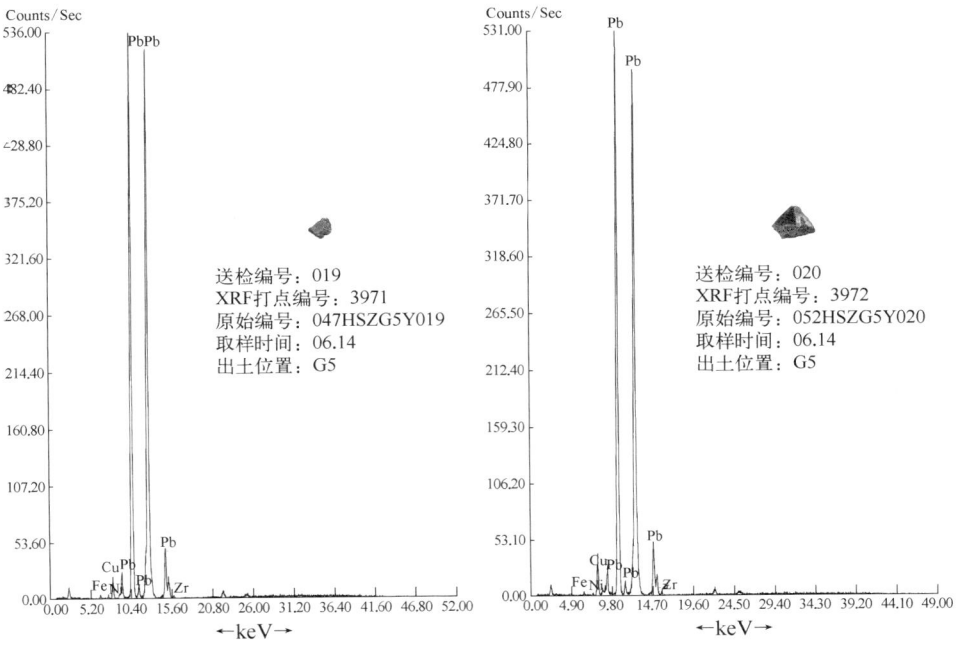

送检编号：017
XRF打点编号：3969
原始编号：045HSZG5Y017
取样时间：06.14
出土位置：G5

送检编号：018
XRF打点编号：3970
原始编号：046HSZG5Y018
取样时间：06.14
出土位置：G5

送检编号：019
XRF打点编号：3971
原始编号：047HSZG5Y019
取样时间：06.14
出土位置：G5

送检编号：020
XRF打点编号：3972
原始编号：052HSZG5Y020
取样时间：06.14
出土位置：G5

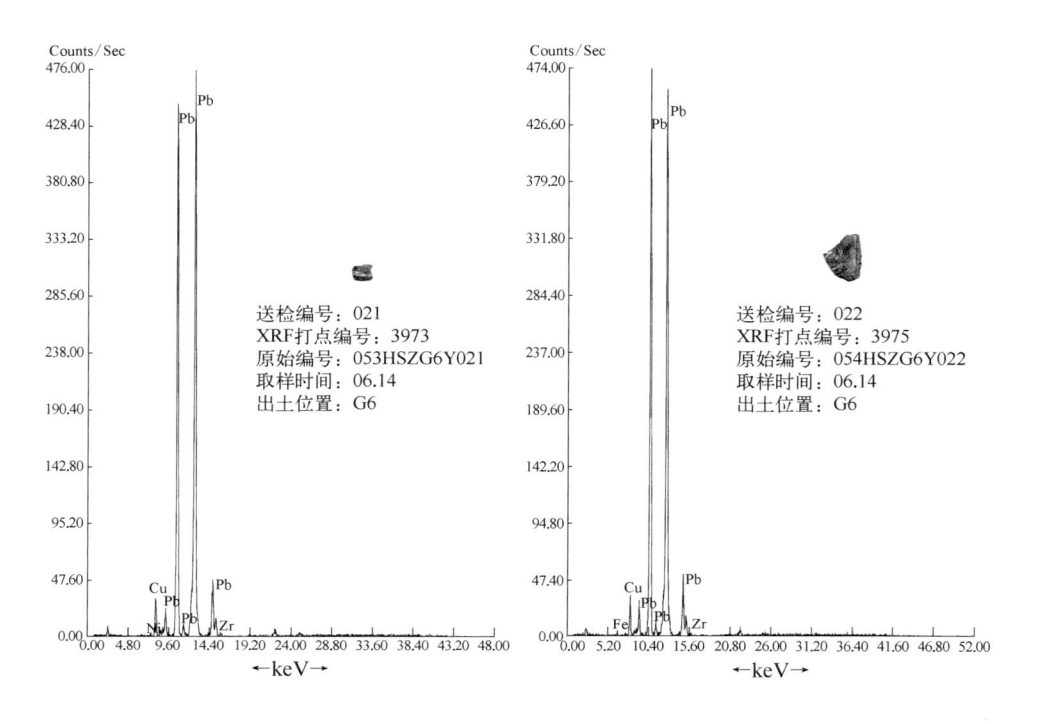

送检编号：021
XRF打点编号：3973
原始编号：053HSZG6Y021
取样时间：06.14
出土位置：G6

送检编号：022
XRF打点编号：3975
原始编号：054HSZG6Y022
取样时间：06.14
出土位置：G6

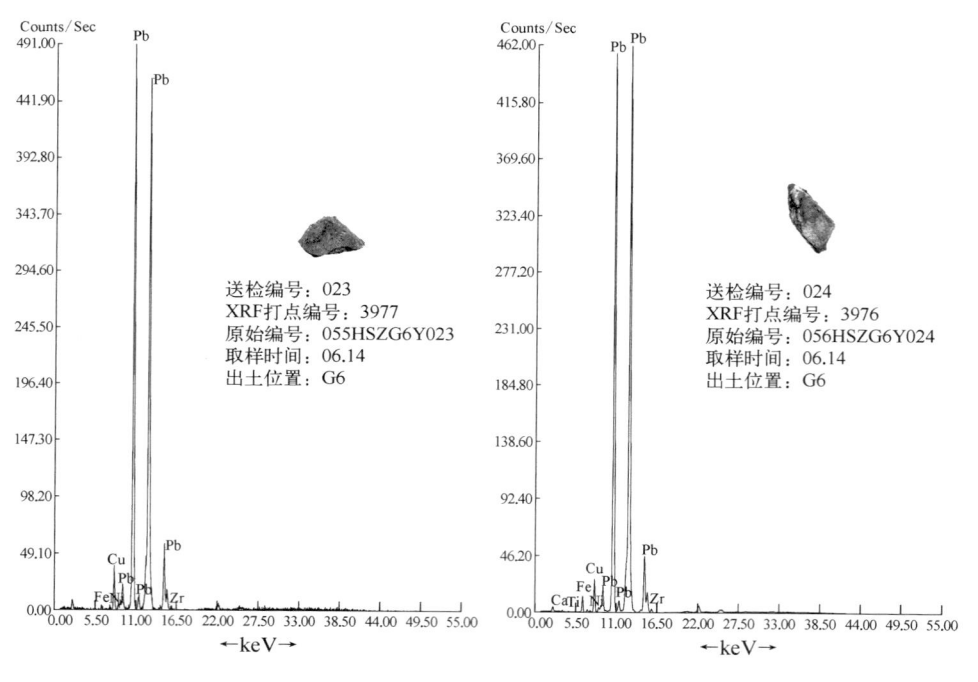

送检编号：023
XRF打点编号：3977
原始编号：055HSZG6Y023
取样时间：06.14
出土位置：G6

送检编号：024
XRF打点编号：3976
原始编号：056HSZG6Y024
取样时间：06.14
出土位置：G6

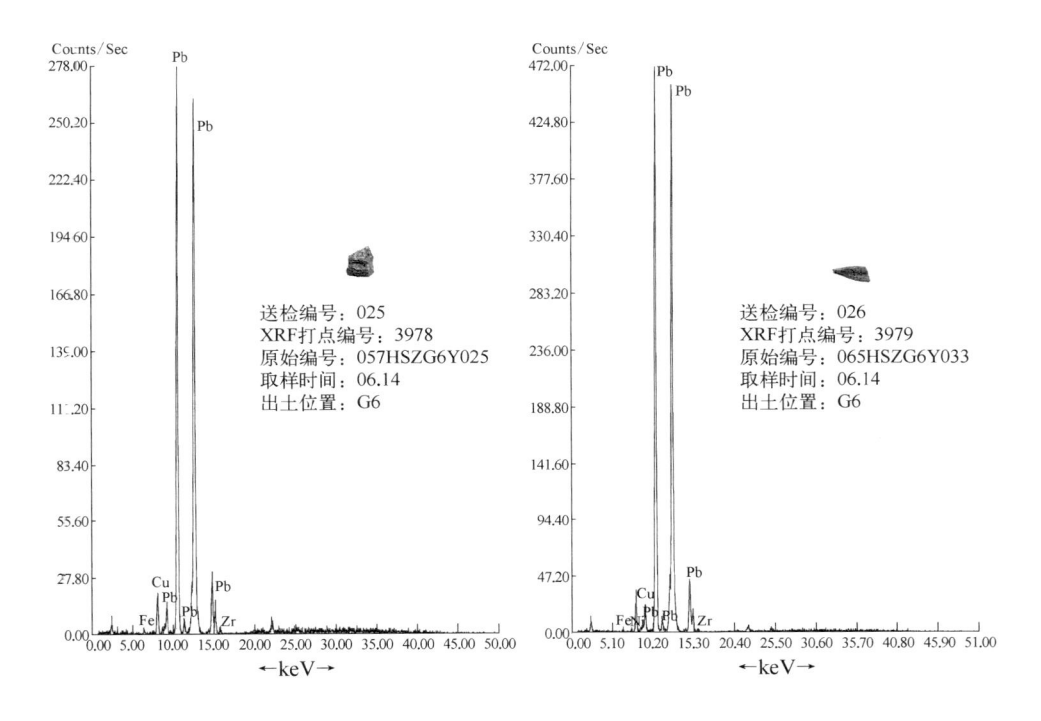

科技检测报告　　127

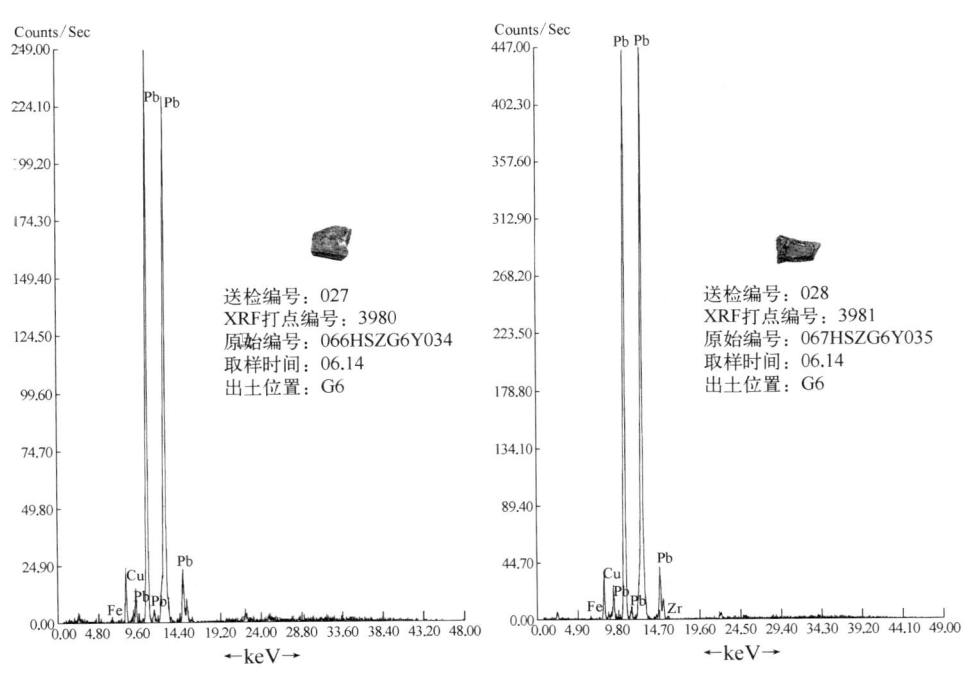

送检编号：025
XRF打点编号：3978
原始编号：057HSZG6Y025
取样时间：06.14
出土位置：G6

送检编号：026
XRF打点编号：3979
原始编号：065HSZG6Y033
取样时间：06.14
出土位置：G6

送检编号：027
XRF打点编号：3980
原始编号：066HSZG6Y034
取样时间：06.14
出土位置：G6

送检编号：028
XRF打点编号：3981
原始编号：067HSZG6Y035
取样时间：06.14
出土位置：G6

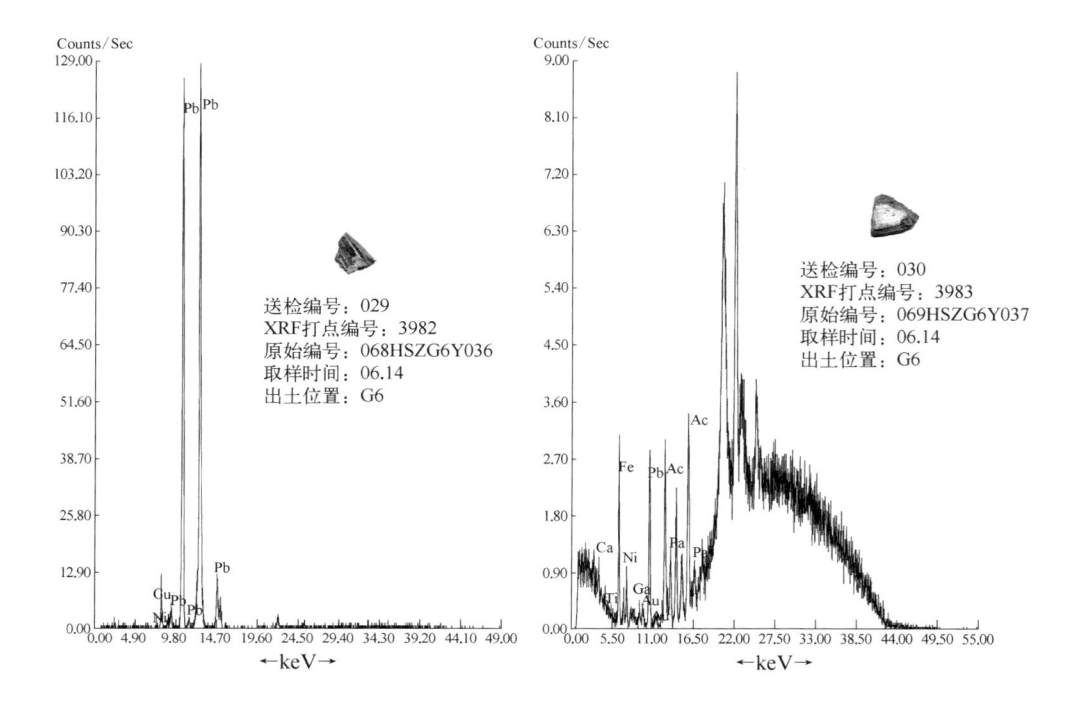

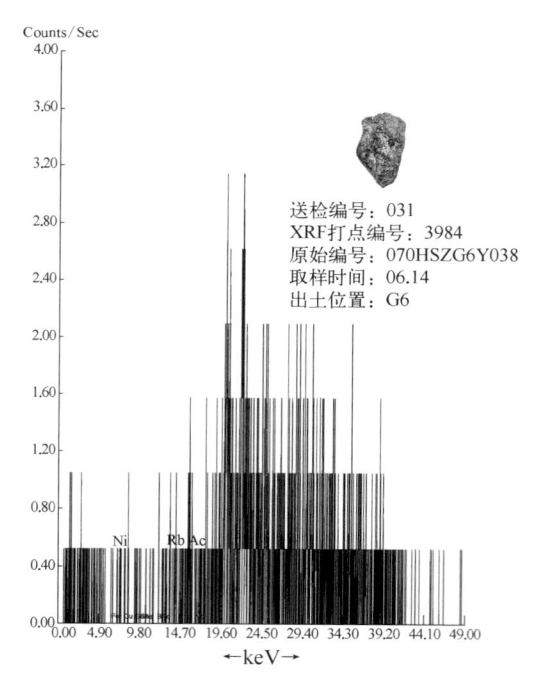

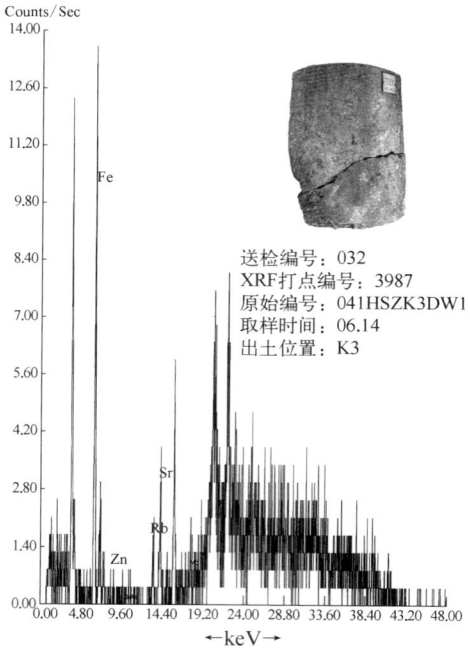

128　山西高平古寨花石柱庙建筑考古研究

送检编号：029
XRF打点编号：3982
原始编号：068HSZG6Y036
取样时间：06.14
出土位置：G6

送检编号：030
XRF打点编号：3983
原始编号：069HSZG6Y037
取样时间：06.14
出土位置：G6

送检编号：031
XRF打点编号：3984
原始编号：070HSZG6Y038
取样时间：06.14
出土位置：G6

送检编号：032
XRF打点编号：3987
原始编号：041HSZK3DW1
取样时间：06.14
出土位置：K3

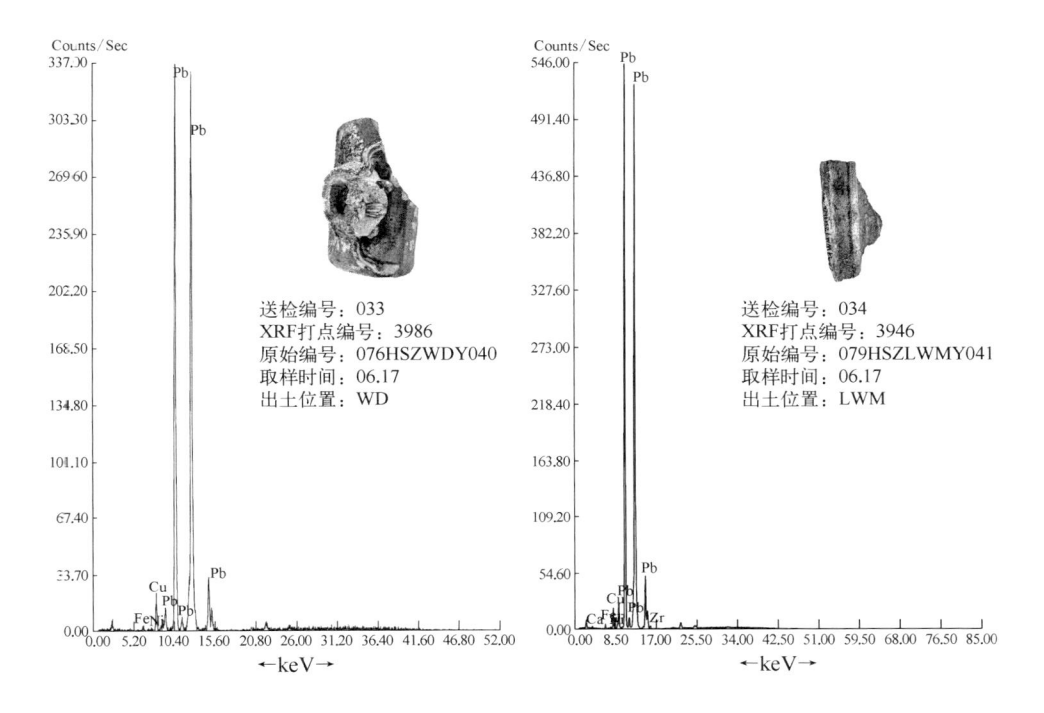

科技检测报告　　129

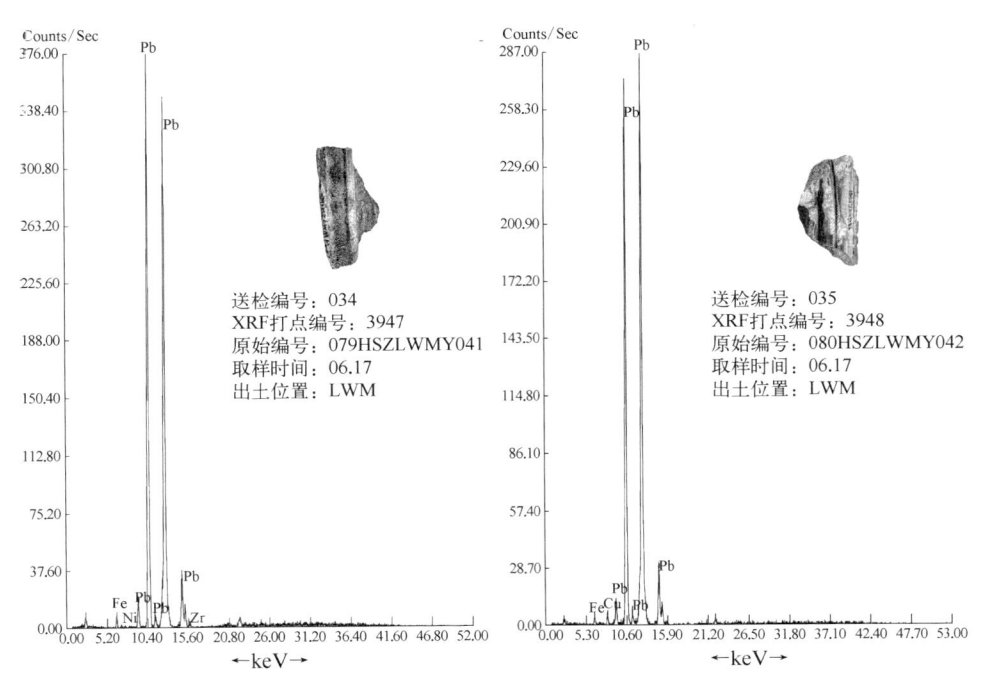

送检编号：033
XRF打点编号：3986
原始编号：076HSZWDY040
取样时间：06.17
出土位置：WD

送检编号：034
XRF打点编号：3946
原始编号：079HSZLWMY041
取样时间：06.17
出土位置：LWM

送检编号：034
XRF打点编号：3947
原始编号：079HSZLWMY041
取样时间：06.17
出土位置：LWM

送检编号：035
XRF打点编号：3948
原始编号：080HSZLWMY042
取样时间：06.17
出土位置：LWM

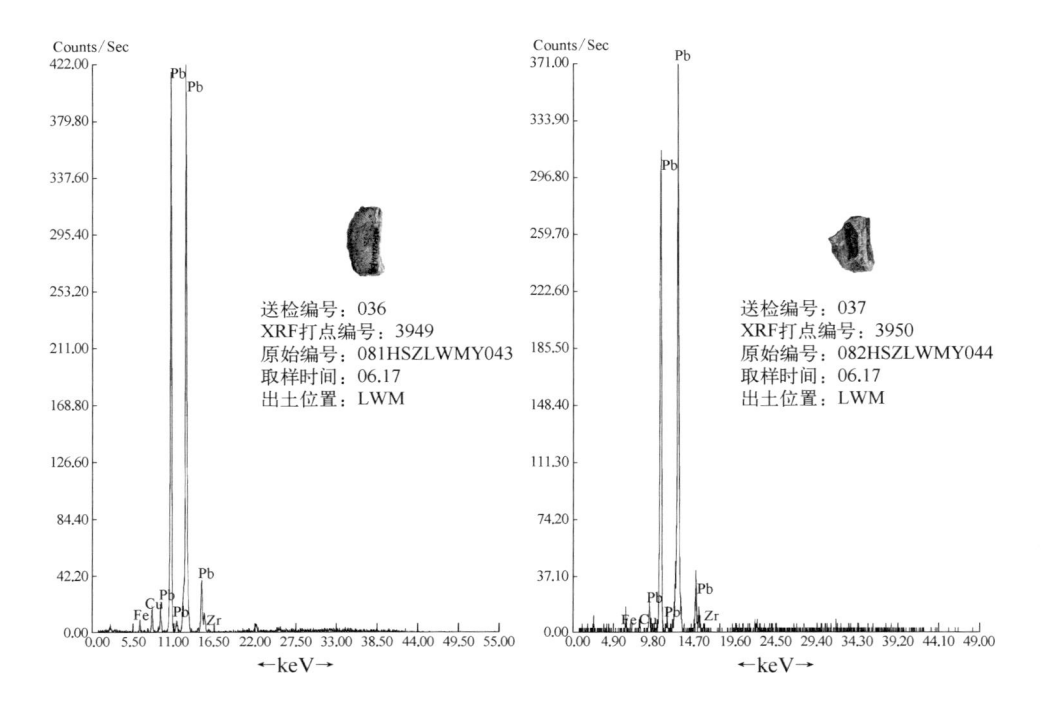

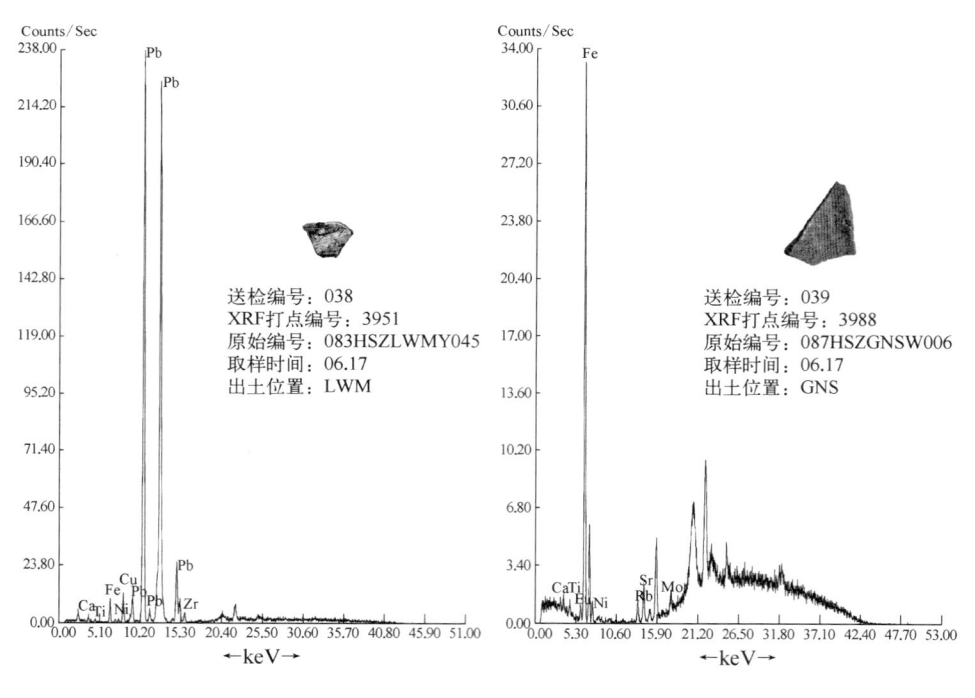

送检编号：036
XRF打点编号：3949
原始编号：081HSZLWMY043
取样时间：06.17
出土位置：LWM

送检编号：037
XRF打点编号：3950
原始编号：082HSZLWMY044
取样时间：06.17
出土位置：LWM

送检编号：038
XRF打点编号：3951
原始编号：083HSZLWMY045
取样时间：06.17
出土位置：LWM

送检编号：039
XRF打点编号：3988
原始编号：087HSZGNSW006
取样时间：06.17
出土位置：GNS

科技检测报告　　　131

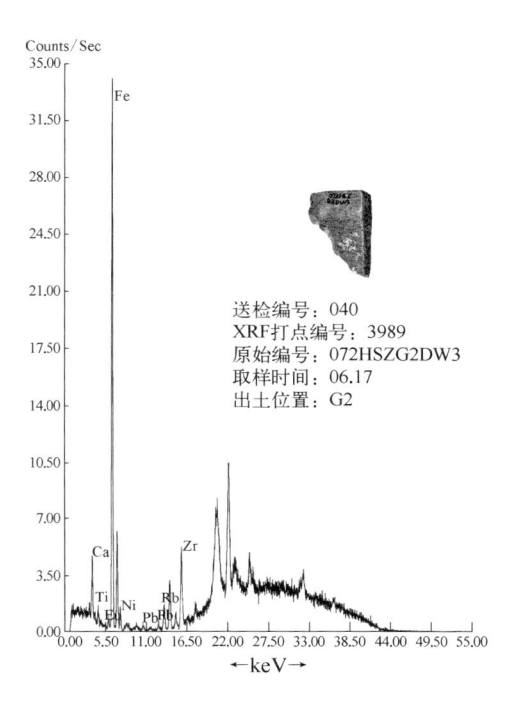

送检编号：040
XRF打点编号：3989
原始编号：072HSZG2DW3
取样时间：06.17
出土位置：G2

5 访谈记录

（一）古寨村村民访谈01：苏天财			
访谈人：徐怡涛	现场记录：王子寒	录音：赵小雯	录像：周珂帆
访谈稿整理：赵小雯	访谈时间：2019.6.13	访谈方式：面谈	
受访者基本情况			
姓名：苏天财	年龄：62岁	性别：男	
成长经历：从小生活在村里，19—28岁在古寨村村委担任会计。			
访谈内容	徐：我们想跟您了解几方面的问题，一个是关于花石柱庙的历史情况，比如原来是什么样的，庙里有哪些建筑，庙里举行过什么活动，后来什么时候废弃了，基本的历史情况，您了解什么说什么就可以。还有一个就是咱们村的历史情况，村里以前有哪些古建筑啊，村里以前的生产生活情况是什么样的，另外一个是咱们村跟周边村或城的关系，咱们村跟周边村子有什么交往活动，别的村子修建的庙跟咱们村有没有什么关系，咱们村的人会不会到周边村的庙拜神，或者周边村有没有人来咱们村的庙参加一些活动。 徐：您对花石柱庙的历史情况了解多少呢？ 苏：1976年，我刚当上会计。当时，古寨村在花石柱庙里搞了一个第六生产小队，在庙里圈羊，大概持续了两年多。77、78年，古寨村在山上搞了一个养鸡场。养鸡场原来在玉皇庙，玉皇庙拆了后转移到花石柱庙。养了一年半，因为管理不善，从开始的500多只鸡到最后只剩30只。79年，换了支部书记，对花石柱庙进行了一次维修，屋顶原来有点塌，对塌掉的屋顶进行了维修；正殿的外面原来有1米多的方椽（飞子），被锯掉了，换成了现在的			

（续表）

访谈内容	杨木椽。 徐：那是不是现在的椽子比以前短了？ 苏：比以前短了很多，原来是三路椽子，最后挑起来。上头的屋脊也换了。 徐：还修了哪些地方呢？ 苏：原来滴水下面是1米高的石台，把那个石条台也去了。 徐：石头哪去了？ 苏：石条不知道哪去了，维修的人已经不在了。当时的书记郭猛可能知道。 徐：石条上原来有雕刻吗？ 苏：石条上可能是没雕刻的，不太注意。 徐：当时庙里的厢房您记得是什么样子的吗？ 苏：我记得原来是两边都没有的。77年的时候，在正殿西边修了个小耳房，做豆腐。做了两年豆腐之后，就修成两间耳房。 到了85年以后，山上种地时发现，苏九水（庙主）和西周村的史部国，还有一个人把正殿东西两面墙上的画重新画了。建了东耳房。 徐：那两边的厢房是什么时候建的呢？ 苏：大概在83—85年之间。 徐：厢房是村里出钱建的吗？ 苏：不是的，是村民自己花钱修的。先从东面说。东面的上首苏润生、张祥、何叶三个人资助修的；下首是刘栓户、胡仁土他们两个人修的。西面的上首是苏启山和赵何叶两个人修的，下首是苏黑蛋修的。 徐：那咱们这个院子里的砖是什么时候铺的？ 苏：就是在83—85年这段时间。后来又修了南面山门和厢房。大概是2006年的秋天，修了南面的大门和厢房，是苏九水负责修起来的。 徐：拆文庙的构件用到南门上了吗？ 苏：文庙三间大殿上拆下来的一根梁用到南门上了。 徐：那文庙现在是什么都不剩了吗？

(续表)

访谈内容	苏：文庙拆掉之后，那个碑还在，但是两边被挡着，碑上的字我都抄下来了。 徐：那咱们这个花石柱庙里是从什么时候没有祭祀活动的？庙里的神像是什么时候毁掉的？ 苏：这个得去问九水，他们修的，具体我不是很清楚。 徐：那您小时候有去庙里拜过神吗？ 苏：小时候去看到的，梁是红色的，当时门有隔扇，现在也没有了。 徐：您小时候见过老爷像吗？ 苏：没见过。 徐：那咱们这个庙有什么庙会活动吗？ 苏：每年的初一，十二点以后，村里的人都要上南庙山（花石柱庙所在的山）去进香。南庙山只有山顶上全部是红土，下面全部是黄沙。红土是从西边山上（古时圪脑山）运过来的。以前有一个传说是神一夜之间把花石柱庙从西面山上搬到南庙山上。 南庙山的南面是跑马岗，在那边"摆故事"，庙会的社火也在那边。 徐：那这边关于长平之战有什么传说吗？ 苏：这个不太知道。 徐：这个圪脑山上现在有什么吗？ 陈书记：是空的，是陵地，可以上山。

（二）古寨村村民访谈02：张九龄

访谈人：徐怡涛	现场记录：王子寒	录音：赵小雯	录像：周珂帆
访谈稿整理：赵小雯	访谈时间：2019.6.13		访谈方式：面谈

受访者基本情况		
姓名：张九龄	年龄：85岁	性别：男
成长经历：20世纪50年代去乡镇工作，不住在村里。		

(续表)

访谈内容	徐：您50年代离开村子之前对村子的记忆还有多少？ 张：只能说那个时候有一些传说。比如说这个花石柱庙，原来叫成汤庙。为什么要称花石柱庙，因为庙里正殿前檐的四根花柱非常精美珍稀。 徐：您也去过周边很多村子吧，您在周边村的庙里有没有见过这么好的石柱？ 张：没有，都没有古寨这个石柱好。 徐：我听说咱们村以前有十一座庙，您清楚吗？ 张：古寨村原来有五阁十一庙。 徐：那现在十一庙还剩几个？ 张：现在的十一庙，东边有个东社庙，东社庙上边相传还有三个庙，有药王庙、牛王庙、三宗庙。东社庙是最大的，就是现在的学校的地方，那个庙很大，上下两院，中间有舞台；里面没有供啥像，原来古寨的学校就在那里办学。这四个庙都不在了。玉皇庙是重修起来的，不是原来的地址，在原址的路北重新修起来的，原来是在路南边的。 古寨的五阁现在就剩两个阁了，上东阁、底东阁都不见了，现存的就是大王阁和三官阁。 徐：这十一庙里包括花石柱庙吗？ 张：包括的。 徐：那观音堂呢？ 张：观音堂是三堂之一，古寨有三堂五阁十一庙。观音堂原来有上观音堂、底观音堂，还有一个堂是苏家祠堂。苏家原来是最大的家族。苏家祠堂已经拆了，原来是坐东朝西的，里面正殿有苏家的牌坊。上观音堂、底观音堂还在。 五个阁拆了三个了，现在有的是大王阁和三官阁。三官阁是原址重建的。大王阁是老的。三个毁掉的阁叫上东阁、底东阁、白衣阁。 徐：那十一座庙还有哪些呢？ 张：十一庙有东社庙、药王庙、牛王庙、三宗庙、玉皇庙，下来是文庙、财神庙、二仙庙。财神庙不见了；二仙庙里面还住着人。这是村里的庙。山上

(续表)

访谈内容	的庙有花石柱庙、龙王庙、山神庙,一共三个庙。 徐：山上的三个庙是在一个山上吗？ 张：都在一个山上,就是花石柱庙的那个山上。财神庙不在了,现在只剩五个庙了。 陈书记：那咱们这个土地庙在十一庙里吗？ 张：不在,土地庙是后来修的。 徐：这是咱们村里的地图,您看看能把这十一座庙的位置圈一下吗？ (详见古寨村古建筑分布图)

（三）古寨村村民访谈 03：常发肉、苏黑蛋

访谈人：徐怡涛	现场记录：王子寒	录音：赵小雯	录像：周珂帆
访谈稿整理：赵小雯	访谈时间：2019.6.13		访谈方式：面谈
受访者基本情况			
姓名：常发肉	年龄：67 岁		性别：女
姓名：苏黑蛋	年龄：78 岁		性别：男
成长经历：常发肉是 20 岁从常家窑村嫁过来的,娘家(常家窑,因为煤矿地面塌陷,大约五六年前村子集体搬迁到西周村)离花石柱庙很近。 苏黑蛋 20 岁左右离开村子。			
访谈内容	徐：以前咱们村和周边的村有什么活动吗？比如说共同的集啊,或者咱们村的人去别的村拜庙啊？ 常：大周、西周都来古寨村烧香拜庙。我妈家在常家窑,离花石柱庙很近,上山割草啥的,一下雨就去庙里避着。常家窑现在没了,都搬迁了。 徐：什么时候搬的？ 常：大概五六年前,因为煤矿开采,地面塌陷了,集体搬到西周了。当时西周煤矿采过来把那儿采空了。		

(续表)

访谈内容	徐：那您小时候去过庙里吗？ 常：十三四岁去庙里玩，庙的院里头有石碾子。 徐：当时庙里有哪些房子呢？ 常：有西边的房子（西耳房），西边没有房坡（屋顶）。大殿还在，还挺好的。当时大殿里墙上有画，两边的壁画是马和扇子，后面是云彩和其他的。墙上的窗户外面看都是一个条一个条的，里面是什么样不知道。是木材的。 徐：那大殿里的神像您见过吗？ 苏：没见过。 徐：大殿底下原来有没有一个1米多高的石台子？ 苏：没有，我记得没有。 常：没见过，就是在平地上。东南面的阁那里有石条子。 徐：就是现在咱们叫神南阁的地方，您小时候就见过是吗？ 常：见过。 徐：那以前咱们进庙从哪里进？ 常：就是从那个阁底下进，就那一条路。大门外头，上阁的楼梯那，有个舞台。 徐：临时搭的还是个建筑？ 常：不是建筑，是临时搭的小台台，祭祀活动用的。 徐：咱们现在祭祀活动一般什么时候？ 常：六月初一、二月二、三月三，一般六月初一是最大的。 徐：那周边哪些村子的人会来呢？ 苏：周边都过来。 常：远的有戴阳村的，也过来烧香。 徐：咱们这边村民自己最远去到哪个村子？ 常：这个不太知道最远到哪。一般赶集过会的，基本都来回去。会去到戴阳。 陈书记：我记得我当时就会下班骑着车带我家孩子去待阳看戏，得骑两个小时。现在先进了，手机啊什么的都先进，可能年轻人往远走的少了。

（续表）

访谈内容	徐：那咱们一般不往西边村子去是吗？ 常：西边没啥村子了，都是山。武圣山上原来有庙，但是都拆了。个别往山里走，基本都是往平原、高平那边走。 徐：以前赶会都是上午去，晚上回？ 常：对，基本一天就回来了。 徐：您见过庙里的井吗？ 常：那都是传说嘞。庙里有石碾子。 苏：没见过，没有见。 徐：那您小时候去庙里玩的时候，您记得那个柱子吗？ 常：那个柱子黑亮黑亮的，柱子一发湿就知道要下雨了，尤其是东面的柱子。 徐：您这边耕地的时候有没有犁出来过一些古代的东西？ 常：没有，没见过犁出来啥。庙南边种了海棠果树。 陈书记：那会儿南边有围墙吗？ 常：没有。 徐：咱们这边会去康营那边吗？ 苏：会去。 徐：那咱们这边去的最多的还是马村、陈村这些。碑上我们看到还有北陈村。现在和北陈村还有往来吗？ 陈书记：以前和北陈村有往来，可能是因为北陈村有青石。

(四) 花石柱庙庙主访谈			
访谈人：徐怡涛	现场记录：赵小雯、田雨森	录音：李萌慧	录像：周珂帆
访谈稿整理：周珂帆、王卓		访谈时间：2019.6.14	访谈方式：面谈
受访者基本情况			
姓名：苏九水		年龄：70岁	性别：男

(续表)

成长经历：从小一直在村里,花石柱庙庙主。	
访谈内容	苏：花石柱庙最早养鸡、养羊,大概在七几年。最初开始维修正殿,86年开始维修,修窗户和门。我给木构件上漆,大概在93、94年。三义殿的位置以前修了个三间的豆腐坊。豆腐坊塌了之后盖了三义殿,大小和豆腐坊一样,间数不一样。 文昌殿挖到过以前的地基,有炉灰,大概挖了1米深,没有挖到以前的条石、柱础。南门西侧的柱础是整院子挖出来的。95、96年塑像。大概是97年在院子里垫土,不厚。当时我是六队在这里圈羊的,拿水和上泥,围了一圈土坯墙。 东边三间厢房和正殿同一年维修,西边厢房是和玉皇庙一起维修的(和塑像一起)。修庙的钱是周边的村子一起捐的,待阳、高庙山、陈村……高庙山历史上属于三个村供养,一个女的赊账修庙,修好之后收到的香火钱不给她了。 徐：庙主是怎么定的? 陈书记：谁想来这里修一块,谁就占一块。2017年开始专款专用,谁在这待的时间长谁就成庙主。 苏：先自己垫一笔钱盖一个小殿,然后收香火钱来还账,还完了就不再收了,之后都给庙主(大约需要两三年还完账)。 当时修个房子,不安琉璃瓦,不到1万块钱;檩条、椽子之类的都不要钱,都是四处找的材料;砖和瓦两分钱;门和窗是拆了自家房子装上的;塑像按尺数算,一尺100(块),塑像的人都是东宅村来的,都是年轻人,没有家传的手艺(我们村有一个入赘到东宅了,跟这个塑像的是连襟);牛伟新是原来村里的老师,塑了正殿的三个像：汤王、小王、娘娘。 徐：正殿前面以前有没有石条包的台子? 苏：有,有大概1米高。以前出檐有1米多。以前的隔台在现在的台阶的位置。石条都被常家窑的人偷走了,大概七几年就没了(圈羊的时候还在)。常家窑全拆完了,采矿区底下塌陷了。石条上没有雕刻,材质是砂石,不是青石。

(续表)

访谈内容	徐：以前西厢房在这个位置吗？ 苏：以前西侧的厢房更往外，东边的厢房位置没变。文昌殿东边还有一间的地方，老的朵殿两边都是三间，现在盖成两间了。 徐：院里铺地时有没有发现什么遗存？ 苏：没有遗存。听老一辈说以前有老鳌驮碑的青石碎块。以前中间有个转过殿；屋顶是八个角，东西都有门，四面都通的（只是推测的）。以前有南大门，位置没变；朵殿各少一间；西边厢房位置变了。正殿的琉璃瓦：绿色的是原来的；后檐蓝的是原来的。灰瓦是后来补的，老的椽子的木料不知道。 西边的门是八几年修庙的时候建的，方便拉木料之类的。 神南阁和南门原来都有，但是一般都走神南阁。 解放以后，有正殿，西边靠北边的三间，神南阁。没有朵殿，没有围墙。修房子时要插旗，修了（后），四周的村子（西周、大周等）自己就来进香。 苏：（我）会看病，没学过，天生的。小时候见过神仙显灵，八九岁；二十几岁碰到的师傅，在圣公寺，学习了护身法。有一次农药中毒之后，梦到东社庙，躺了一个月，没治，自己好了。周边村子都叫我"风王爷"。去沁水贾寨村唱戏，风太大开不了戏，插上了炷香，风立马停了。 徐：庙主之间有什么联系吗？ 苏：修庙就是各个村有功能的人互相知道，然后带着人来进香。村里原来十一个庙，各管一路；每个庙的庙主都有自己的特定的功能。钩心斗角！复杂得厉害呢！ 徐：咱们古寨一般最远到哪些村子去进香呢？ 苏：最远到戴阳、东戴阳；经常去西周、东周、大周；以前往河南信阳去。碑上有北边的一些村子，原村、阁老等等，原村不去；搞个祭祀，四周就会过来；沟头、陈村也不去。一整套都是我负责的，收钱是大队收的。 陈书记：像苏老这样的在村民中有一些声望、有一些能力的人还是比较多的；各个村之间的布施还是要靠苏老这个层次的来组织。

(续表)

访谈内容	苏：80年代的捐款都是我拉来的，86年。开始只有我们村，没有外村，进香最多5块。募到200块钱，就开工。文昌殿和三义殿，木工工钱100块钱，金章背的木工，矿上给的钱。院子中间的树有40多年了，榆树树枝掉下来了。顶树枝的时候，突然刮一阵大风，然后那个人的父亲在家手就折了。念经的东西不是我安的。 徐：三十年里有没有人想破坏这个庙？偷柱子？ 苏：没有。斗栱上的木料被锯掉都是"文化大革命"以前，当时没人管。门枕石被偷的，2016年，老婆去世了，几天(不在)庙里没人。农历十一月初二上来还在，初十左右来就没了。

（五）东崛山村三大士庙访谈

访谈人：徐怡涛	现场记录：王卓	录音：李萌慧
访谈稿整理：王卓	访谈时间：2019.6.15	访谈方式：面谈

受访者基本情况

（庙的管理人员及村支书）
李连荣，58岁，女，本家东宅村，21岁嫁入东崛山。
冯宛秀，53岁，女，本家西崛山，27岁嫁入东崛山。
牛永菊，49岁，女，本家东宅村，24岁嫁入东崛山。
张软锁，70岁，男，东崛山村支书，在村里长大。

访谈内容	徐：晋东南历史上有很多庙，都存在一个问题就是历史上很辉煌，但是现在都很破败。现在这些村里的庙，政府没有在管，因为并不是上了级别的文保单位，没有拨钱维修，也没有派管理员来管，就是村里自己在管。平时的管理方法就是维持庙的信仰，让村民来烧香。那么烧香的人主要是哪里的？ 答：主要就是本村的，没有其他村的村民。来烧香的村民并不给香火钱。村民自带香火和供品。

(续表)

访谈内容	徐：现在这个庙是准备自己筹钱修，还是等着政府来修？ 答：现在庙里暂时没有维修经费，等着政府拨钱。村里现在正在申报古村落。村民希望把庙里的神像竖立起来，但是要等庙修建得差不多，村民才会来竖像。庙修好以后会有人来管理，现在是村民自发管理。 徐：庙现在的使用情况怎么样？ 答：现在的节日还会有村民来拜。以前庙保存良好的时候会有庙会，现在没有了。 （注：访谈结束后，冯宛秀说以后要是有不懂的问题再来问他们，他们懂得比别人多。）

（六）康营村成汤庙访谈

访谈人：周珂帆	现场记录：王子寒	录音：周珂帆	录像：赵小雯
访谈稿整理：周珂帆	访谈时间：2019.6.16		访谈方式：面谈
受访者基本情况			
姓名：王健林	年龄：52岁		性别：男
成长经历：村委工作，兼管成汤庙。			
访谈内容	周：平时会组织庙会、唱戏吗？ 王：每年三月二十八，两个戏台都唱戏，唱一天。这是每年的庙会。 周：平时会有村民来上香吗？ 王：平时老百姓每月初一、十五来烧香，本村外村都有。龙王庙是求雨的，成汤庙也是求雨的，东厢房阎王殿是求长寿的，西朵殿蚕姑殿求子。 周：修庙的钱是怎么来的？			

(续表)

访谈内容	王：修庙是村委组织的，村委出一部分钱，社会捐一部分。村委组织大家捐钱，捐钱的主要是本村的，外村的少。 周：您小时候这个庙是怎么管的，也是村里管吗？ 王：不知道。我记事的时候，这个庙是作库房用的，九几年才恢复成庙，以前都不重视。 周：岱宗庙和成汤庙本来就修在一起吗？ 王：岱宗庙原来在西山，唐朝建的，规模非常大，光碑就有300多块，后来烧毁成平地了。明朝时把石料什么的拉过来在这里重建，有碑记载。成汤庙原来就在这里。 周：平时除了初一、十五，有人来上香吗？ 王：没有，平时没人来，大门就关着。我在村委上班，有人过来就提前打个电话，或者去村委找我来开门，像你们这样要来的就过来给开门。 周：庙会的香火钱是怎么收支的？ 王：都是村委管，庙会上香的香火钱交给村委，庙会能收1万多，花钱要两三万，都是村委出钱。 周：院子中间这棵古树有什么讲究吗？ 王：这棵树3 000年了，以前这个村就叫柏树坡，就是用这棵树起的名字，长平之战(后)改了古光狼城，后来是强营，现在叫康营。

（七）唐西村关帝庙访谈

访谈人：周珂帆	现场记录：王子寒、王卓	录音：周珂帆	录像：田雨森
访谈稿整理：周珂帆	访谈时间：2019.6.16		访谈方式：面谈

受访者基本情况

姓名：张晚女	年龄：73岁	性别：女
成长经历：庙主，退休工人。		

(续表)

访谈内容	
	周：您什么时候开始管这个庙的？
张：我45岁的时候，在石场上班，生了一场病，都说得去北京的医院，要10万块钱。然后我晚上做了一个梦，梦见一个人说不要去北京，没有病，拿那10万块钱来修这个庙，病就能好。这个人大高个，红脸，拿刀。这是老爷显灵了。这个庙我来之前没人管，也没人来上香，我看了这个庙28年。大殿屋脊是我买的，投资了1万块钱修了屋坡；东边的厢房修了屋顶；舞台塌了我重修的。一共花了四五十万，这些都有记录。后来我就一直管这个庙了。
周：修庙的钱都是您自己出的吗？村里有其他人捐款吗？
张：我退休工人每个月有3 000（块），我一个儿子两个女儿出了很多钱。也向村子里老百姓集款，碑上有记载。
周：您的病后来就好了吗？
张：我住东南角，看到门口那两个石狮子嘴里吐光，然后身体自然就好了。
周：您修庙的时候别的村也有人捐钱，他们是怎么知道要修庙的？
张：别的村里的人听说了老爷显灵治好病的事，也来捐款。
周：您给别的庙捐过款吗？
张：别的庙修的时候我也捐过。我修庙的时候他们也会来捐款。
周：您来这个庙之前，庙有人管吗？
张：没人管，开都不开，锁着的。
周：平时大家都来庙里求什么？
张：我只要有了病，我就来拜，烧上香，搁上一碗水，喝了就好了。还有一个老干部，都83（岁）了，病得不行了，来庙里求签，是上签，病就好了。好了以后每年给关老爷上100块钱。这个庙跟别的庙不一样，老爷灵得很。家里高考的也来，考上了清华北大。要考试的就插上香。本村外村的都来求学、求病、求平安，家里有病人就来，要考试的也来。西边那个是奶奶庙，家里生了小孩也来给老爷上香。
周：村里还有多少庙？

(续表)

| 访谈内容 | 张：村里只有两个挂保护牌的庙。另一个挂牌的庙是全部拆了重修的，叫奶奶庙，是求子的。其他的小庙都没有挂牌了。
周：庙里办庙会吗，唱戏吗？
张：现在也唱戏，唱了三年了，唱一次一两万，唱不起了。请的高平的。九月十三祭祀唱，五月十三关老爷磨刀也唱。
周：香火钱怎么安排？
张：都是我出，老爷的钱我都给他记着了，花多少都记下来的。
周：庙会的香火钱能补上花出去的吗？
张：补不上，都是我自己垫上。那使我的病好了。上北京还不一定能好呢。
周：戏台下那两根木是什么来历？
张：翠柏树(木)。人家要花100万买走，我都没卖的。
周：您记得您修庙的时候各个建筑花费多少钱吗？
张：屋坡1万，两耳房2万，舞台10万，东边厢房3万。钱有一部分是儿女支持的，总共得花30万了。都在碑上记着了。|

(八) 东宅村海神庙访谈		
访谈人：徐怡涛	现场记录：周珂帆	录音：周珂帆
访谈稿整理：周珂帆		
受访者基本情况		
姓名：冯光中	年龄：60岁	性别：男
成长经历：从小在村里，管庙20多年了。		
访谈内容	徐：20多年前这个庙什么样？ 冯：戏台是重建的，其他的都是原来的。舞台82年烧过一次(后)重建的，楼板是现在的，大小没动。 徐：这个庙维护得挺好的，塑像也很好。政府花钱修过吗？		

(续表)

访谈内容	冯：没有，都是我筹钱来的。都是本村的，我出的钱最多。 徐：塑像花多少钱？ 冯：一尊几千块。 徐：请的哪里的匠人？ 冯：本村的，塑像和建房子都是本村的。 徐：您平时管这个庙，如果有人来进香之类的，这个钱您还是拿来维护庙？ 冯：那个很少很少，一般就几块钱。 徐：有庙会吗？ 冯：农历三月二十二，我们叫祭祀。原来也有，碑上有记录。 徐：碑上写的内容有些什么？（《余村之西南有海碑-嘉庆》） 冯：碑是原来大殿里嵌的。说的是这边原来木头都是白色的，没有漆，都给漆上了，绘画了。靠布棚会集钱，十几年攒了100多两银子，主要用来请工匠画这个。 徐：碑上冯姓的很多，现在也是村里大姓吗？ 冯：是的。 徐：大殿里墙上贴的衣服是做什么的？ 冯：墙上贴衣服是信徒祭祀时候的传统，他们尽自己的虔诚之心，每次祭祀（贴上），过年就会换一批。有时候太多了，还是挑工艺好的挂。 徐：庙里的主神是海神吗？旁边的神位为什么空着？ 冯：主神是海神，旁边是妈祖。另一边空着是因为原来就没有。20多年之前，八九十岁的老人就跟我说那边没有神像。房顶有个雷震子，现在还在，以前被盗过。 徐：您和周围神庙的庙主联系吗？庙主之间有来往吗？ 冯：没有，我不跟他们联系，他们也不来找我。我这个是海神庙，就跟其他的都没关系。 徐：别的地方的人来这里上香吗？ 冯：没有，只有本村的来。 徐：是因为这个信仰比较特殊吗？别的地方都有汤王庙？

(续表)

访谈内容	冯：我没听说过，我们这里就是相信海神。 徐：村里有汤王庙吗？其他庙还有些什么？ 冯：没有汤王庙。有个观音堂，也是这么老。还有个三官阁。其他都拆了。原来有真翁庙、白衣阁、关帝庙。传闻和县志上以前还有一个佛教的恩泽寺。 徐：国家给保管经费吗？ 冯：不给。我做文保看护员，每年给2 000块。 徐：这个庙里卫生也很干净，还有贡品，都是您自己弄的买的吗？ 冯：是的，都是我和我老婆，还有一些信奉的来义务弄的。 徐：那您平时还务农打工吗？ 冯：我平时不是初一、十五的时候会出去打工。我老婆在庙里看着，我家就住在这里。初一、十五的时候必须开开，人家会来进香的。 徐：庙会有什么活动？ 冯：一般就唱戏。戏班子是我去请，剧目也是我定。一般就是上打闹子，河南豫剧，比较流行常见的。有时候说个书。 徐：唱戏的时候就在台上唱，村民在院子里看，大殿门打开吗？ 冯：是的，大殿门敞开。 徐：这个院不大啊，村民会挤吗？ 冯：有时候会挤，唱三天呢。 徐：咱们村里有多少人？ 冯：2 000多。

（九）东宅村观音堂访谈

访谈人：徐怡涛	录音：徐怡涛	访谈稿整理：周珂帆
受访者基本情况		
姓名：冯菊莲	年龄：56岁	性别：女
成长经历：本村人，娘家人和冯光中（海神庙管理者）是一家；第6任，之前是婆婆管，婆婆去年去世了，之后才是冯菊莲管。		

(续表)

访谈内容	徐：这里以前是做什么的？ 冯：以前是小队的库房，放粮食。 徐：塑像什么时候塑的？ 冯：塑像20多年前塑的。钱是庙会捐的钱，不够自己再贴。 徐：有外村的人来参加庙会之类的吗？古代的有其他村的捐钱，现在只有本村的吗？ 冯：没有别村的人来，都是本村的。 徐：海神庙以前是谁管的？ 冯：海神庙以前是现在庙主的母亲管，传下来的。 徐：这个庙会是哪天？ 冯：六月十九（观音生日）。村里人都过来。 徐：会组织唱戏吗？ 冯：没地方唱戏。会说书，在门外说。 徐：说书的钱是哪来的？说的什么书？花多少钱？ 冯：自己出钱请人说书，说的是当地的古书，说3天花7 000。凤和那边关帝庙说书，三月得一天1 000，六月贵。 徐：就是您先花钱把戏班子请来，然后村民捐点钱。一般能抹平吗？ 冯：不够，自己贴。 徐：您平时务农吗？怎么挣钱？ 冯：不弄啥，主要就经营这个庙。丈夫工作上班挣钱。 徐：怎么不想去外村找人来捐点钱？ 冯：没想过。 徐：以前你们村看庙的是祖传的吗？ 冯：一般是上一辈看着，就想着下一辈也要看着。 徐：现在的这个房产是公产还是私产？ 冯：公产。 徐：您平时住村里，然后每天过来吗？ 冯：就住在这后面。

（一○）唐东村金龙宫访谈

访谈人：徐怡涛、李萌慧	现场记录：李萌慧	录音录像：韩蕙如
访谈时间：2019.6.17	访谈方式：面谈	

受访者基本情况

1）姓名：杨巧花	年龄：85 岁	性别：女

成长经历：金龙宫庙主，管庙 11 年了。组织修缮了金龙宫 11 间的房子。很有威望。		

2）姓名：牛秀英	年龄：68 岁	性别：女

访谈内容

徐：修缮都是什么人捐的款？

牛：没有捐款。工程队都是我们这边的。附近工程队都是看着老杨的面子，敬香、自动捐善款。

徐：附近都有哪里的？

牛：碑记上都有。

徐：出资出力的人不只是本村的吧？

牛：不只是。各方各地都有。

徐：都是因为咱庙主威望高吗？

牛：是的。

李：是因为（庙主）年轻的时候做过什么工作吗？

牛：她（杨巧花）年轻的时候在乡镇上接生小孩，03 年的时候当过妇女主任。

徐：在政府任过职？

牛：对对对，主要是接生小孩。从 20 多岁（杨言 19 岁）到五六十岁，接生过的小孩多得是。一代代小孩长大了，都上庙里来。这都是老杨有威望，都喊干娘、干妈的，可多了。

李：什么样的契机让您去修这个庙呢？

牛：原来的庙主是王翠萍，他们在南山还管着九龙庙，负担太重了，委托给老杨的。

(续表)

| 访谈内容 | 徐：那就是说，老奶奶当庙主之前，是有庙主的，但是没有重建那些房子？
牛：没有重建。
徐：有活动吗？
牛：有活动，初一、十五都有。
徐：修了这些建筑以后活动是不是更多了？
杨：年年农历九月十五，有个庙会，都唱戏。
徐：戏班子都是您请来的吗？都是什么上党梆子？
牛：是。
杨：他一年唱戏4 000，第二年是3 600，第三年唱戏是4 000，现在都1万5(仟)地唱了，戏价高了，越来越高了。管庙11年，唱了10台戏了，今年唱下来就是11年了。
徐：一天戏多少钱？
牛：三天1万5(仟)，一共7场戏。
徐：唱戏的钱是您筹的吗？
牛：烧香的进100、50的，就能收9 000多块钱。
杨：不够的就我自己垫了。
徐：一般还是要垫的？
杨：对，还是垫得多。最多收过1万多块钱，最少是8 000多。加上吃喝，总共下来我自己要搭一两万块钱。
徐：今天正好是农历六月十五，是每个月的初一、十五您都得在乡镇上的每个庙跑一遍吗？
牛：对。
杨：每个月有香客烧香，没有钱，光烧烧香，不给钱。因为庙在村里头，要是有外面的香客来，烧的时候给个30、50、10、8块的，还是有香客来，因为咱是老庙，出名。
陈：一般是九月十五的祭祀。
徐：金龙宫就是金龙四大王？ |

(续表)

访谈内容	牛：是的，上面有写。 徐：咱们这边金龙宫多吗？ 牛：多，其他村子还有。咱们乡里可能就是唐东一个。 徐：古寨也有一个。但那个金龙宫现在废弃，没有香火了。 陈：现在就唐东这个有香火。 徐：您今天要去拜多少个庙啊？大概范围呢？ 牛：正常去跑就四五个，(大概范围)唐东本村，比如唐东关帝庙，还去古寨、东宅。去年东宅的香火特别厉害，去年收了80多万，都是香火钱。只要是小庙，就都上钱。 徐：为什么要跑这几个庙呢？是因为比较熟吗？跟庙主比较熟？ 牛：比较熟，跟庙主比较熟，神灵也是。老杨主要是对神灵感兴趣的。 徐：咱这里神灵比较多。您今天上的香是您觉得比较灵的神还是？ 牛：咱也不知道。 徐：您今天在本庙、唐东关帝庙、这里的汤王庙，还有东宅的海神庙都烧了？ 牛：都烧了。还有东宅的黑虎庙。海神庙在村南面，黑虎庙在村东面。黑虎庙没有报(文物单位)。您要去参观一下的话，黑虎庙特好。 徐：黑虎庙供的是什么？ 牛：黑虎庙供的就是黑虎老爷，财神老爷。那个庙特好，是新修的。原来老庙是三间，东面有个大水池。这个水池从古到今一直都有。现在他们是用石块砌的这个水池，就算是再旱，水位也不下。 徐：感觉您今天拜的庙都是跟降雨有关的，汤王管水的，金龙四大王也是管降雨的。这个是有意识的选择吗？ 牛：是有意识的选择。多跑一跑。 李：每个月的十五都跑一趟吗？ 牛：基本都跑。有的时候跑不迭，就不来了。 徐：那您每个月的十五都跑这几个庙吗？还是会换一换？ 牛：不不不，换得少，就是这几个。到东宅了，就是到东庙。

(续表)

访谈内容	徐：东宅是不是有个关帝庙都快塌了？ 牛：有的。上面的北寺庙拆了，原来也是很好的。 李：每个月十五跑这两个庙是从您两位开始的，还是之前的庙主就有的延续活动呢？ 牛：我们是延续活动，是上辈传下来的。 徐：就是庙主们会有一个交流？ 牛：对。她(杨巧花)跟我妈很好，我这相当于是小辈了。 徐：明白。就是说每个庙主之间都有个交往，但是是有选择的，交往圈子是庙主自己定的，喜欢和哪些庙交往。 牛：对对对。 徐：那那边修庙的时候，因为有这种交往关系，是不是古寨这边也可以拉一些香客过去敬敬香什么的？ 牛：古寨的去的不少，三四十来岁的小辈去得多。 徐：他们去是因为庙主带过去的吗？怎么知道的呢？ 牛：有的是自己去的。因为那个庙出名。 徐：这个出名是在咱们乡民中间会传，比如哪个庙灵验、香火好什么的？ 牛：是的。 徐：一般香火好的是不是都灵验一些，是不是会有一些验证者的事件，比如拜了这个之后就灵验了？ 牛：是的，有这个说法。东宅东庙每天都有敬香的，香火特别旺。 徐：他那个庙主是本村的吗？ 牛：本村的，三四辈了一直管那个庙。 李：下一任庙主怎么选呢？ 牛：那个选不是偶然的，是自然而然的。谁信了，跑得多了，忠心耿耿，就选了。要是三心二意，肯定不会选。 徐：就跟选接班人一样，要忠实可靠、虔诚的。 牛：要忠心耿耿。我妈妈那时候跟我说，有没有福看不着，啥叫福，心善就是福。

（续表）

访谈内容	徐：文物国家是有法律规定，怎么修、什么人能修、修到什么程度，都不是庙主能定的。这个咱们庙主都是能接受的？ 牛：对的，我们不定。那个我们都懂，应该都懂。 徐：咱们庙主的文物保护意识也还是很好的。 牛：对对对。 徐：有没有庙主跟文保员闹矛盾的？ 牛：没有。我们这里没有听说过。因为他们是文物保护者，我们在这地方守着，也属于保护者。两种保护不一样。我们是用敬香保护传承，他们是进行科学保护。我们互不干扰，配合得很好。现在都固定地方烧香，帮助他们。

（一）大周村宣圣庙访谈

访谈人：徐怡涛	录音：徐怡涛	录音稿整理：王子寒、周珂帆
访谈时间：2019.6.15	访谈方式：面谈	

受访者基本情况

姓名：程裕生	年龄：74	性别：男

成长经历：本村人，从小在村里长大。从6岁开始就在这的文庙上小学，10岁小学毕业。后来上山下乡，一头栽在农业社，对村里很了解。从50岁以后管庙，到现在20多年了。

访谈内容	徐：平时都是您管？ 答：平时不是我管。大周村在申报中国历史文化名城的时候，我是大周村的总编辑。其实下面都是我管，但是我老了，管不了了，从五台山找了个居士来管。他们平时7个，最多的时候11个。 徐：他们是佛教的？

(续表)

访谈内容	
	答：对。 徐：佛教的管这个庙？ 答：不是，这个庙不管。佛教的管资圣寺。庙平时是我管。这个庙跟他们不一样，咱们是道，他们是佛。 徐：您跟周边的庙有联系吗？比如他们要修庙捐款会联系您帮他们组织捐款吗？您要修庙也找他们？是不是自古以来就是这样？ 答：对，跟周边的庙经常联系，修庙的时候互相组织捐款，历来就是这样。这是汤王庙的总道场。咱们这儿不仅有汤王庙，还有七星阁上的祖师庙。这些都是道教。除了道教、儒教、佛教，我们还有庵院，就是尼姑住的地方。 徐：咱们这儿清华的也来看？ 答：清华的刘畅教授连续7年来这里，最主要的是2015年7月2日带领47位学生来调研一个星期，早上从高平坐车，8点到大周，中午在这吃饭，下午5点再回高平。搭架子上房顶。然后以王贵祥教授为代表的，率领着30多个学生，从高平的开化寺来了。然后以李路珂教授为代表的第三波人又来了。跟刘畅老师接触比较多，王贵祥老师就见了一次。他们跟我说过你。 徐：现在大周旅游怎么样？收入有明显增长吗？香火钱怎么样？ 答：不到紧要的时候，人不太多。这里没有门票。下面的资圣寺有香火，这里没有香火，只有过年，初一、十五来。2013年马村镇出了3 000万修这个庙，西边的塌了。去年河南开封的专家来调研。他们说："开封都是仿古建筑，你们这原汁原味的没有！"西安的过来的也觉得特别好。 徐：您平时多久跟周边的寺庙转一圈联系一下？最远的村子能走到哪？古寨那个庙您知道吗？那也是个汤王庙吗？ 答：一般就去马村，不轻易远出。古寨也去过。古寨那个庙是花石柱庙，它那个柱子特别好，在山上，那也是个汤王庙。2014年临汾大学7个学生来晋东南普查汤王庙，普查结果是晋东南总共478座汤王庙，规模最大的、历史年代最久远的是这里，周边村子有很多的汤王庙。

(续表)

访谈内容	徐：庙主之间有交流吗？ 答：有交流。庙会的时候经常来着，农历三月三，现在是三月二十，咱们改成物资交流大会了，一年就一次。2016年的时候周围的庙会还不叫物资交流大会，叫古庙会，咱们这叫大周古庙会。这一天咱们大周的庙会太多了，古庙会、周王会……同一天这些会都要到三皇庙去筹备，方圆百里的人都要来参加这个庙会，非常热闹。 徐：咱们村里有多少座庙？ 答：村里有72座庙。别看地方不大，庙非常多，而且这里的庙都非常有来历：1937年蒋介石的军队和日军打了一天，咱们这落了两架飞机，高平的鼓楼上面落了一架飞机。但是高平鼓楼上面落的飞机的飞行员被炸死了，咱们这的两个飞行员都没啥损伤，民兵把他们送到高平了。 徐：古寨的那个汤王庙的庙主您认识吗？ 答：我认识。现在古寨的汤王庙好像有点矛盾，它的庙主心不正，庙里的收入他一个人拿上自己随便花。咱们这的收入和支出都需要层层把关。咱们这初一和十五的香火钱由会计来记账，然后有人专门收钱，账目是公开的。会计是咱们庙里的会计，村里不管这个事。咱们庙里总共有5个人来管，都是本村的人。 徐：我听说咱们这里有些管庙的人多少有点神通什么。咱们村里以前很多庙，分别不同的人管。这些人是不是多少都有点所谓的神通？ 答：这个避免不了。为什么说庙里有收入，也就是因为这个神通，他对一些小伤有专门的手段。这些庙都会有些神通。 徐：这些庙主之间有竞争吗？ 答：有。比如说这个庙有人精通医学，不说大病，一些小伤小病都能看了，他才能让人相信神通，香火就来了。还有什么驱灾之类的，求学有灵的就有香火。比如有一个叫刘志刚的，孩子要考大学，来求前面孔庙大成殿的老爷。庙里给他拿了香案上一块开过光的黄布给孩子带上。还有一个说书的也是孩子考大学，到这里来求老爷。分别赐给他们两个黄布以后，说书家的孩子考上了云南医专大学，刘志刚的孩子考上了东北一个学校，后来人家

（续表）

| 访谈内容 | 还来还愿了。咱们这现在还有这种风俗，比如说前几天高考，他们就到这里来求老爷。

徐：咱们汤王还管高考吗？

答：咱们大周和其他地方不同。咱们这里有文庙，有孔夫子庙，就是前面那个地方，有大成殿，孔夫子，他们是求孔夫子的，有求必应。前些年我的孙子考大学的时候是在这（孔夫子）求的，最后考上了哈尔滨。咱们村好几个来求老爷的，都考上了。所以说村里人慢慢就都相信了，到咱们的庙里求学的就多。

徐：古寨花石柱庙八九十年代修庙的时候，您这边捐款了吗？

答：我们有捐款，捐了几百块呢。他们庙主找我们去捐了300多。我们这有，他们也来，咱们有事儿的时候找他们庙主，给他们请帖，他们也来。

徐：那咱们这儿这种事是不是有固定的格式和礼仪？

答：咱们这一般都是下请帖。请帖没啥固定格式，也就是递一个请帖，说咱们这有事儿，请您过来商议一下，带上个请帖就好了。内容比如某日某时带钱来，钱的多少看平时往来。咱们这里一般都是吃亏，捐得多，收得少。

徐：咱们这个庙一年的香火钱能有多少？清华的老师来了有上香火钱吗？

答：咱们这里一年就两三千香火钱。清华的老师都没到这里来，我都是在下面的资圣寺接待他们的，没到这里来。一般来的人多了我才会去接待，来的人少了或者外宾不来，我是下去资圣寺的。

徐：您也姓程哈？咱们村里姓程的多吗？

答：对，我姓程，咱们村里姓程的很多，都是一大家子的，世代都在这。大概在清道光年间从洪洞的大槐树迁到这的。

徐：您今年贵庚？

答：我今年74岁了，本村人，从小在村里长大。我从6岁的时候就在这的文庙上小学，10岁的时候小学毕业。后来上山下乡，一头栽在农业社，对村里很了解。

徐：您叫啥？一直管这个庙管了多少年了？

答：程裕生，从50岁以后到现在，管庙20多年了。

徐：那您有什么神通没有？ |

(续表)

访谈内容	答：我有点悟性，没有神通。我在这方面受益匪浅：去年6月9日，晋城市人民政府授予我文物保护公德奖，去年12月高平旅游局授予我文物保护功德奖，今年3月镇党委也给我颁奖，受到了政府各种表彰。这个说白了，是沾了老爷的光。 徐：是哪个老爷呢？ 答：我在这主要是伺候老爷。除了汤王以外，其余的老爷我也伺候。佛也伺候，只要是庙都烧香。2015年10月开光的时候，我招待黑龙江文化馆的同志来这里，他们对我们这个非常感兴趣，特别是资圣寺毗卢殿，他们把那个塑像全部绘走了。2015年招待清华大学学生的时候，那里面有一个小女孩，18岁就上清华了，破格录取的神童，画毗卢殿画得又快又好，就拿铅笔画的，在东廊下坐着画。 徐：有没有老爷给您托个梦、显个灵的？ 答：老爷托梦，避免不了的。我们老爷非常灵。当初我塑像的时候，孙子十六七岁的时候，梦到被两个蒙面人绑架到森林里了，老爷蒙着面去救回家了。那个时候我的塑像还没脚，老爷的脸也是蒙着的，跟去救我孙子的人一样。村里很多人都知道。咱们这里的老爷显灵，也就是2014年我们塑像的时候。我们这里有两个人，一个是高平市的山西大学毕业的刘志刚，一个叫韩俊城。他们两个在这里塑像。一天这没电了，我们在这里点了火，一回头我就看见在西南那边有堆煤，上面有个铜钱。只有我看得见，他们都没看到。上面都是煤，用嘴一吹，上面写的元丰通宝，宋朝的。我没跟别人说过这个事，但村里另一个老太婆做梦梦到了这件事。 徐：有神通的大概有多少人？ 答：好几百，咱们村都有三四十个。 徐：但咱们没那么多庙啊。 答：东边有三皇庙，西边有玉帝阁，北边有火神庙、牛王庙，这个庙很多。 徐：咱们这里有金龙四大王庙吗？ 答：咱们这儿叫金龙大王，在三皇五帝庙给了他一个位置，没有单独的

（续表）

访谈内容	庙。今年的5月1日马村镇镇委书记带着一个张姓领导来这里，问我为什么别的地方都有炎帝庙，马村镇没有。我说炎帝不足为奇，三皇五帝庙里面包括炎帝，但是三皇在先，所以炎帝就小了。

（一二）关于村南庙山花石柱庙的情况说明

一、东耳房修建时间：于公元一九八八年农历十月初一开工，农历十一月十五日完工。工匠人金章背村侯堆山，贴工人本村自愿村民，负责人六组苏九水。村民自愿捐款，花费贰仟元左右，工匠工资未付。

二、西耳房修建时间：于公元一九九〇年农历三月初一开工，农历五月初一完工。工匠人金章背村侯堆山，贴工人本村自愿村民，负责人六组苏九水。花费伍仟元左右，资金由村民自愿募捐。当时完工付侯堆山和吉利钱壹佰元。

三、东房中间三间修建时间：于公元一九八八年农历二月十五日开工，农历十月十五日完工。负责修建人三组苏发旺、杜喜林、牛拴虎，三人共同修建。花费约伍仟元，自筹。其中二人病故（杜喜林、牛拴虎）。

四、上首东房修建时间：一九九三年农历三月五日开工，农历四月十五日完工。耳房两间，负责建设人村民张真香、陈宝莲、苏印生，三人共同负责。花费约伍仟元，自筹。其中二人已故（苏印生、陈宝莲）。

五、院西房三间修建时间：一九九六年农历四月十日开工，农历五月二十五日完工。负责人村民赵河叶、常发肉、王发鱼、崔巧爱、邢文瓶、郭菊等，六人共同修建。花费约壹万捌仟元，自筹。其中二人已故（王发鱼、郭菊）。木工匠人苏名山（已故）。

六、东南耳房两间、东南阁楼公园修建时间：二〇〇〇年农历九月十五日开工，农历十月十五日完工。工匠苏永林，负责人苏九水。两项工程花费伍仟元左右，村民自愿募捐。付工匠工资叁仟元，贴工人自愿。

述说人：苏九水
二〇一九年农历五月十七日

测绘图集

测图 01　花石柱庙总平面图

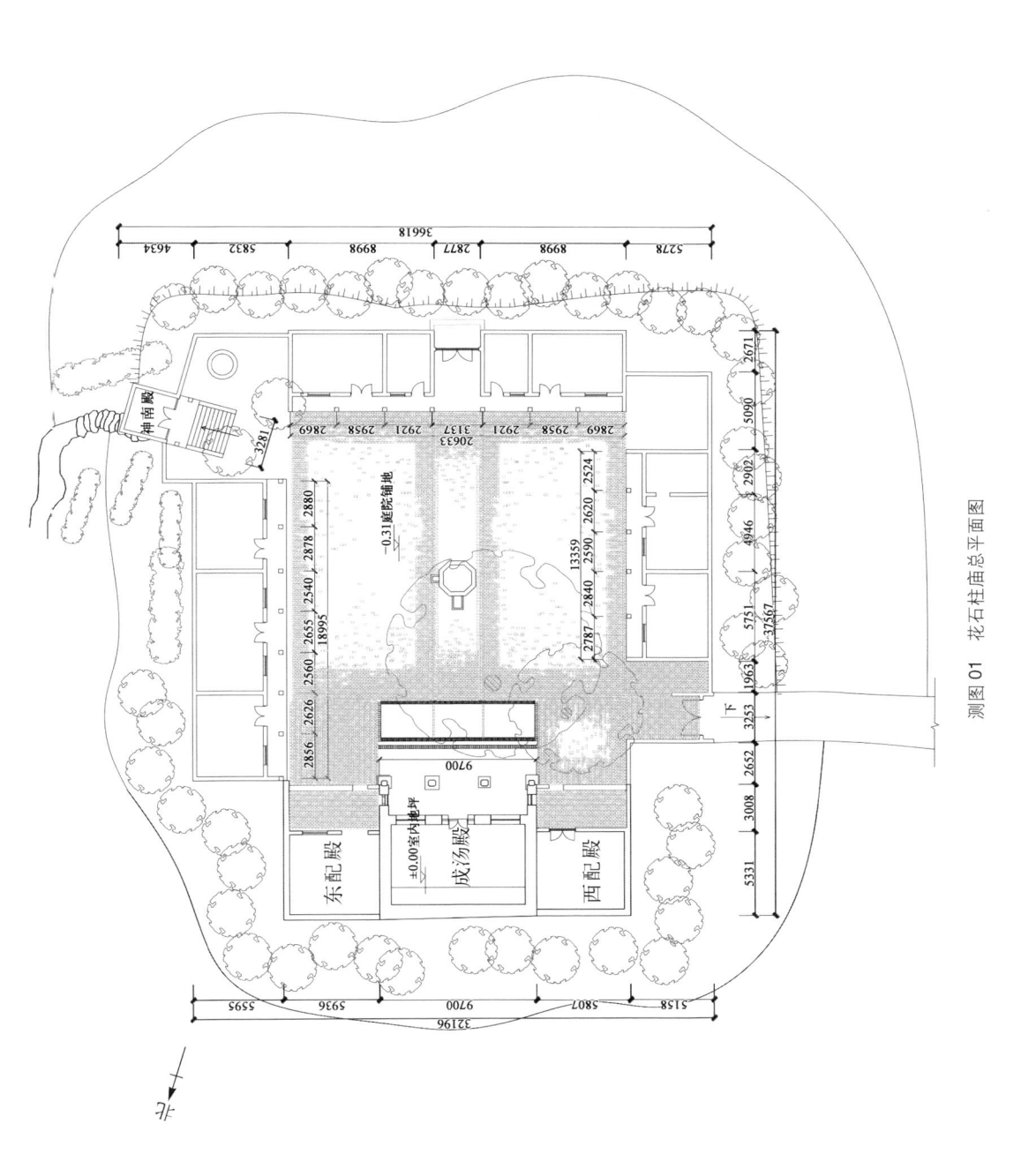

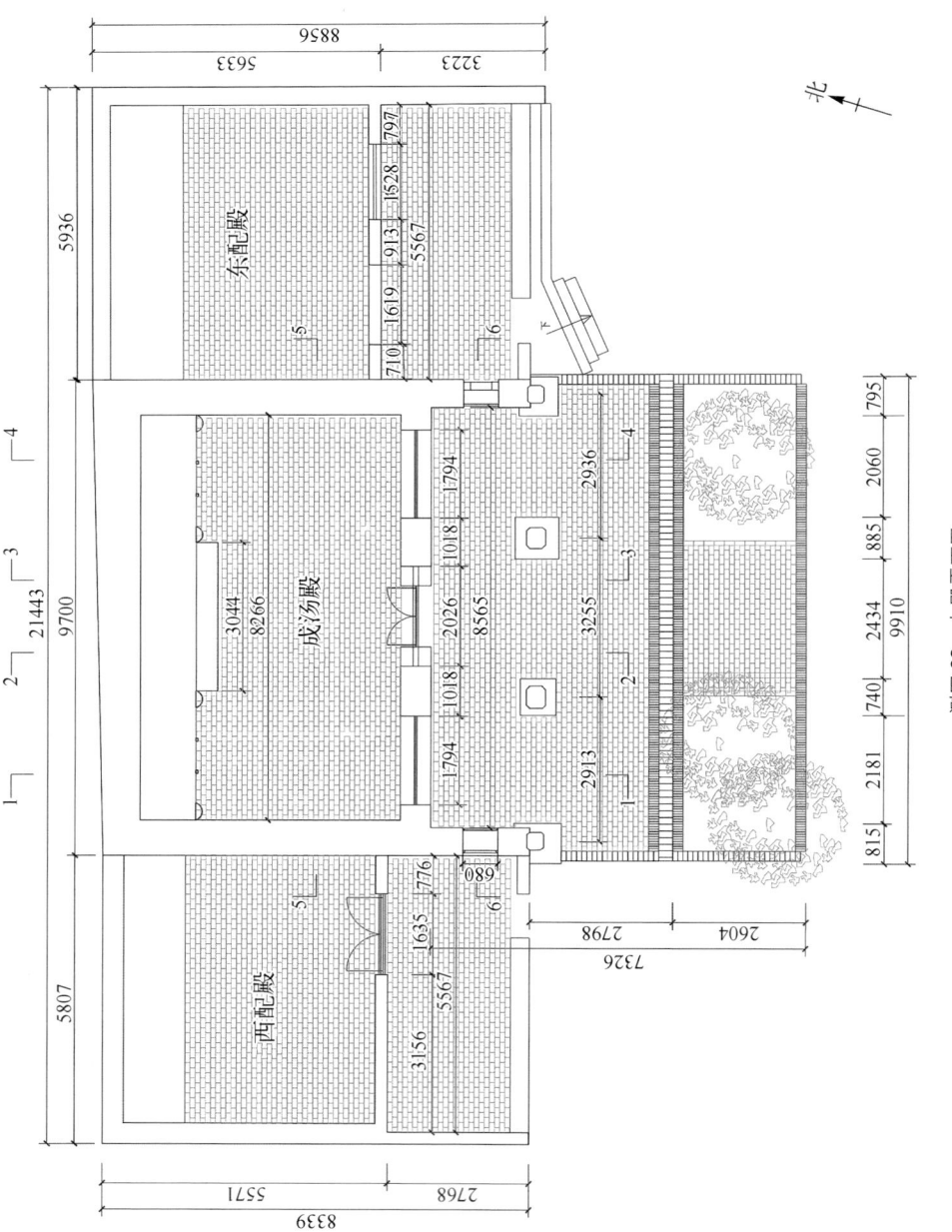

测图02 大殿平面图

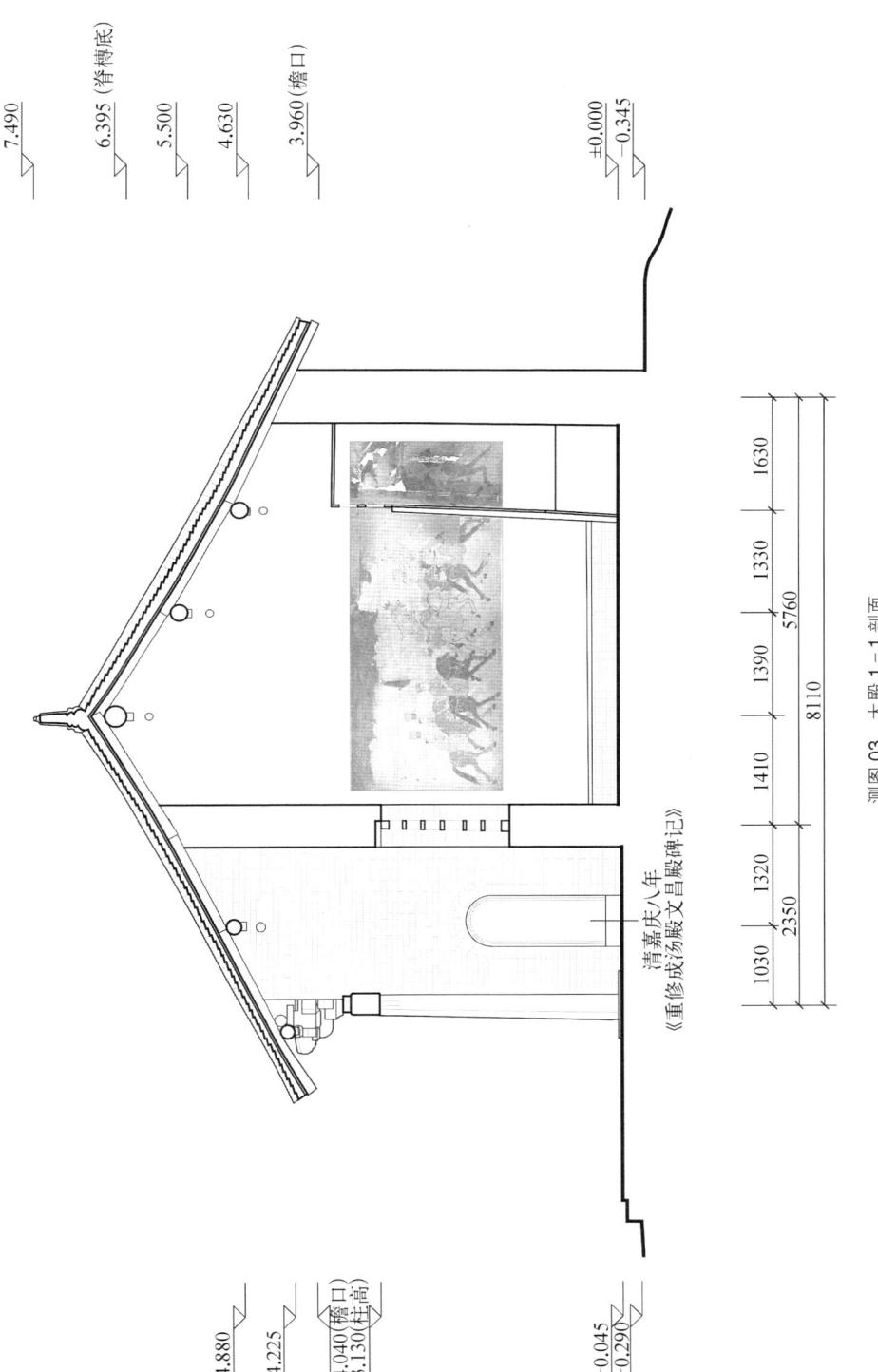

7.490
6.395（脊槫底）
5.500
4.630
3.960（檐口）

±0.000
-0.345

清嘉庆八年
清·修成汤殿文昌殿碑记
《重修成汤殿文昌殿碑记》

1630
1330
1390
1410
1320
1030
5760
2350
8110

测图 03　大殿 1–1 剖面

4.880
4.225
4.040（檐口）
3.130（柱高）

-0.045
-0.290

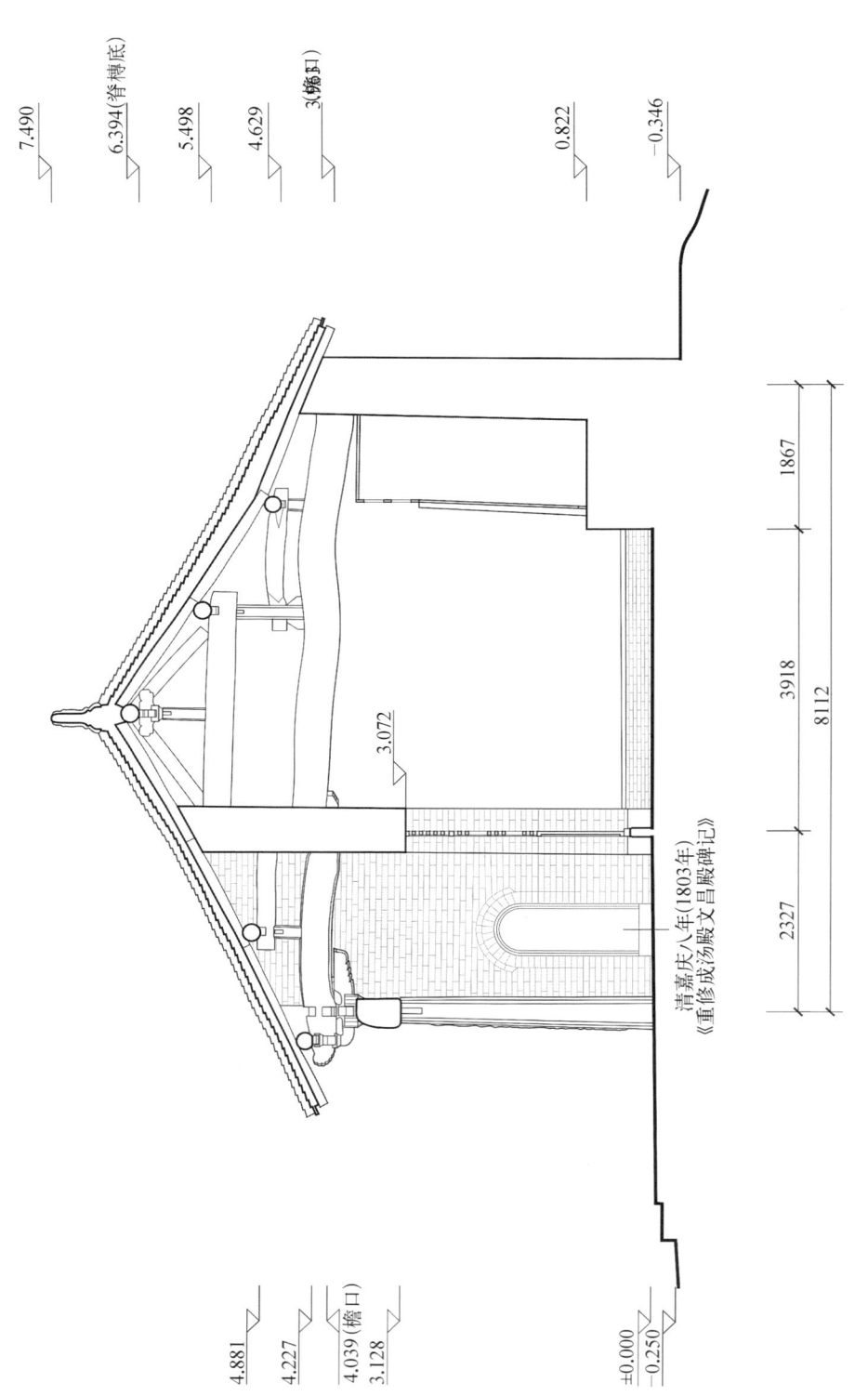

164　山西高平古寨花石柱庙建筑考古研究

测图 04　大殿 2-2 剖面

7.490

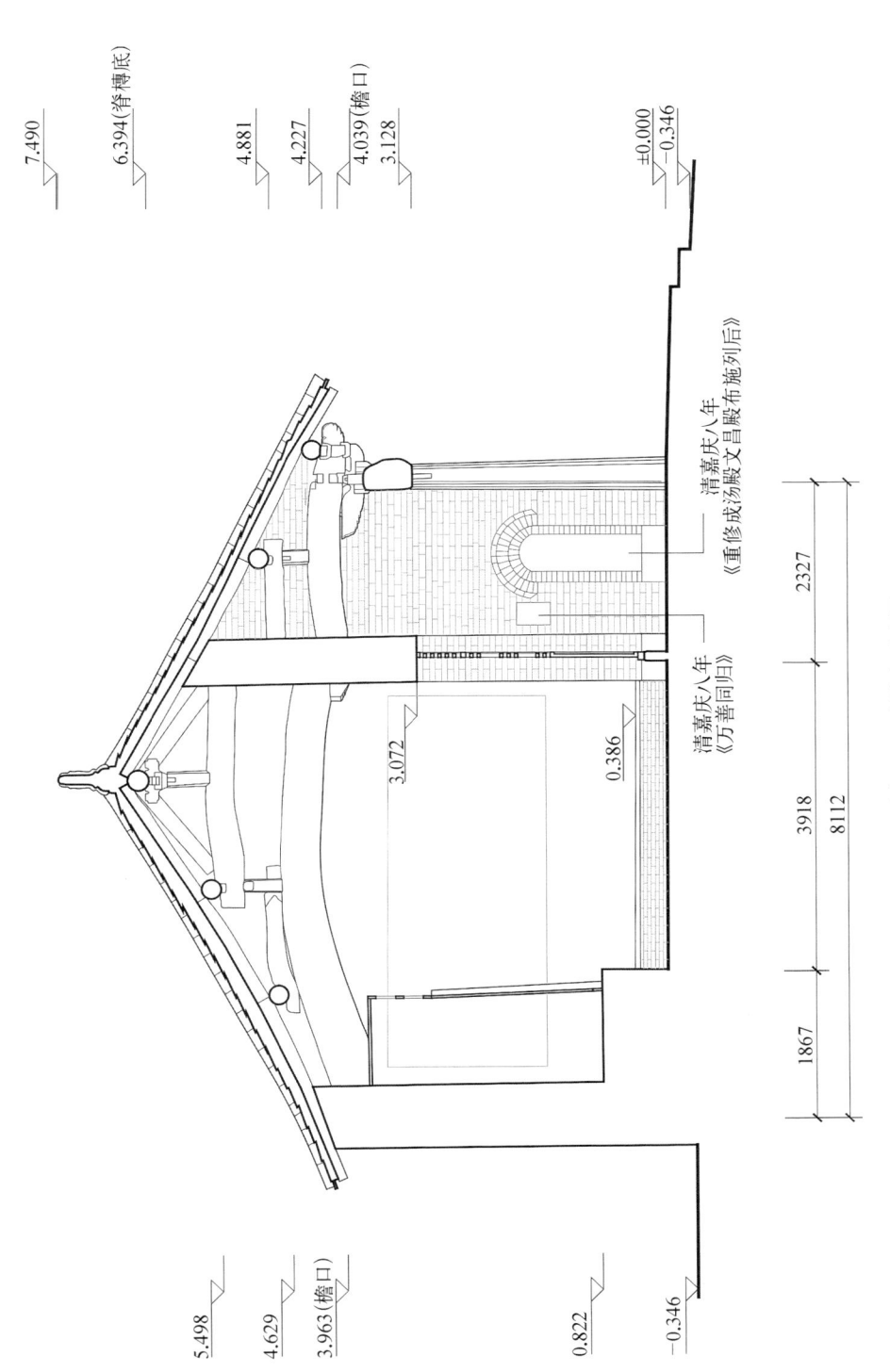

6.394(脊槫底)

4.881
4.227
4.039(檐口)
3.128

±0.000
-0.346

清嘉庆八年《重修成汤殿文昌殿布施列后》

2327

清嘉庆八年《万善同归》

3.072

0.386

3918
8112

1867

测图05 大殿3-3剖面

5.498
4.629
3.963(檐口)

0.822
-0.346

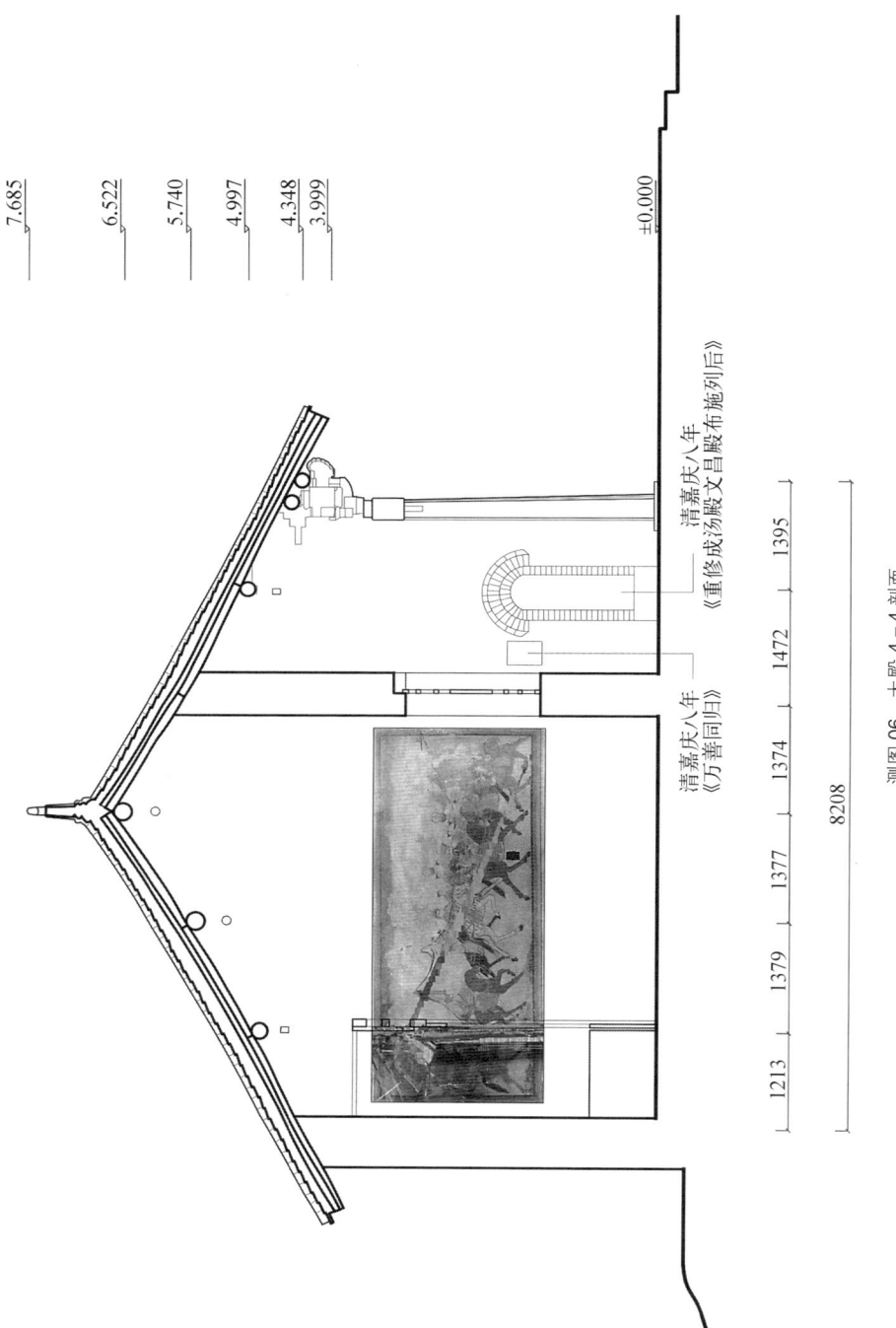

166　山西高平古寨花石柱庙建筑考古研究

7.685
6.522
5.740
4.997
4.348
3.999
±0.000

清嘉庆八年《重修成汤殿文昌殿布施列后》

清嘉庆八年《万善同归》

1395
1472
1374
1377
1379
1213

8208

测图 06　大殿 4-4 剖面

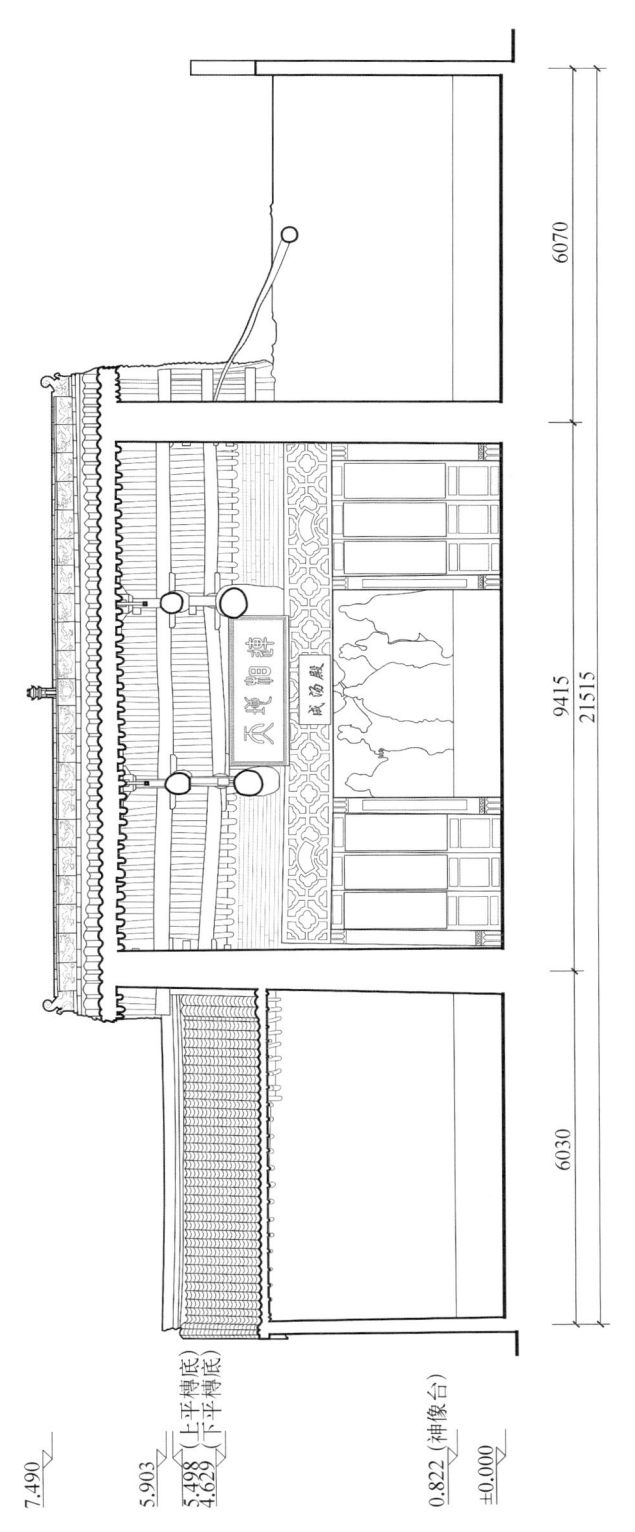

测图 07 大殿 5-5 剖面

测图 08 大殿 6—6 剖面

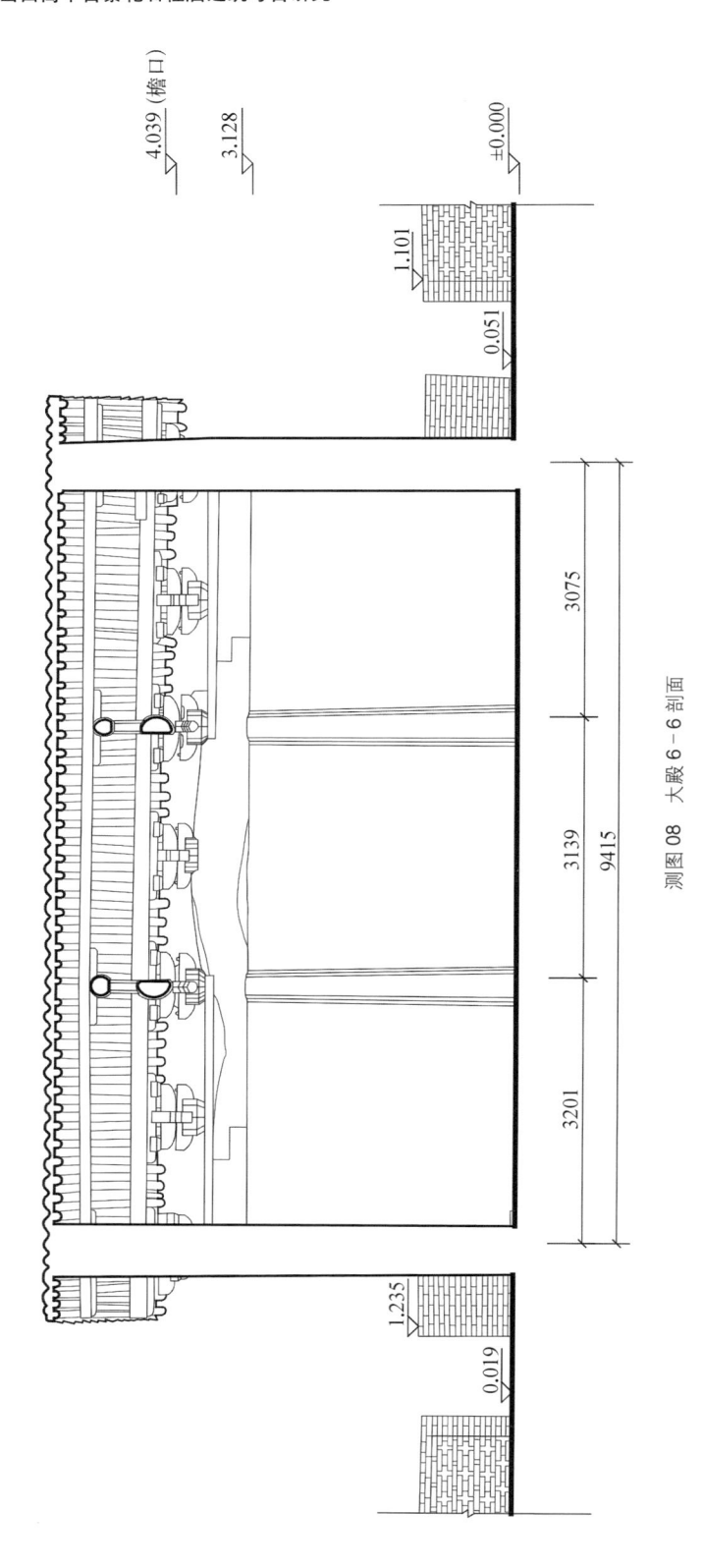

测绘图集　169

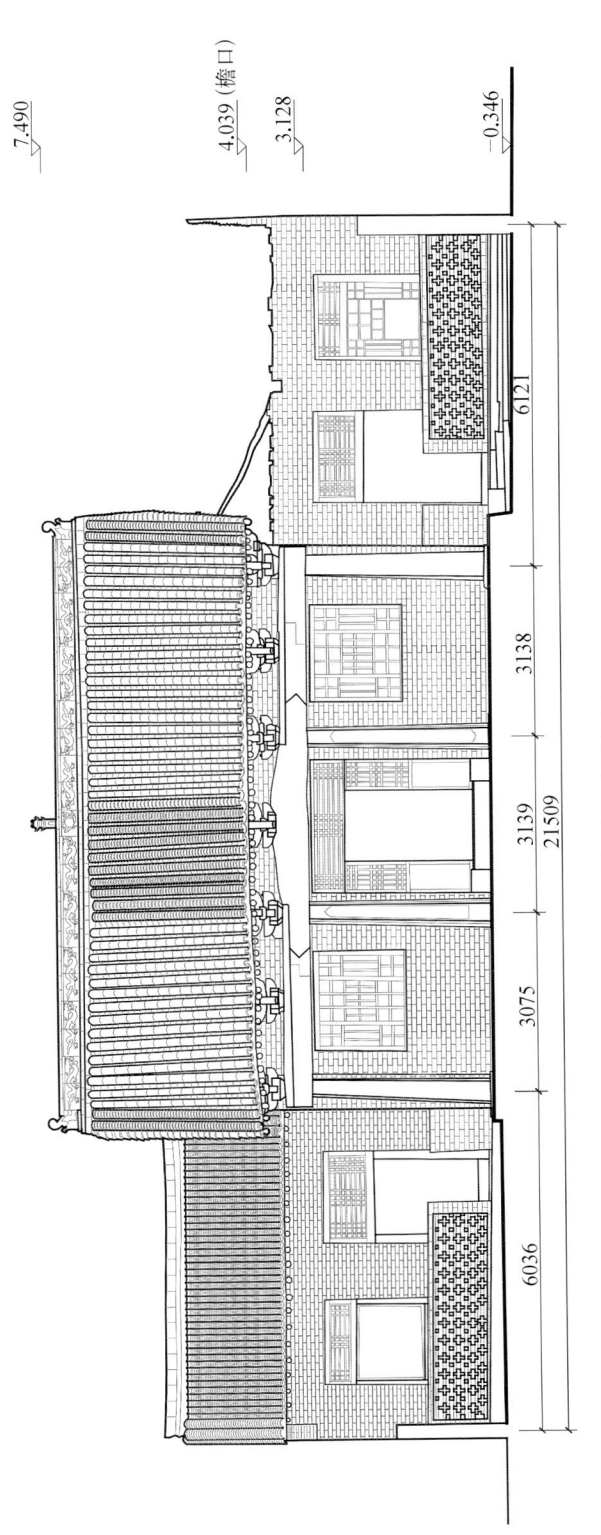

测图09　大殿南立面

7.490
4.039（檐口）
3.128
-0.346

6121　3138　3139　3075　6036
21509

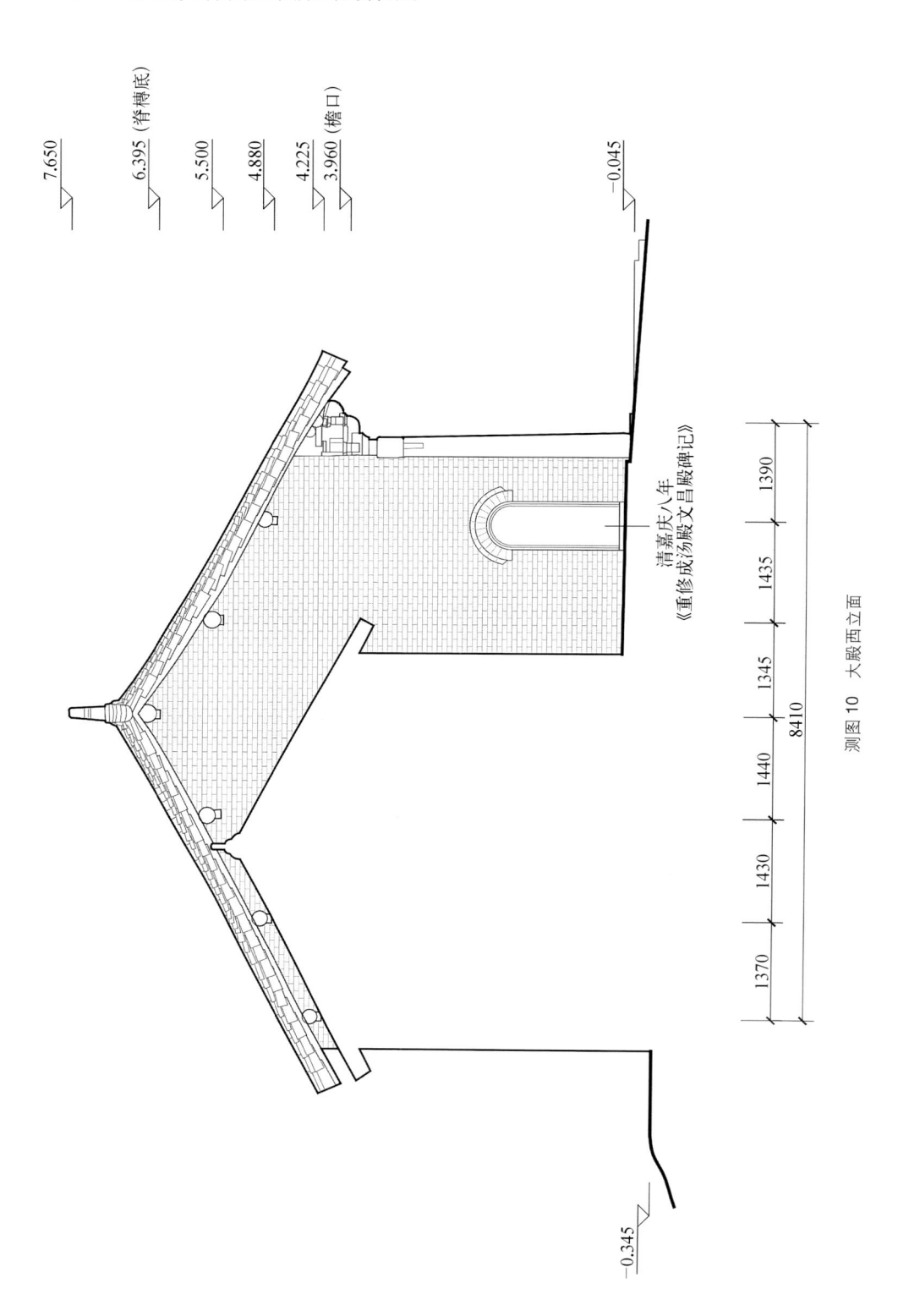

7.650
6.395 (脊博底)
5.500
4.880
4.225
3.960 (檐口)
−0.045

清嘉庆八年
《重修成汤殿文昌殿碑记》

1390
1435
1345
1440
1430
1370
8410

−0.345

测图 10　大殿西立面

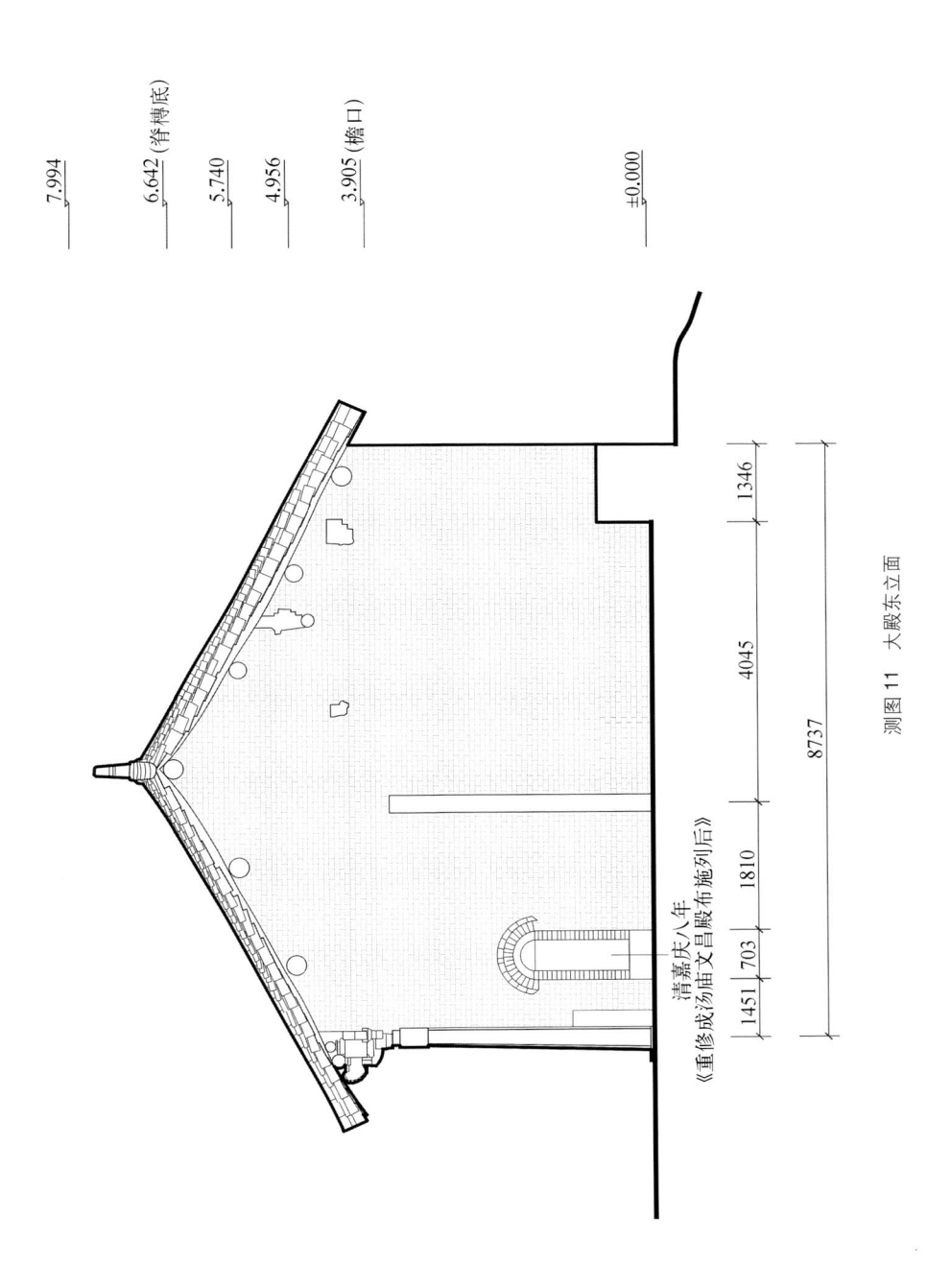

7.994
6.642（脊槫底）
5.740
4.956
3.905（檐口）
±0.000

1346
4045
8737
1810
703
1451

清嘉庆八年
《重修成汤庙文昌殿布施列后》

测图 11　大殿东立面

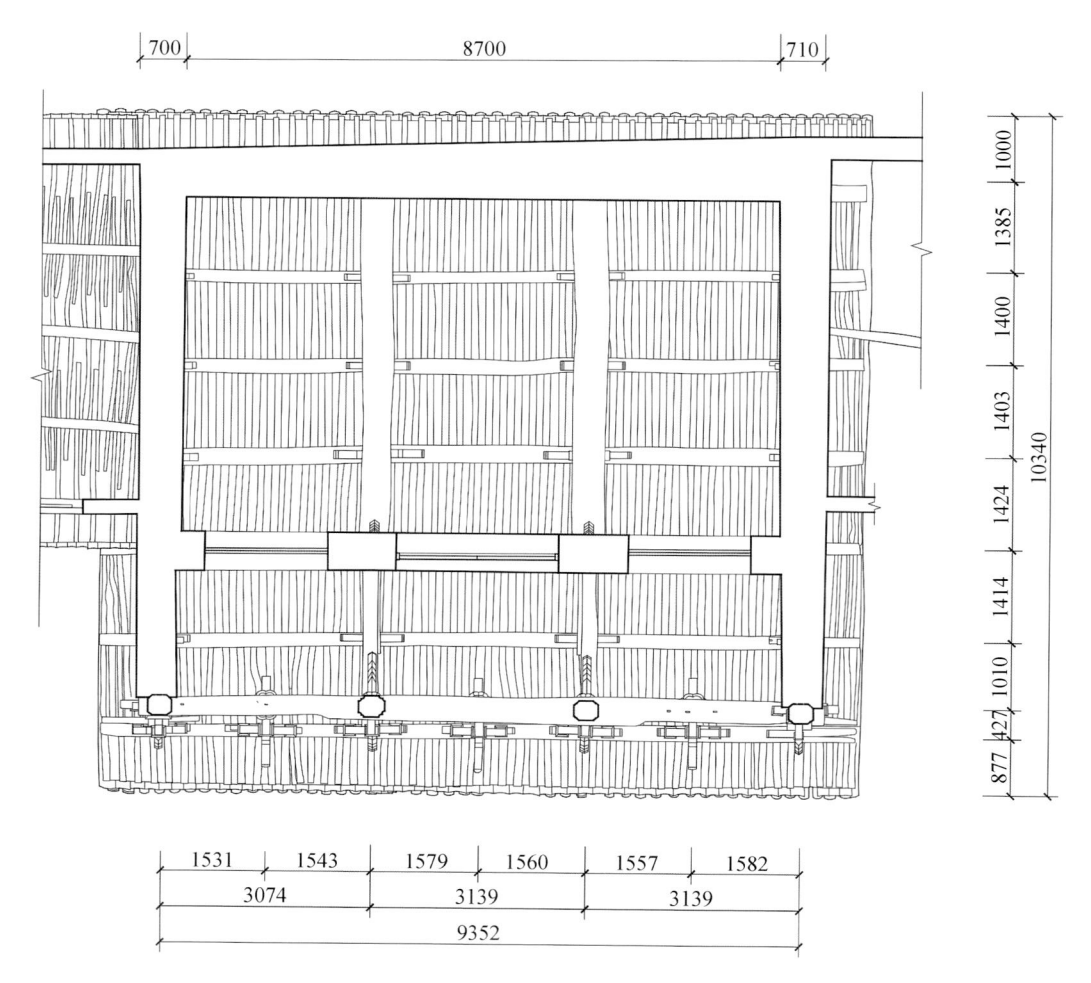

测图 12　大殿梁架仰视图

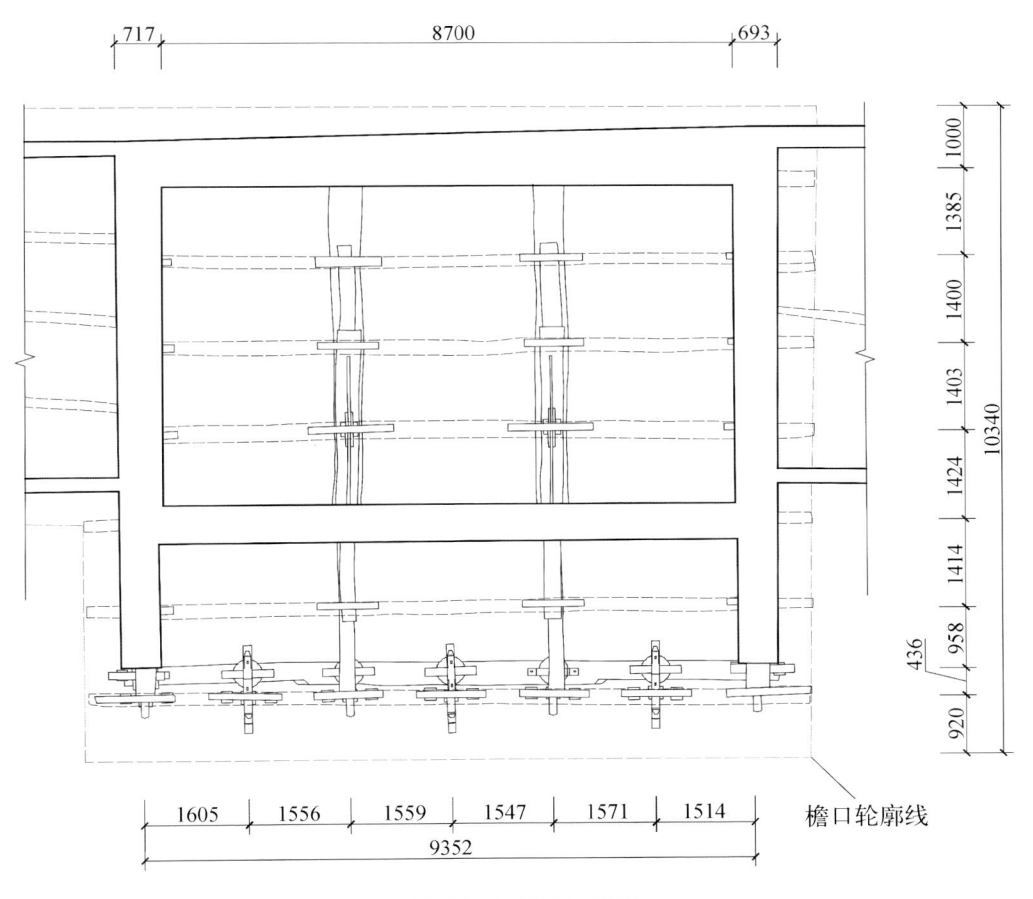

测图 13　大殿梁架俯视图

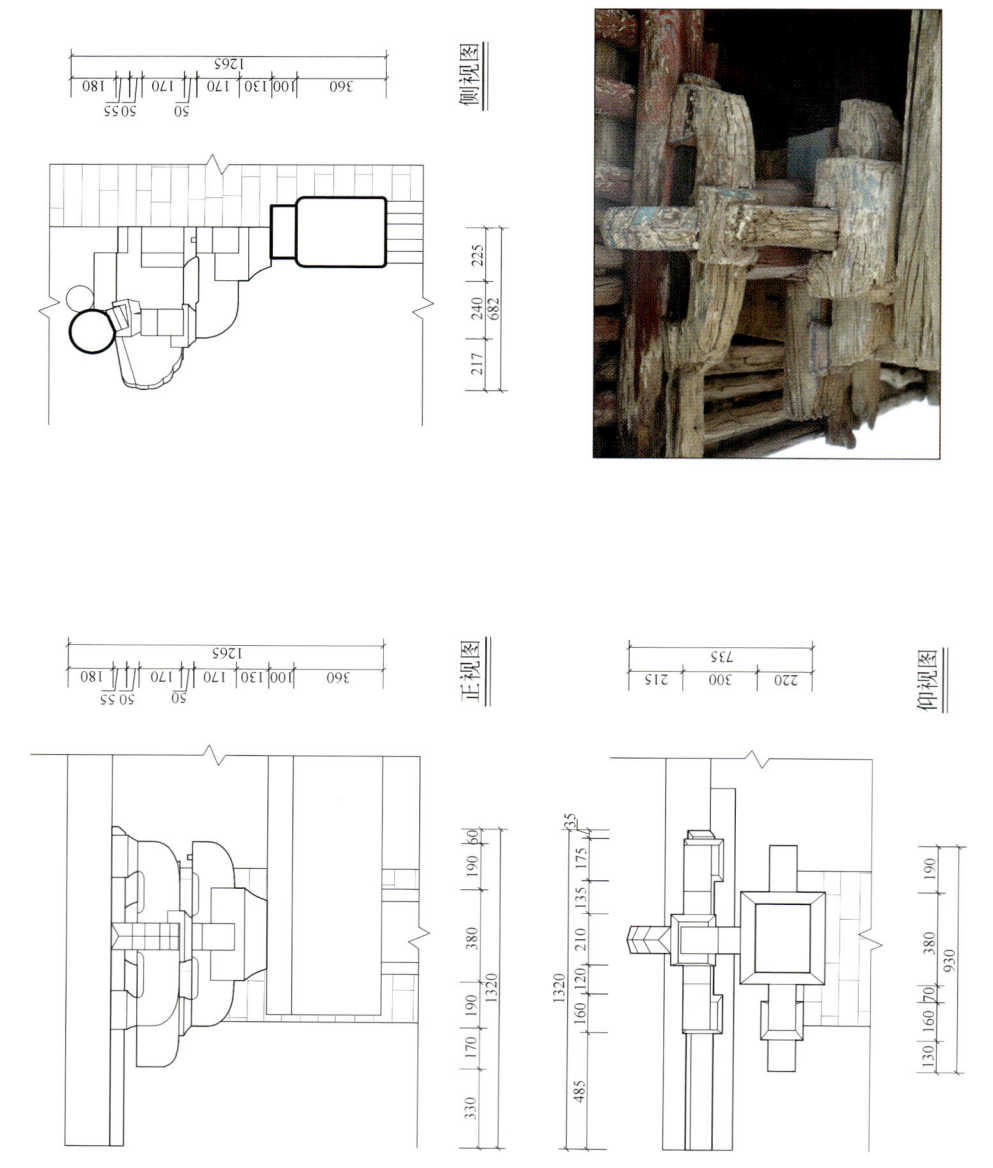

测图 14 大殿西南角柱柱头铺作大样

测绘图集 175

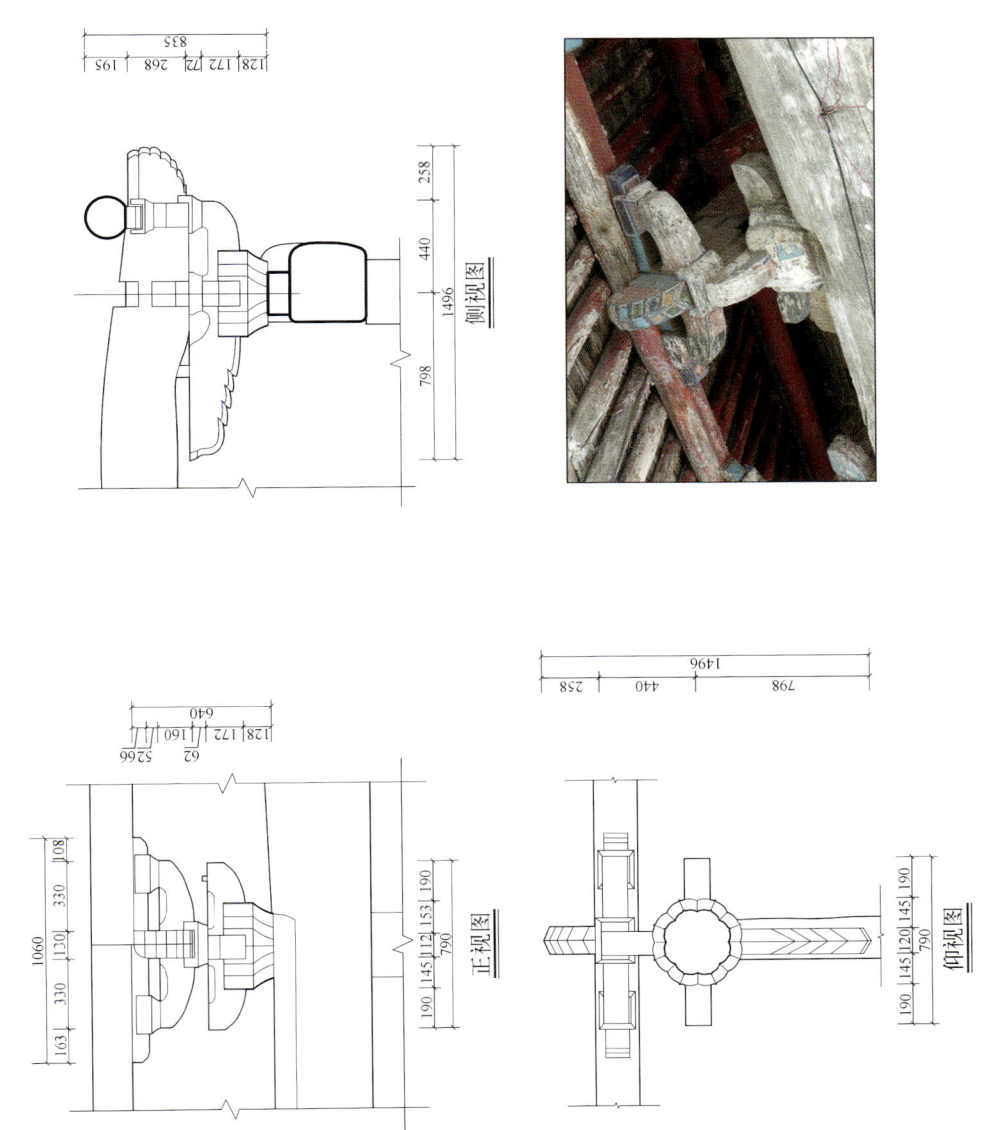

测绘图 15　大殿明间西柱柱头铺作大样

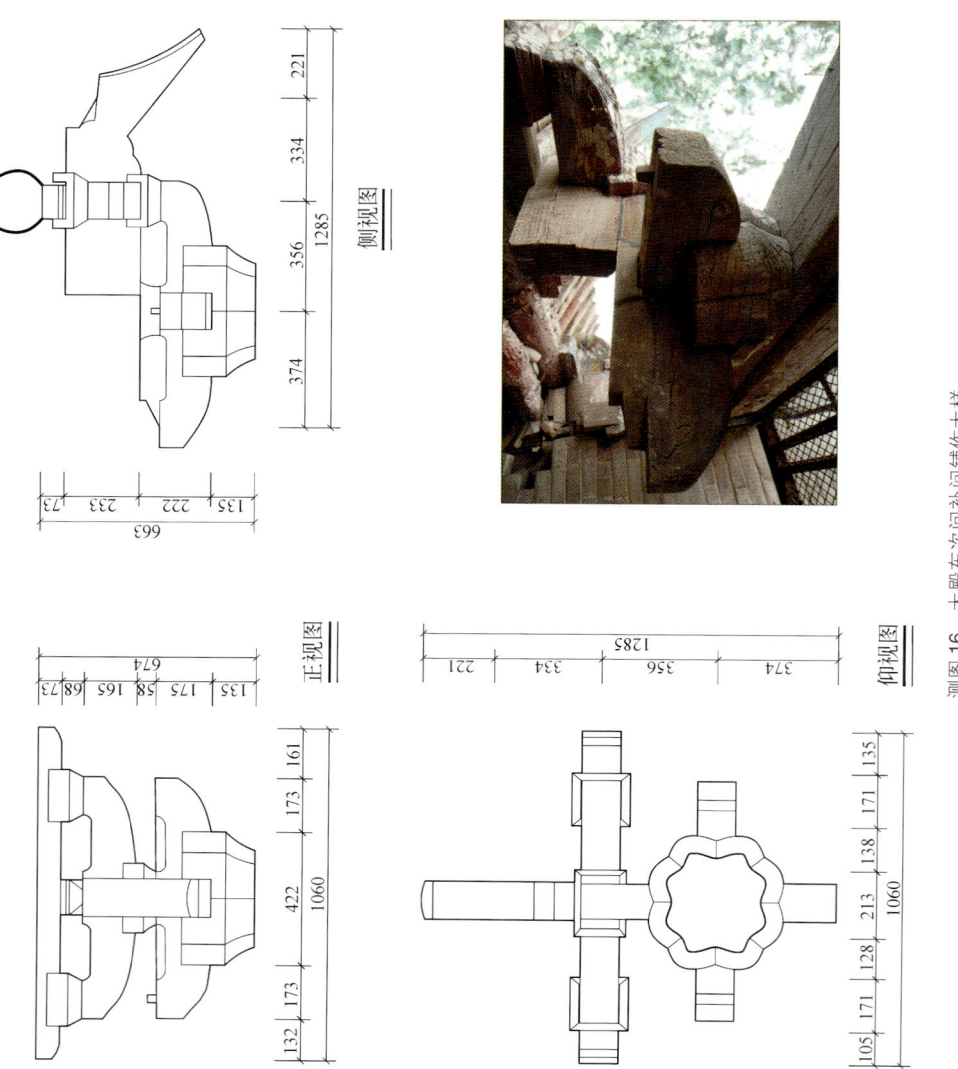

测图 16　大殿东次间补间铺作大样

测绘图集　177

侧视图

正视图

仰视图

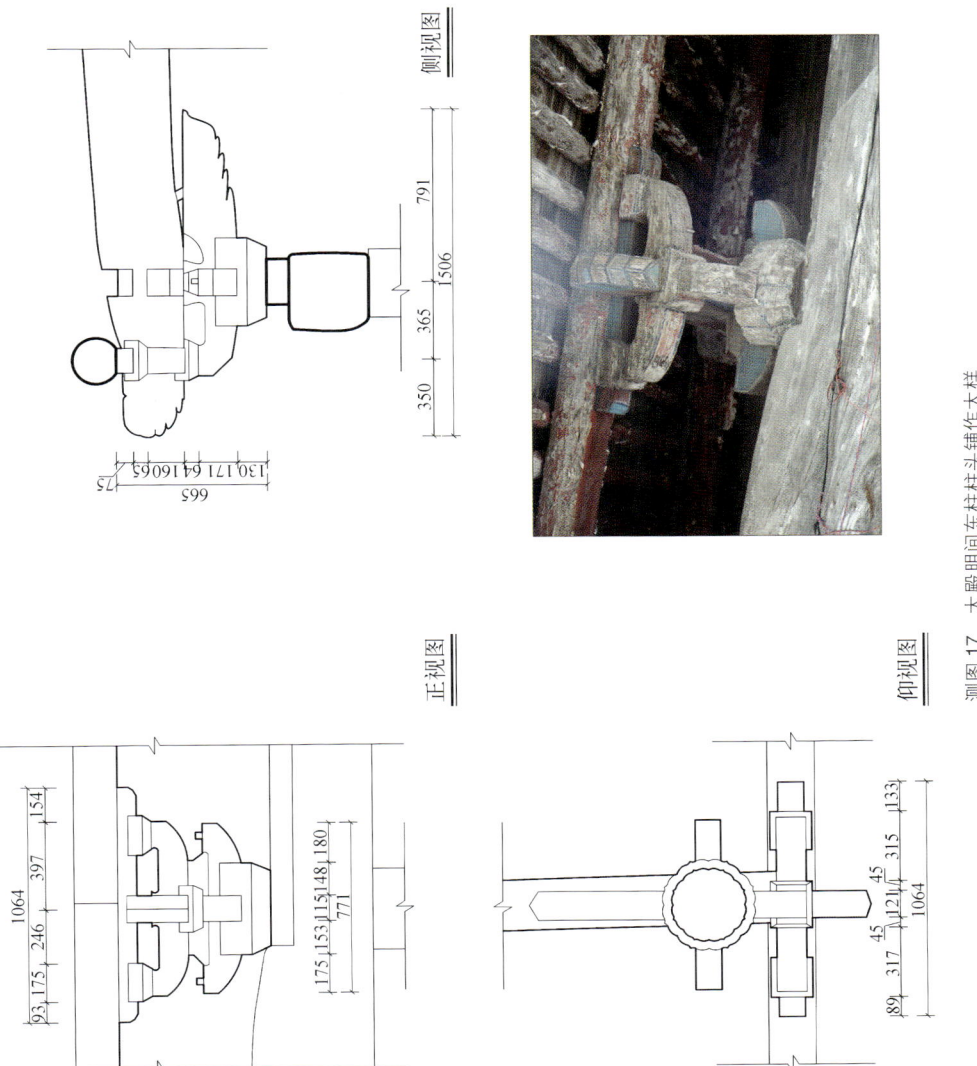

测图 17　大殿明间东柱头铺作大样

测图 18　大殿东角柱柱头铺作大样

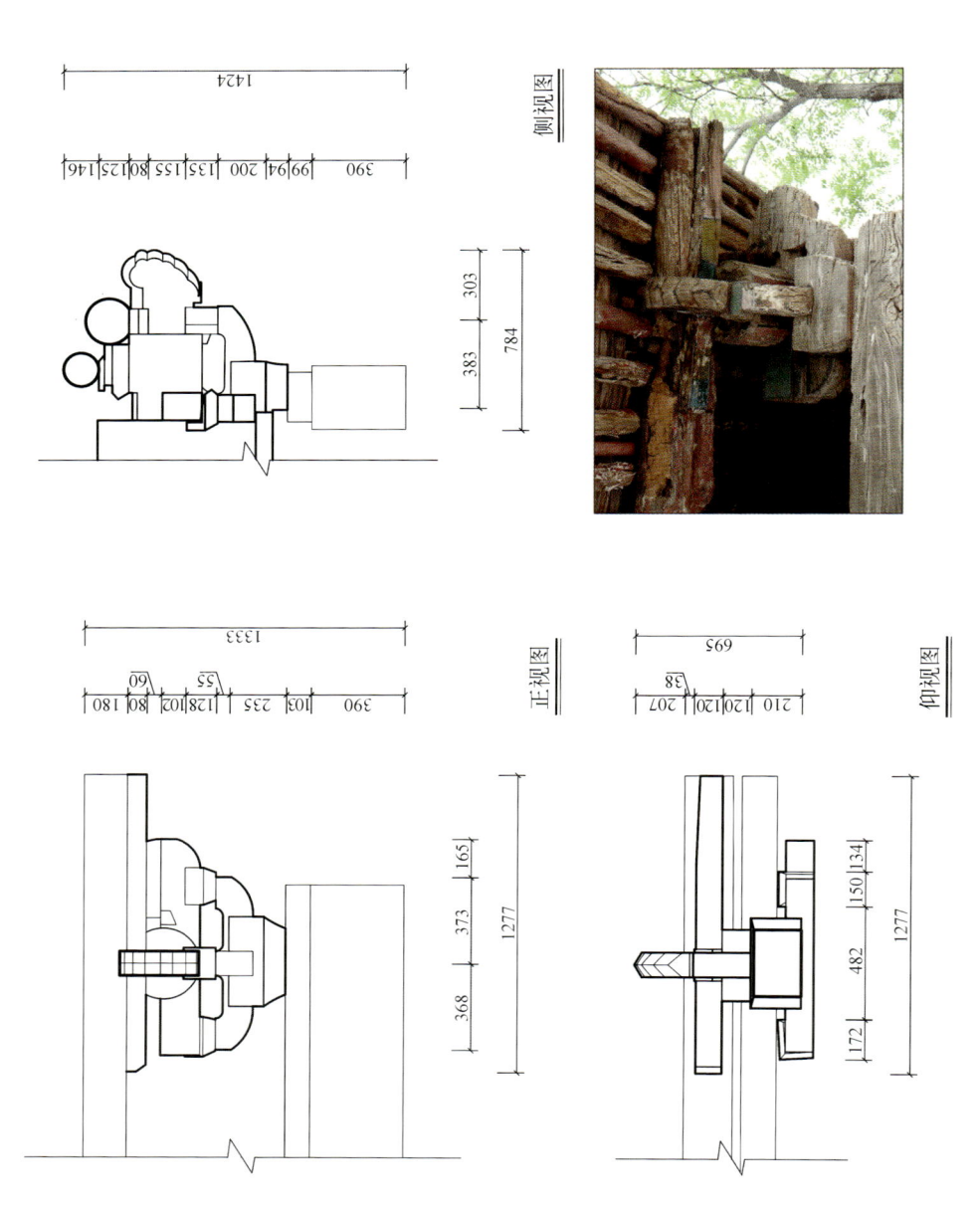

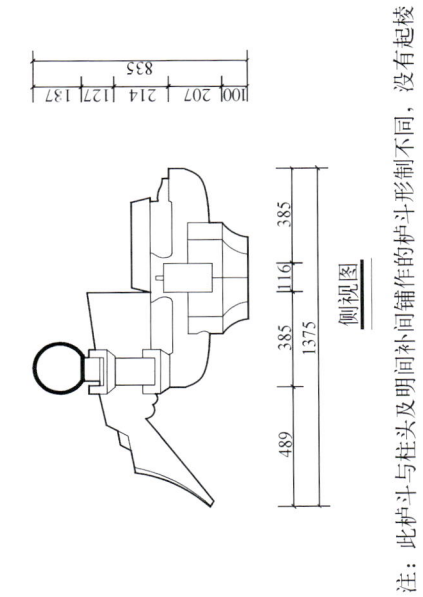

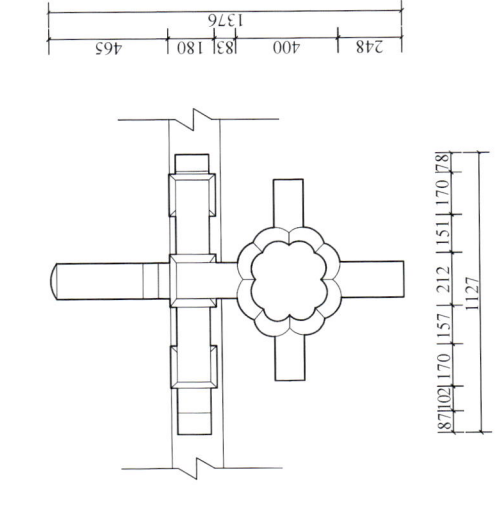

测图 19　大殿西次间补间铺作大样

测图 20　大殿明间补间铺作大样

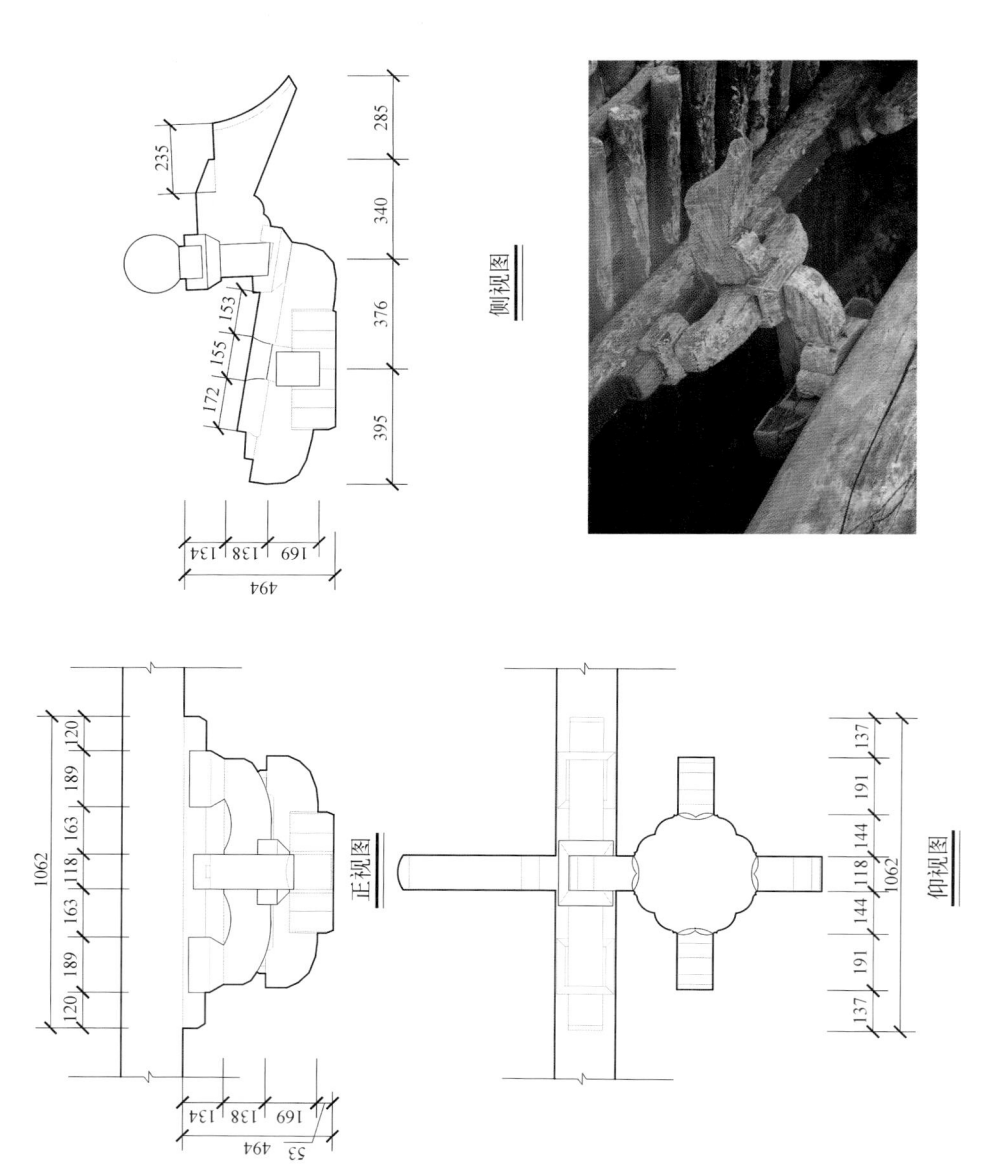

劄牵东侧视图　　　　　　劄牵正视图

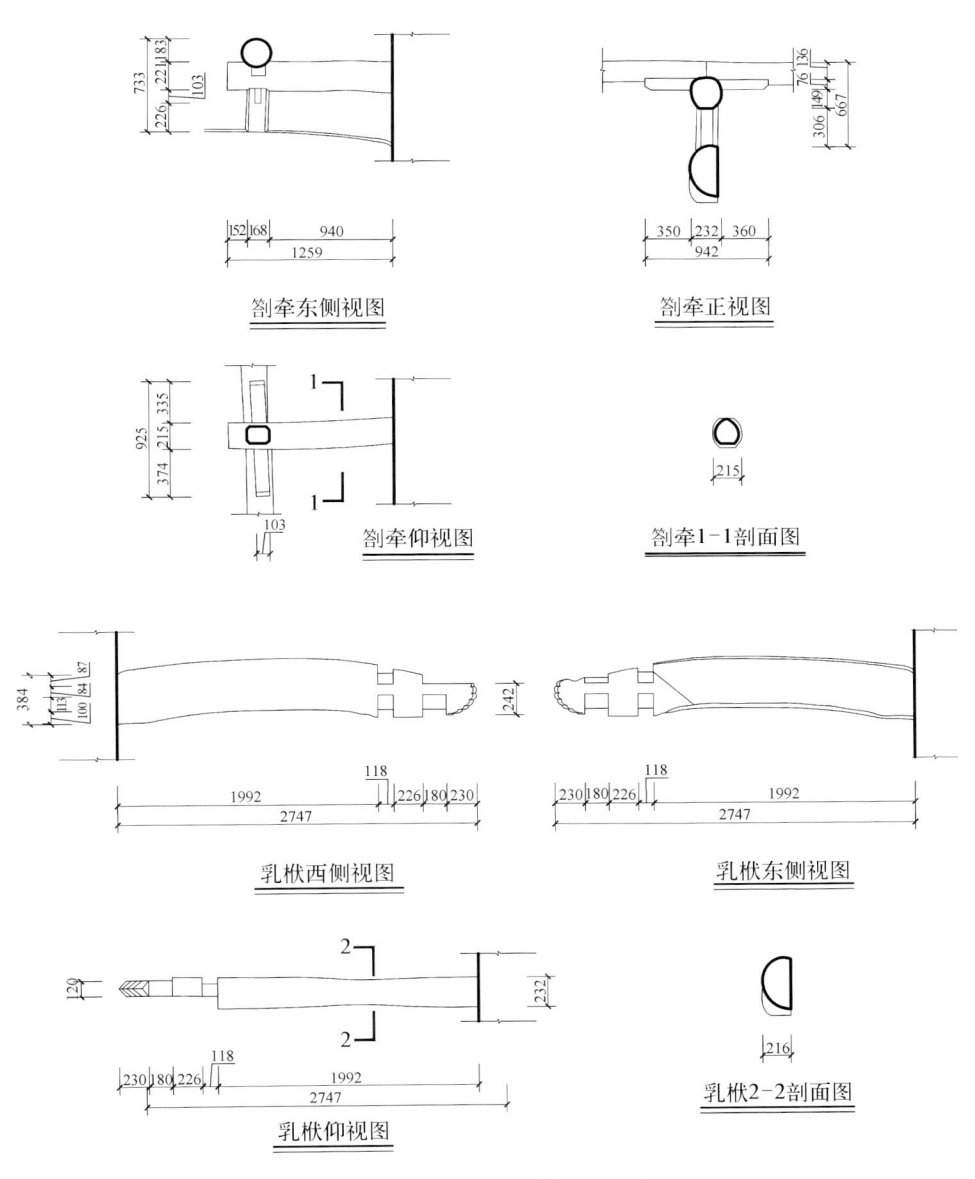

劄牵仰视图　　　　　　劄牵1-1剖面图

乳栿西侧视图　　　　　　乳栿东侧视图

乳栿仰视图　　　　　　乳栿2-2剖面图

测图21　大殿明间西缝梁架大样1

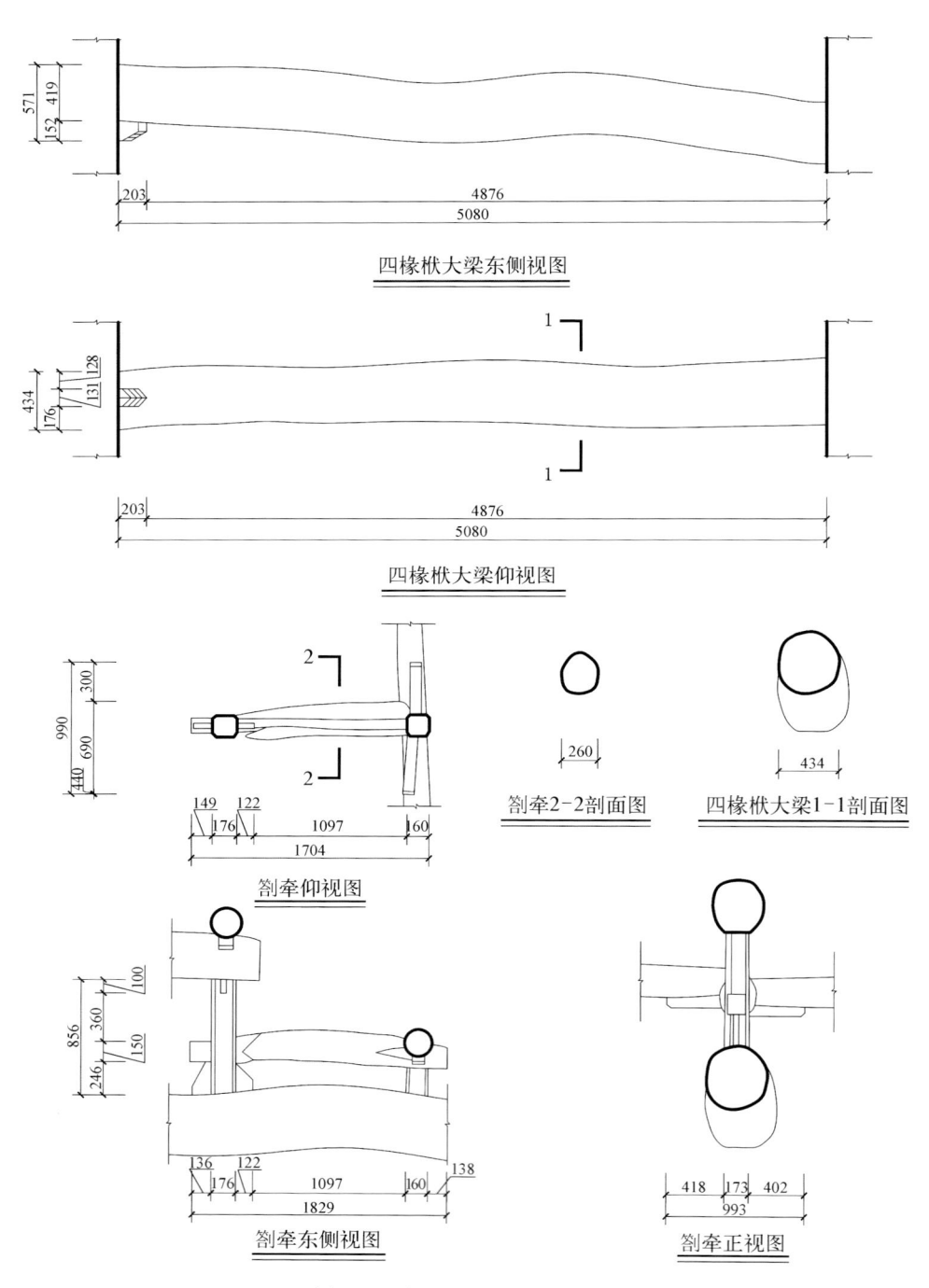

四椽栿大梁东侧视图

四椽栿大梁仰视图

剳牵2-2剖面图　　四椽栿大梁1-1剖面图

剳牵仰视图

剳牵东侧视图　　剳牵正视图

测图22　大殿明间西缝梁架大样2

平梁东侧视图

平梁1-1剖面图

平梁仰视图

平梁上部梁架东侧视图

平梁上部梁架正视图

平梁上部梁架仰视图

测图23　大殿明间西缝梁架大样3

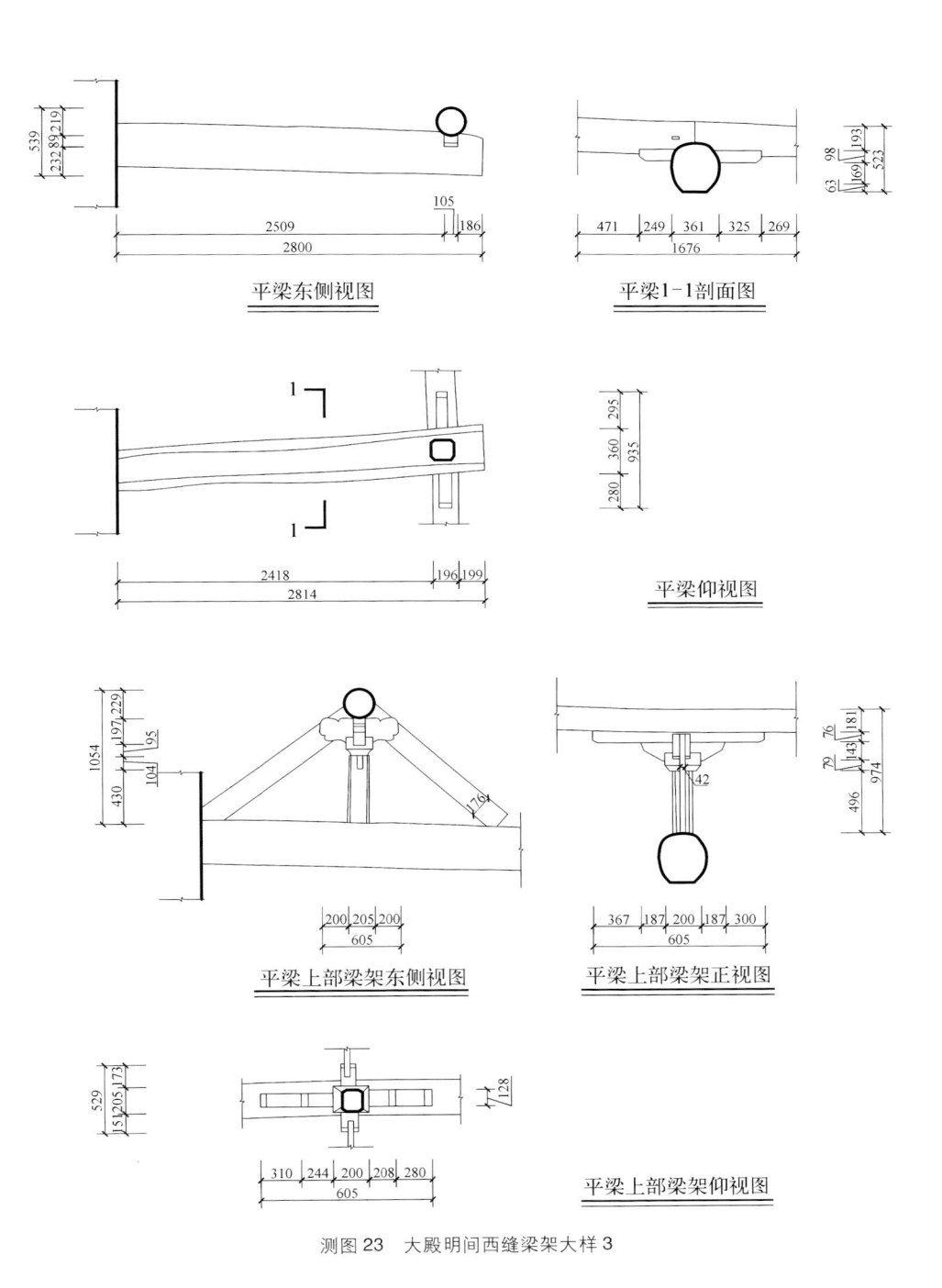

明间东侧室内梁架侧样

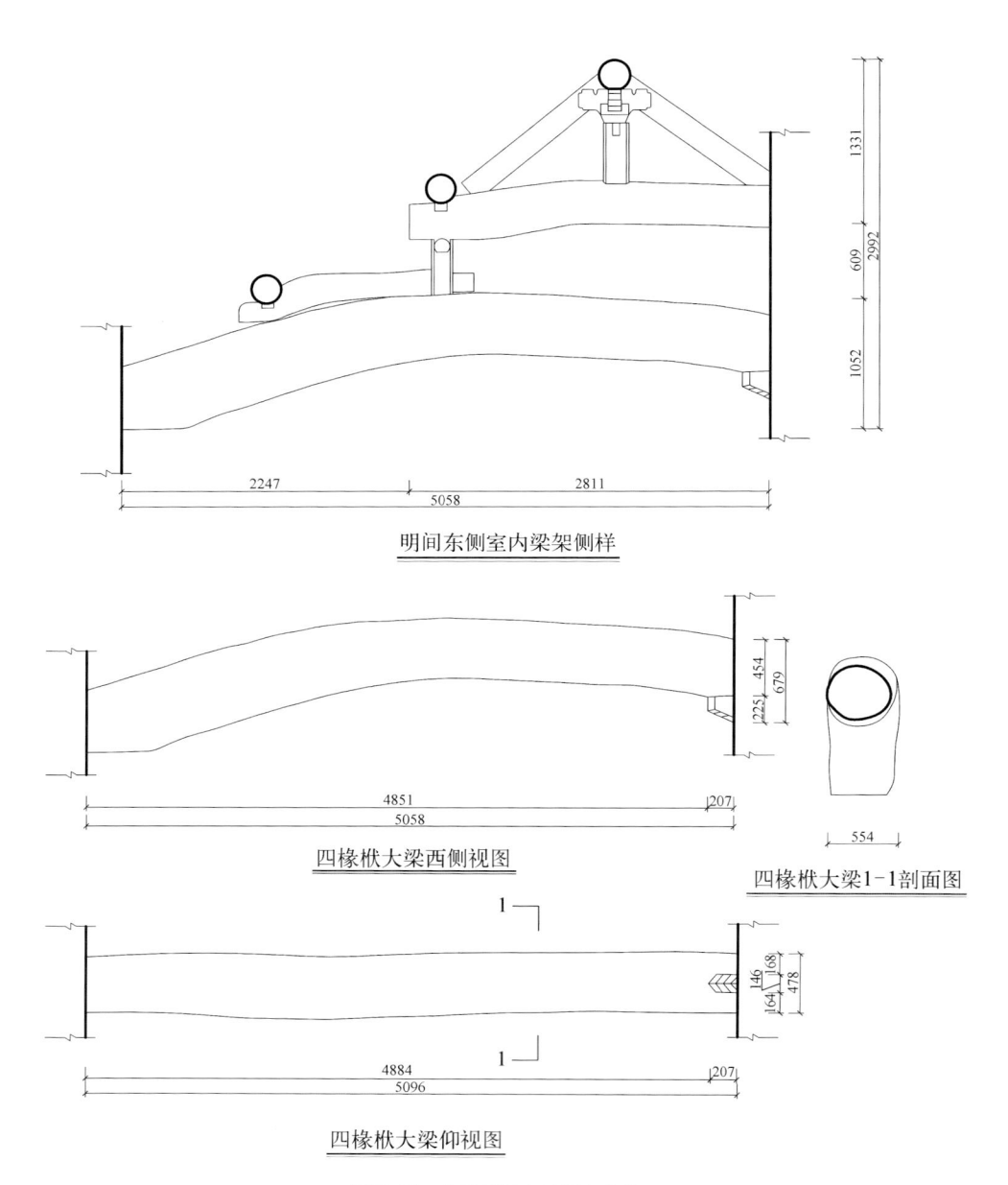

四椽栿大梁西侧视图

四椽栿大梁1-1剖面图

四椽栿大梁仰视图

测图24　大殿明间东缝梁架大样1

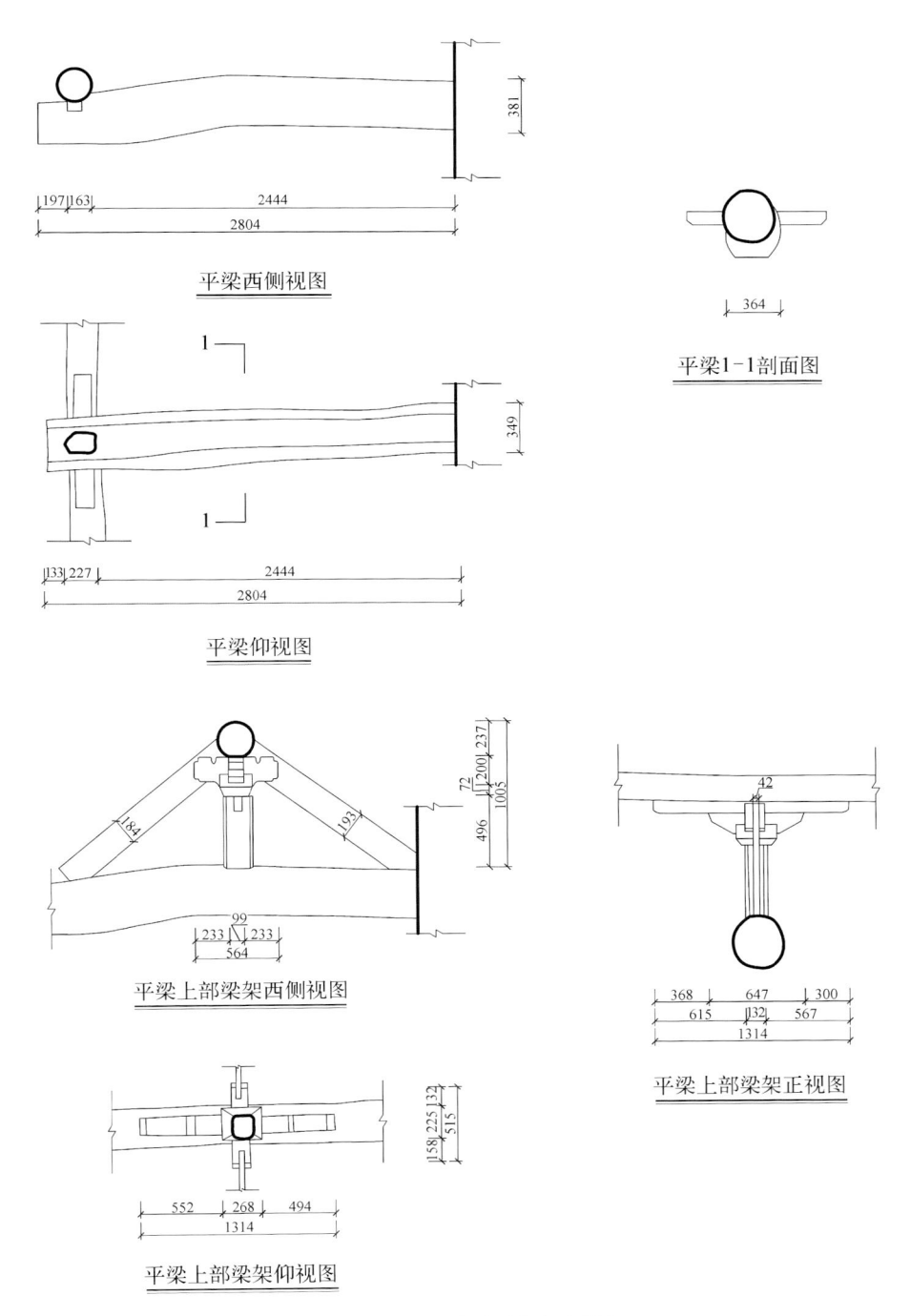

平梁西侧视图

平梁1-1剖面图

平梁仰视图

平梁上部梁架西侧视图

平梁上部梁架正视图

平梁上部梁架仰视图

测图25　大殿明间东缝梁架大样2

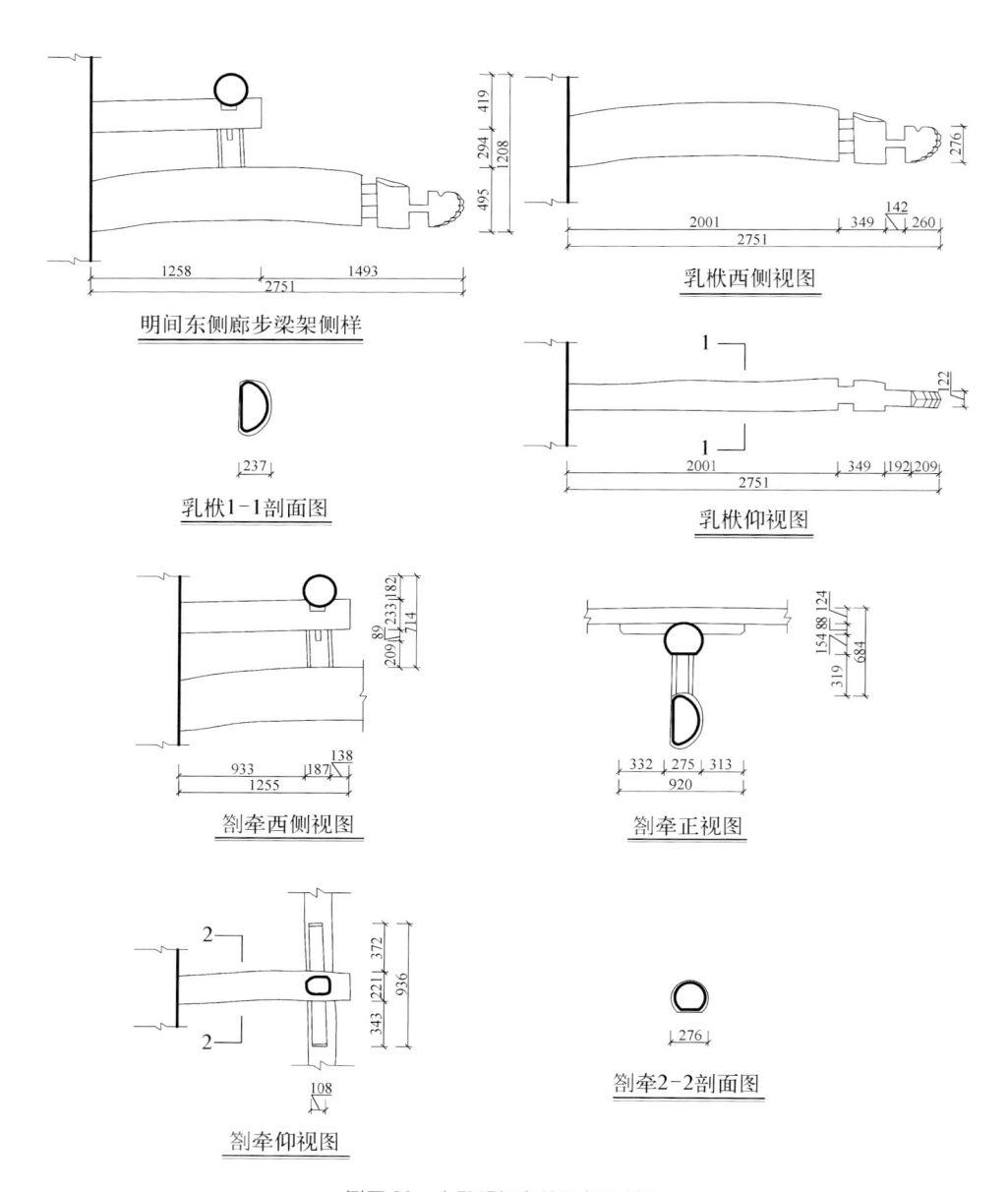

明间东侧廊步梁架侧样

乳栿西侧视图

乳栿1-1剖面图

乳栿仰视图

劄牵西侧视图

劄牵正视图

劄牵仰视图

劄牵2-2剖面图

测图26　大殿明间东缝梁架大样3

测图 27　大殿明间西柱南面花纹大样

测图 28　大殿明间西柱东面花纹大样

测图 29　大殿明间西柱北面花纹大样

测图 30　大殿明间东柱西面花纹大样

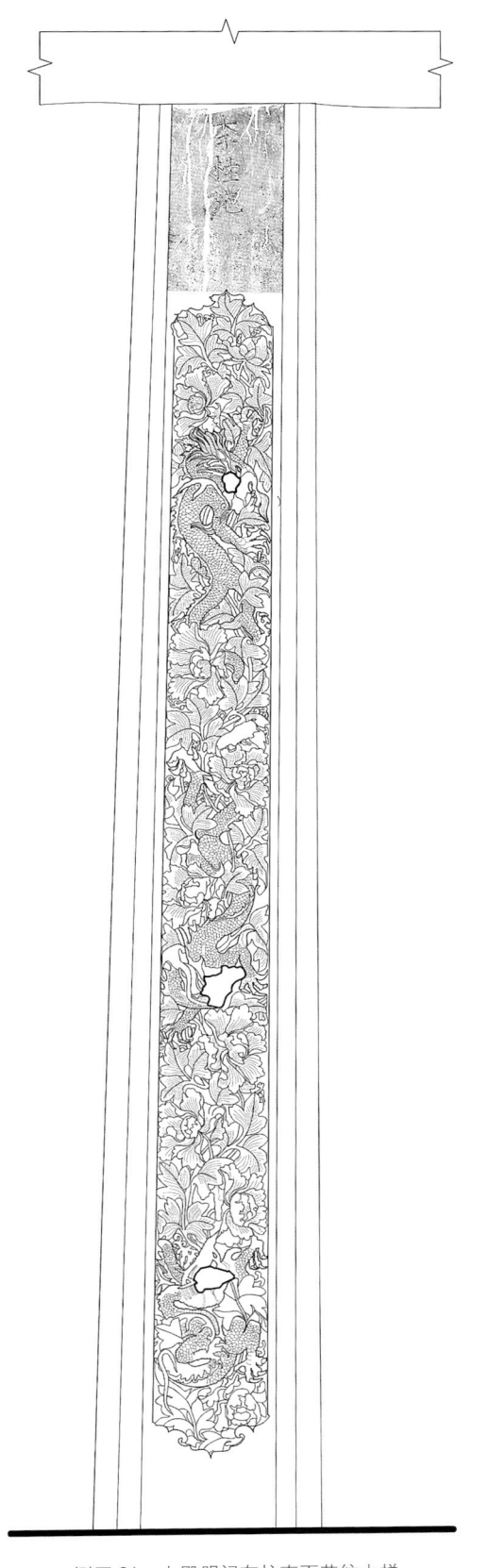

测图 31　大殿明间东柱南面花纹大样

测图 32　大殿明间东柱东面花纹大样

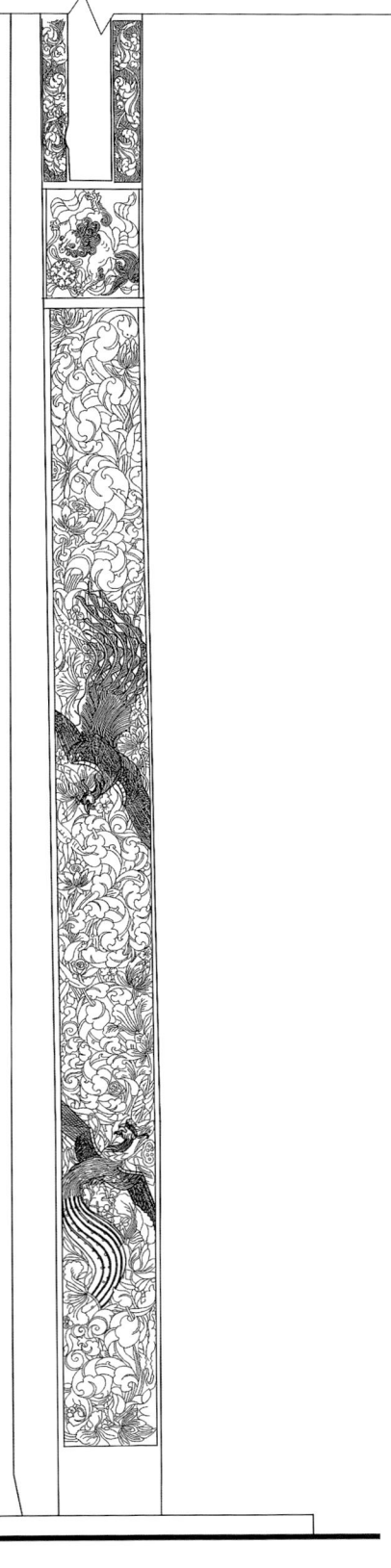

测图 33　大殿西角柱东面花纹大样

古寨西社冯聚顾
心施石柱壹条

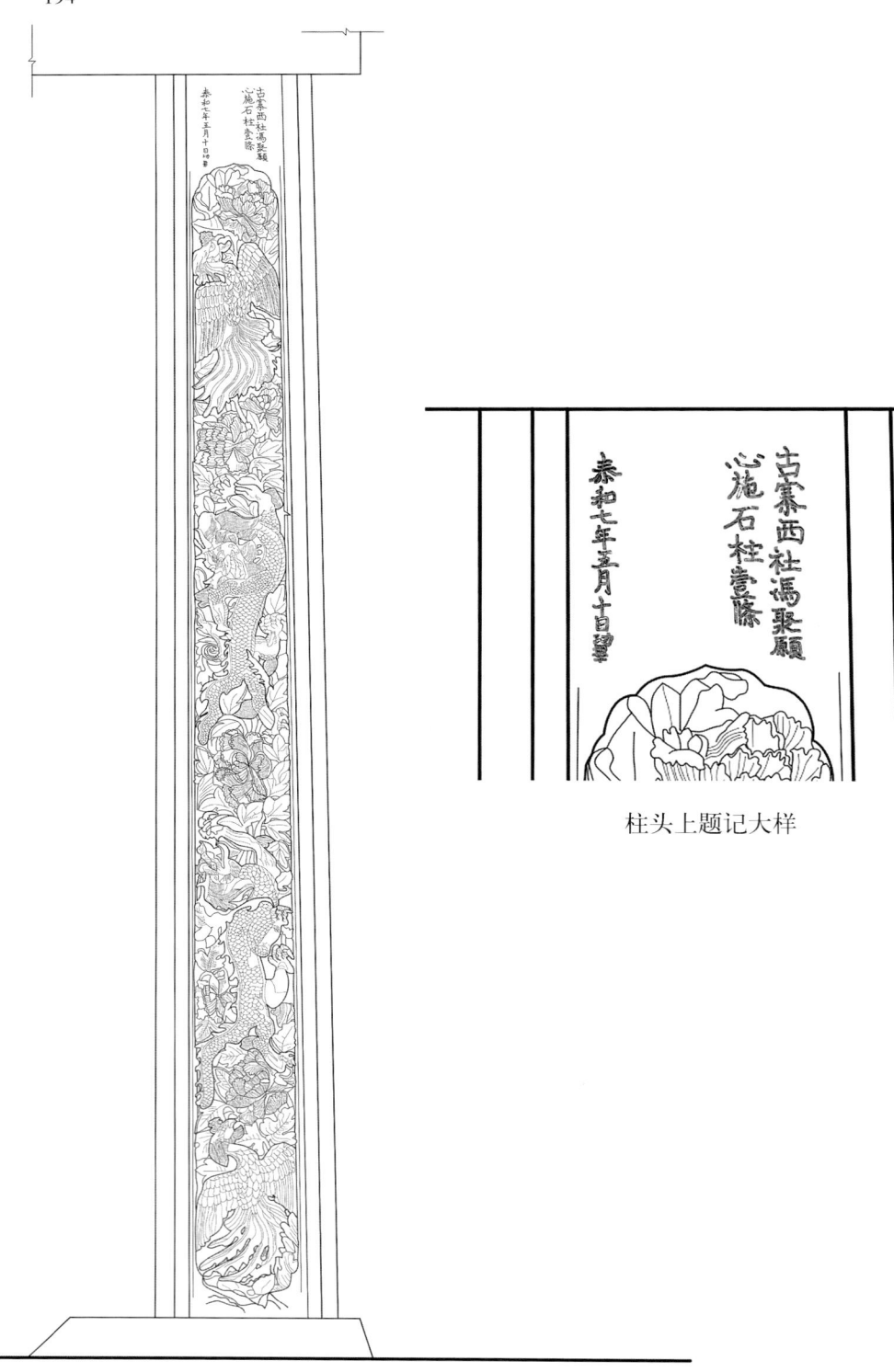

泰和七年五月十日竖

柱头上题记大样

测图 34 大殿东角柱南面花纹大样

测图 35　大殿东角柱东面花纹大样

附录

（一）现场照片

1. 大殿

2. 东配殿

3. 西侧门

4. 西厢房

5. 山门

6. 神南阁

图版 1　院落环境

(二) 大殿

1. 大殿南立面
2. 大殿西山面 
3. 西角柱柱头铺作 
4. 西次间补间铺作 
5. 明间西柱柱头铺作 
6. 明间西柱柱头铺作后尾 

图版2　大殿(1)

1. 明间补间铺作 　　2. 明间补间铺作后尾

3. 明间东柱柱头铺作 　　4. 明间东柱柱头铺作后尾

5. 东次间补间铺作 　　6. 东角柱柱头铺作

图版 3　大殿(2)

1. 前檐大额

2. 明间西侧梁架　　　　3. 明间西侧梁架平梁以上部分

4. 明间东侧梁架　　　　5. 明间东侧梁架平梁以上部分

图版 4　大殿（3）

(三) 工作照

图版 5　工作照 (1)

图版6 工作照(2)

参考文献

历史文献

〔秦〕吕不韦编,许维遹集释,梁运华整理《吕氏春秋集释》,中华书局,2016 年。

〔汉〕司马迁《史记》,中华书局,2014 年。

〔汉〕郑玄注,〔唐〕孔颖达正义,〔清〕阮元校刻,方向东点校《礼记注疏(二)》,中华书局,2021 年。

〔南朝宋〕范晔撰,〔唐〕李贤注《后汉书》,中华书局,2000 年。

〔唐〕欧阳询撰,汪绍楹校《艺文类聚》(下),上海古籍出版社,1982 年。

〔唐〕虞世南《北堂书钞》,清光绪十四年万卷堂刻本。

〔金〕李俊民《庄靖集》卷八,旧抄本。

〔北宋〕乐史《太平寰宇记》,中华书局,2007 年。

〔南宋〕罗泌《路史》,清文渊阁四库全书本。

〔元〕脱脱《金史》,中华书局,2020 年。

〔清〕顾炎武著,陈垣校注《日知录校注》,安徽大学出版社,2007 年。

〔清〕范绳祖修,庞太朴纂(顺治)《高平县志》,清顺治十五年刻本。

〔清〕朱樟纂(雍正)《泽州府志》,清雍正十三年刻本。

〔清〕杨善庆纂(乾隆)《阳城县志》,清乾隆二十年刻本。

〔清〕傅德宜修,戴纯纂(乾隆)《高平县志》,清乾隆三十九年刻本。

〔清〕林荔修,姚学甲纂(乾隆)《凤台县志》,清乾隆四十九年刻本。

《清实录》第二九册《仁宗睿皇帝实录(二)》卷八十三,中华书局影印本,1985 年。

〔清〕龙汝霖纂修(同治)《高平县志》,清同治六年刻本。

〔清〕豫谦纂修(光绪)《长子县志》,清光绪八年刻本。

〔清〕胡聘之《山右石刻丛编》,光绪二十七年刻本。

曾枣庄、刘琳主编《全宋文》,巴蜀书社,1988 年。

研究论著

蔡敏《论晋东南汤王崇拜对古代地方社会的影响》,载《文化遗产》2016年第3期。

陈宝良《中国的社与会》,中国人民大学出版社,2011年。

董竹馨《清代高平县关帝庙与乡村社会》,山西大学硕士学位论文,2019年。

段建宏《戏台与社会》,中国社会科学出版社,2009年。

段友文、刘彦《晋东南成汤崇拜的巫觋文化意蕴考论》,载《中国文化研究》2008年第3期。

傅熹年《中国古代城市规划、建筑群布局及建筑设计方法研究》,中国建筑工业出版社,2015年。

范丽珠、欧大年《中国北方农村社会的民间信仰》,上海人民出版社,2013年。

《高平金石志》编纂委员会《高平金石志》,中华书局,2004年。

高元宦《山西泽州县宋金石刻初探——以〈三晋石刻大全·晋城市泽州县卷〉为基础》,载《文物鉴定与鉴赏》2019年第15期。

杭侃、徐怡涛、彭明浩、刘未、陈豪、杨佳帆、吴煜楠、尚劲宇、吴小红、潘岩《山西高平南赵庄二仙庙大殿调查简报》,载《文物》2019年第11期。

郝平、杨波《庙宇与村庄:关帝庙在明清乡村社会的性质与作用——基于高平地区关帝庙现存碑文的探讨》,载《地域文化研究》2020年第1期。

姬积亮《高平市地名志》,中国言实出版社,2013年。

贾宗瑜《清末民初晋西北五寨沟寺庙与民众社会生活——以五寨沟寺庙群为中心的考察》,载《山西青年职业学院学报》2019年第3期。

姜铮《晋东南地域视角下的宋金大木作尺度规律与设计技术研究》,清华大学博士学位论文,2019年。

姜铮《山西省长子县崇庆寺千佛殿实测尺度与设计技术分析》,载《建筑史》2018年第1期。

雷桂萍《宋金元时期应润庙雩祭习俗及其演剧活动考述》,载《山西档案》2013年第2期。

李胜振、朱文广《碑志所见山西阳城成汤庙之历史演变——兼论基层社会对民间信仰的助推作用》,载《陕西师范大学学报(哲学社会科学版)》2019年第5期。

李天生《山西赛社文化浅说》,载《傩苑:中国梵净山傩文化研讨会论文集》,中国戏剧出版社,2004年,页288—298。

李玉民、刘宝兰《晋城冶底岱庙天齐殿建筑与艺术风格浅析》,载《文物世界》2008年第6期。

李玉明、王雅安《三晋石刻大全 长治市长子县卷》,三晋出版社,2013年。

梁思成《建筑的民族形式》,载所撰《大拙至美:梁思成最美的文字建筑》,中国青年出版社,2007年。

梁思成《梁思成全集》第七卷,中国建筑工业出版社,2001年。

(英)科林·伦福儒、(英)保罗·巴恩著,陈淳译《考古学:理论、方法与实践(第6版)》,上海古籍出版社,2015年。

刘畅、姜铮、徐扬《山西陵川龙岩寺中央殿大木尺度设计解读》,载《建筑史》2016年第1期,页8—24。

刘玮玮《辽金时期自然灾害的统计分析与政府的防灾救灾措施研究》,辽宁大学硕士学位论文,2014年。

刘泽民、李玉明《三晋石刻大全 晋城市高平市卷》,三晋出版社,2012年。

刘泽民、李玉明《三晋石刻大全 晋城市陵川县卷》,三晋出版社,2013年。

刘泽民、李玉明《三晋石刻大全 晋城市沁水县卷》,三晋出版社,2012年。

刘泽民、李玉明《三晋石刻大全 晋城市阳城县卷》,三晋出版社,2012年。

刘泽民、李玉明《三晋石刻大全 晋城市泽州县卷》,三晋出版社,2012年。

刘泽民、李玉明《三晋石刻大全 临汾市浮山县卷》,三晋出版社,2012年。

孟伟、廖声丰《明清以来的高平商人研究——针对高平市康营村庙宇碑刻的考察》,载《盐城工学院学报(社会科学版)》2016年第1期。

牛保秀《晚清山西义学与寺庙文化的冲突》,载《北京科技大学学报(社会科学版)》2019年第2期。

彭明浩《何谓良材:山西南部早期建筑大木作选材与加工》,上海古籍出版社,2023年。

宋燕鹏《"社"抑或"村"——碑刻所见宋金晋东南地区民间祭祀组织形式初探》,载《河北学刊》2019年第1期。

王翠《中国古代祈雨活动初探——以宋代官方祈雨主体为中心》,载《贺州学院学报》2012年第4期。

王建华《自然灾害与民间信仰的区域化分异——以晋东南地区成汤信仰和三嵕信仰为中心的考察》,载《中国历史地理论丛》2018年第2期。

王亮《晋东南明清迎神赛社祭仪及其音乐戏剧》,载《黄钟(中国·武汉音乐学院学报)》2003

年第 3 期。

王庆成《晚清北方寺庙和社会文化》,载《近代史研究》2009 年第 2 期。

王守恩《诸神与众生：清代、民国山西太谷的民间信仰与乡村社会》,中国社会科学出版社,2009 年。

王晓静《金代度量衡研究》,吉林大学硕士学位论文,2016 年。

王瑜《宋代"淫祀"观及地方官员的政治实践》,载《西安电子科技大学学报（社会科学版）》2016 年第 6 期。

徐怡涛《长治晋城地区的五代宋金寺庙建筑》,北京大学博士学位论文,2003 年。

徐怡涛《论碳十四测年技术测定中国古代建筑建造年代的基本方法——以山西万荣稷王庙大殿年代研究为例》,载《文物》2014 年第 9 期。

徐怡涛等《山西万荣稷王庙建筑考古研究》,东南大学出版社,2016 年。

徐怡涛、王书林、彭明浩《山西长子成汤庙》,天津大学出版社,2016 年。

颜伟《村社传统与神庙演艺》,山西师范大学博士学位论文,2018 年。

闫媛丽《北宋至清泽潞地区商汤信仰研究》,载《才智》2017 年第 10 期。

杨冰《神灵、庙宇与村落生活——对一个鲁中山村民间信仰的考察》,山东大学硕士学位论文,2007 年。

姚春敏《明清以降山西村落庙宇——以山西泽州府为例》,载《晋城职业技术学院学报》2014 年第 1 期。

姚春敏《区域社会史视野下的迎神赛社——以清代上党碑刻与民间文本为中心》,载《中华戏曲》2013 年第 1 期。

俞莉娜、徐怡涛《晋东南地区五代宋元时期补间铺作挑斡形制分期及流变初探》,载《中国国家博物馆馆刊》2016 年第 5 期。

俞莉娜、徐怡涛《山西万荣稷王庙大殿大木结构用材与用尺制度探讨》,载《中国国家博物馆馆刊》2015 年第 6 期。

岳谦厚、郝正春《传统庙会与乡民休闲——以明清以来山西庙会为中心的考察》,载《山西大学学报（哲学社会科学版）》2009 年第 1 期。

钟敬文《民俗学概论》,高等教育出版社,2010 年。

张君梅《从民间祠祀的变迁看三教融合的文化影响——以晋东南村庙为考察中心》,载《文化遗产》2011 年第 3 期。

张君梅《民间祠祀的历史变迁——以高平市康营村成汤庙为考察中心》,载《世界宗教文化》2011 年第 4 期。

张俊峰《明清时期山西民间信仰的地域分布与差异性分析——以明清山西地方史志资料为依据》,载《近代中国社会与民间文化》,社会科学文献出版社,2007 年。

张梦遥、徐怡涛《宋至民国时期山西万荣稷王庙建筑格局研究》,载《故宫博物院院刊》2015 年第 3 期。

赵庆华《寺庙文化权力与地方社会治理——以清代台湾寺庙示禁碑为中心》,载《中央民族大学学报(哲学社会科学版)》2020 年第 1 期。

赵世瑜《狂欢与日常——明清以来的庙会与民间社会》,北京大学出版社,2017 年。

中国先秦史学会、《析城山文化丛书》编委会主编《阳城汤庙碑拓文选》,文物出版社,2012 年。

朱向东、王敏《晋东南村庙建筑形态分析》,载《科技情报开发与经济》2007 年第 6 期。

图表索引

壹　现状及历史沿革

图 1-1	古寨村古建筑分布图	插页
图 1-2	古寨村花石柱庙总平面图	8
图 1-3	大殿前檐斗栱外檐现状	9
图 1-4	大殿前檐斗栱里转现状	9

贰　单体建筑

图 2-1	大殿平面图	14
图 2-2	大殿前檐铺作	15
图 2-3	明间西侧梁架	16
图 2-4	明间西柱、明间东柱和东角柱雕花显微照片	17
图 2-5	大额上的斜项与拼接痕迹	18
图 2-6	明间补间铺作与大额的打破关系	18
图 2-7	大殿构件碳十四年代数据分析图	22
图 2-8	大殿平面复原图	26
图 2-9	大殿立面复原图	28
图 2-10	大殿斗栱现状与复原图	29
图 2-11	大殿剖面复原图	31
表 2-1	西角柱	插页
表 2-2	明间西柱	插页
表 2-3	明间西柱西面故事画雕刻题材推测	插页
表 2-4	明间西柱东面故事画雕刻题材推测	插页
表 2-5	明间东柱	插页
表 2-6	东角柱	插页
表 2-7	大额与现存大梁的数据对比	19
表 2-8	北京大学加速器质谱（AMS）碳十四测试报告	21
表 2-9	营造尺比对表 /mm	插页
表 2-10	单材栱构件高度数据表	24
表 2-11	材厚计算表	25
表 2-12	栱材高厚比数据表	33

叁　格局研究

图 3-1	花石柱庙考古发掘分布图	40
图 3-2	屯城东岳庙石基题记	42
图 3-3	花石柱庙总平面现状图	47
表 3-1	与花石柱庙历史格局相关的碑文及题记信息	43
图 3-4	东角柱与山墙的叠压关系	48
图 3-5	明间补间铺作与大额的打破关系	48
图 3-6	G5 考古发掘现场图	50
图 3-7	南侧排房散落柱础	51
图 3-8	神南阁南侧散落柱础	52
图 3-9	G1 考古发掘现场图	53
图 3-10	探沟 G1、G2、G3 位置关系	53
图 3-11	花石柱庙现状平面及考古发掘分析图 1	55
图 3-12	花石柱庙现状平面及考古发掘分析图 2	56
图 3-13	大殿平面位置复原示意图（网格 1）	57
图 3-14	大殿平面位置复原示意图	

图 3-15	大殿及配殿平面位置复原示意图(网格 1)	58
图 3-16	大殿及配殿平面位置复原示意图(网格 2)	58
图 3-17	大殿及朵殿复原平面与院落现状平面叠压分析图(网格 1)	59
图 3-18	东西朵殿位置推测图(网格 1)	60
图 3-19	大殿及朵殿复原平面与院落现状平面叠压分析图(网格 2)	61
图 3-20	东西厢房位置推测图(网格 2)	61
图 3-21	大殿、朵殿及东西厢房位置关系示意图	62
图 3-22	金代花石柱庙建筑格局推测图	64
图 3-23	清代花石柱庙建筑格局推测图	66

肆　社会史研究

表 4-1	花石柱庙前檐石柱题记统计表	86

伍　测绘图集

测图 01	花石柱庙总平面图	161
测图 02	大殿平面图	162
测图 03	大殿 1-1 剖面	163
测图 04	大殿 2-2 剖面	164
测图 05	大殿 3-3 剖面	165
测图 06	大殿 4-4 剖面	166
测图 07	大殿 5-5 剖面	167
测图 08	大殿 6-6 剖面	168
测图 09	大殿南立面	169
测图 10	大殿西立面	170
测图 11	大殿东立面	171
测图 12	大殿梁架仰视图	172
测图 13	大殿梁架俯视图	173
测图 14	大殿西角柱柱头铺作大样	174
测图 15	大殿明间西柱柱头铺作大样	175
测图 16	大殿东次间补间铺作大样	176
测图 17	大殿明间东柱柱头铺作大样	177
测图 18	大殿东角柱柱头铺作大样	178
测图 19	大殿西次间补间铺作大样	179
测图 20	大殿明间补间铺作大样	180
测图 21	大殿明间西缝梁架大样 1	181
测图 22	大殿明间西缝梁架大样 2	182
测图 23	大殿明间西缝梁架大样 3	183
测图 24	大殿明间东缝梁架大样 1	184
测图 25	大殿明间东缝梁架大样 2	185
测图 26	大殿明间东缝梁架大样 3	186
测图 27	大殿明间西柱南面花纹大样	187
测图 28	大殿明间西柱东面花纹大样	188
测图 29	大殿明间西柱北面花纹大样	189
测图 30	大殿明间东柱西面花纹大样	190
测图 31	大殿明间东柱南面花纹大样	191
测图 32	大殿明间东柱东面花纹大样	192
测图 33	大殿西角柱东面花纹大样	193
测图 34	大殿东角柱南面花纹大样	194
测图 35	大殿东角柱东面花纹大样	195

附　录

图版 1	院落环境	199
图版 2	大殿(1)	200
图版 3	大殿(2)	201
图版 4	大殿(3)	202
图版 5	工作照(1)	203
图版 6	工作照(2)	204

后 记

从2019年第一次面对高平古寨村花石柱庙,到2023年研究报告付梓,转眼已过去了四个花季。这四年间,世界和中国都经历了或正在经历诸多重大的历史性事件,无论喜欢还是不喜欢,红颜终将老去,改变总会到来,正如田野考古或文物建筑研究者日常面对的,无不是历史车轮的印痕或辉煌过往的破片,即如本书所揭示的古寨村花石柱庙大殿上的种种。

建筑考古研究者的首要任务,是建立起建筑遗存的精细时空框架,并据此剖析建筑层累变迁的轨迹,继而尝试探求演变背后的历史动因。但面对浩瀚深邃的人类历史,以物质史料为主角的历史建构,或流于一般,成为证经补史的边材,或陷于自娱,难以得到历史的明证。这可能就是近百年来田野考古的诸多成果,仍无法令世界信服夏王朝的存在。同理,百年来对中国古代建筑遗构的种种研究,在传统人文领域内,也仍难有一席之地。

造成这一困境的根源,或在于相对文献史料,物质史料在意指上具有显著的不确定性。当考古学已解决物质史料的精细时空问题后,如何突破物质史料意指的短板,或将是考古学要长期面对的问题。

而本书的意义即在于,继山西万荣稷王庙等研究案例之后,北大建筑考古学研究范式的有效性又一次通过了实践的检验。因此,在建立物质史料精细时空框架和解析历史信息层累方面,文物建筑终于具有了堪比田野考古的完整且成熟的理论方法体系。现在,文物建筑和田野考古已可站在同一起点上,去追寻如何以物质史料建构信史的答案了。

四年光阴,有很多东西被改变,但也总有一些事情未曾改变,如古寨村村民与花石柱庙八百多年的相互守护,如1999年以来我们对建筑考古学不懈的求索。

2023年11月30日晨,成稿于北大燕秀园

北京大学考古学丛书
（2022）

❖ 旧石器时代考古研究
　　王幼平　著

❖ 史前文化与社会的探索
　　赵辉　著

❖ 史前区域经济与文化
　　张弛　著

❖ 多维视野的考古求索
　　李水城　著

❖ 夏商周文化与田野考古
　　刘绪　著

❖ 礼与礼器
　中国古代礼器研究论集
　　张辛　著

❖ 行走在汉唐之间
　　齐东方　著

❖ 汉唐陶瓷考古初学集
　　杨哲峰　著

❖ 墓葬中的礼与俗
　　沈睿文　著

❖ 科技考古与文物保护
　　原思训自选集
　　原思训　著

❖ 文物保护技术：理论、教学与实践
　　周双林　著

上海古籍出版社

北京大学考古学丛书
（2023）

❈ **史前考古与玉器、玉文化研究**
赵朝洪　著

❈ **周秦汉考古研究**
赵化成　著

❈ **历史时期考古研究**
杨哲峰　著

❈ **分合**
北朝至唐代墓葬文化的演变
倪润安　著
（即将出版）

❈ **山西高平古寨花石柱庙建筑考古研究**
徐怡涛、王子寒、周珂帆、赵小雯、田雨森 等　编著

❈ **山西高平府底玉皇庙建筑考古研究**
彭明浩、张剑葳、刘云聪、侯柯宇　编著

❈ **何谓良材**
山西南部早期建筑大木作选材与加工
彭明浩　著

上海古籍出版社

图书在版编目(CIP)数据

山西高平古寨花石柱庙建筑考古研究／北京大学考古文博学院，山西古建筑与彩塑壁画保护研究院编；徐怡涛等编著. -- 上海：上海古籍出版社，2024.10. （北京大学考古学丛书）.
ISBN 978-7-5732-1295-5

Ⅰ. K878.64
中国国家版本馆 CIP 数据核字第 2024X9X077 号

责任编辑　缪　丹
封面设计　黄　琛
技术编辑　耿莹祎

北京大学考古学丛书
山西高平古寨花石柱庙建筑考古研究
北京大学考古文博学院
山西古建筑与彩塑壁画保护研究院　编
徐怡涛、王子寒、周珂帆、赵小雯、田雨森 等 编著
上海古籍出版社出版发行
（上海市闵行区号景路 159 弄 1-5 号 A 座 5F　邮政编码 201101）
（1）网址：www.guji.com.cn
（2）E-mail：guji1@guji.com.cn
（3）易文网网址：www.ewen.co
上海丽佳制版印刷有限公司印刷
开本 710×1000　1/16　印张 14　插页 7　字数 212,000
2024 年 10 月第 1 版　2024 年 10 月第 1 次印刷
ISBN 978-7-5732-1295-5
K·3675　定价：98.00 元
如有质量问题,请与承印公司联系